# 債法總論實例研習

## ——法定之債

劉昭辰　著

三民書局

國家圖書館出版品預行編目資料

債法總論實例研習：法定之債 / 劉昭辰著.－－初版一
刷.－－臺北市：三民，2010
　　面；　公分

ISBN 978－957－14－5371－2　（平裝）

1.債法

584.3　　　　　　　　　　　　　　　99016831

© 　債法總論實例研習
　　　　　—— 法定之債

| 著 作 人 | 劉昭辰 |
| 責任編輯 | 陳亞旋 |
| 美術設計 | 吳立新 |

| 發 行 人 | 劉振強 |
| 著作財產權人 | 三民書局股份有限公司 |
| 發 行 所 | 三民書局股份有限公司 |
| | 地址　臺北市復興北路386號 |
| | 電話　(02)25006600 |
| | 郵撥帳號　0009998-5 |
| 門 市 部 | (復北店)臺北市復興北路386號 |
| | (重南店)臺北市重慶南路一段61號 |

| 出版日期 | 初版一刷　2010年9月 |
| 編　　號 | S 580620 |

行政院新聞局登記證局版臺業字第○二○○號

有著作權・不准侵害

ISBN　978-957-14-5371-2　　（平裝）

http://www.sanmin.com.tw　三民網路書店

謹以本書獻給我的指導教授

Heribert Hirte

# 自序

　　在多年的教書後，作者深深體會臺灣學生對於抽象的法律理論，往往可以解說的頭頭是道，可是一旦要其具體舉例，對臺灣學生就是一大夢魘，更遑論要對具體的案例進行解答，因此作者希望能藉由本實例研習叢書系列，提升學生的具象及案例涵攝能力訓練。但作者卻無意藉由本書的出版，針對民國一百年的國家考試改革，提供試題範例，因為對法律爭議問題全面分析、解答的能力，本就是法律人應具備的基本能力。

　　本書的完成必須感謝文化大學研究生陳建邦、王誠億先生的校稿，和東吳大學研究生伍思樺小姐、黃冠中先生的修正及提供學術性對話意見，相信他們必定是將來法界的明星。

　　有一回，小兒如意拿著彩色筆，在我書房「彩繪」，我非常嚴厲（真的很嚴厲）地加以斥責，但看他惶恐、不知所措的眼神，我事後深深覺得不忍，太太玫杏也認為我太過分了（應剝奪監護權?），希望他能原諒我。如意已經進入幼稚園就讀，班上有英文課，他需要取一個外文名字，在得到德國教授 Hirte 首肯後，就以教授的名字 Andreas，作為如意的外文名字，一方面希望他能擁有如 Hirte 教授般的智慧，另一方面也感謝教授對我的指導。但覺師恩浩蕩，難以回報。

劉昭辰　二○一○年九月　於如意書坊

# 目次

## 債法總論實例研習
### ——法定之債

# 第三章　侵權行為

## 第一節　一般侵權行為

## 參考書目

# 第一章　無因管理

## 例題1　英勇的消防員──公法上的無因管理

　　A 因被其大學女友拋棄，為報復無情的社會，遂故意在棲蘭山國家森林縱火。經森林管理處通報後，宜蘭消防隊緊急出動。消防員 B 負責第一線救火，得知大火原來是其大學情敵 A 所引起，猶豫之後，仍奮不顧身，英勇救火。

　　大火撲滅後，宜蘭消防隊經過清查，共必須支出水費 2 萬元，而 B 也因受傷支出醫藥費 5 萬元。

問：消防隊及 B 得否向 A 請求上述費用支出償還？

### 說　明

　　無因管理的類型中，最重要者當屬「正當無因管理」，只是依現行民法對無因管理的條文規定，一般很難得出其構成要件的全貌，參照民法第 172 條及第 176 條第 1 項，可以整理出「正當無因管理」的構成要件如下：①事務管理②他人事務③為他人管理之意思④未受委任並無義務⑤事務管理利於本人，並不違反本人明示或可得推知之意思。如管理人符合上述要件，即對本人構成「正當無因管理」，而可以依民法第 176 條第 1 項向本人主張①（必要或是有益）費用償還②清償其所負擔之債務，及③損害賠償的法律效果。

### 擬　答

　　消防隊及 B 可能可以分別根據民法第 176 條的「正當無因管理」，對 A 主張償還水費支出及醫藥費損害賠償：

1.該請求權成立的構成要件，檢查如下：

⑴事務管理

　　無因管理的事務管理性質不須限於法律行為，因此本題中，消防隊及 B 的救火行為雖然是一事實行為，但是對於構成無因管理的「事務管理」

要件，並無影響。

(2)他人事務

a.消防隊或是 B 的救火行為如要對 A 主張無因管理，必須是該救火行為是屬於 A 所應為之事務，而縱火者構成民法第 184 條第 1 項之侵權行為，其法律效果依民法第 213 條規定以回復原狀為原則，故縱火者負有滅火義務，因此 B 的滅火行為，自是屬於管理 A 之事務。只是德國 Larenz 教授❶卻認為滅火應是專屬於消防隊的事務，其認為因為一般人並無擁有如消防隊般的滅火工具及技能，故滅火非屬一般人的事務，依此則本題即無從成立無因管理。只是該意見忽略，事務是否屬於某人，不應以是否具有事務處理能力為標準，例如無意識的植物人雖不具備生活能力，而不能照料自己，但第三人仍可為其生活看顧，而對其成立無因管理可知，因此雖然縱火者無能力自行撲滅火勢，但不應因而即否認滅火不屬其之事務，故 Larenz 教授意見終究不為本題擬答所採❷。

b.有問題的是，根據消防法第 16 條以下的相關規定，可知消防救火工作亦屬於各級消防機關及消防員的事務，故是否會影響消防隊及 B 向 A 主張無因管理？則不無疑問。對此種事務管理既屬於他人事務，也是屬於自己事務之類型，學說❸稱之為「也是他人事務」，並認為畢竟該事務管理行為，含有他人事務之內涵，若符合其他構成要件，仍不妨礙無因管理之成立。

(3)為他人管理之意思

明顯地，如果事務管理人在管理事務時，欠缺主觀上為他人管理之意思，當然就無得對他人主張無因管理之效果。而題示 B 在救火的第一時間得知縱火人是其大學情敵 A，而曾猶豫一番，故主觀上是否有為 A 管理之意思？或僅是為履行自己的消防工作？自頗有疑問。對此舉證上的困難，學說❹認為在「也是他人事務」的無因管理類型中，應當「推定」管理人

---

❶　Larenz, SchR II, S. 440.

❷　相同意見：Köhler, PdW, SchR II, S. 137.

❸　黃茂榮，《債法各論（一）》，第 306、307 頁。

❹　黃茂榮，《債法各論（一）》，第 306、307 頁。

主觀上不僅是要履行自己的事務，尚且也有要為本人管理之意思，因此如果本人主張管理人僅是要為履行自己的事務而為事務之管理，則舉證責任應倒置改由本人負擔。有鑑於「也是他人事務」畢竟客觀上也含有他人事務的內涵，而且事務管理確實結果也會有利於本人，故就一般生活經驗而言，管理人確實應該是有極大的可能性要為本人管理之意思❺，所以學說「推定」管理人有為本人管理之意思，自是適當而可採。

⑷未受委任，並無義務

問題是，本例題中宜蘭消防隊及 B 為具有消防法上救火義務的機關及人員，故其救火行為是否可以構成對 A 的無因管理，而請求相關費用償還及損害賠償？則不無疑問。

ａ.通說❻

認為，既然救火是消防隊及隊員的法律上義務，自當不能構成無因管理。

ｂ.少數說❼

認為，管理人如果是基於公法上義務而為事務管理，則該公法義務並不足以排除對本人成立無因管理❽，因為公法義務基本上不是一種針對特定人的行為義務，而僅是一般普遍性的行為義務，換言之，公法義務行為人，乃是在履行其對國家的義務，而非在履行對特定人民的義務，正因為該公法義務僅是針對國家而存在，並非是針對某一特定受益人存在，故被救助者不能援引該公法義務，而主張消防隊或是所屬隊員的救火行為是在履行對其之義務，因而排除無因管理的成立。

ｃ.解題意見

有鑑於少數說能夠清楚區辨公法義務的相對人主體是國家，而非間接

---

❺　舉證責任學說稱之為「可能性理論」，參閱楊淑文，《台灣本土法學雜誌》，第 60 期，第 60 頁。

❻　王澤鑑，《債法原理（一）》，第 382 頁。

❼　黃茂榮，《債法各論（一）》，第 301 頁。

❽　其他公法義務不妨礙無因管理成立的重要例子，尚有醫師法第 21 條：「醫師對於危急之病人，應即依其專業能力予以救治或採取必要措施，不得無故拖延」。

受利益的個人，所以該意見為本題擬答所採。但要強調的是，雖然公法上一般普遍性義務的履行，不排除仍有可能對救助者成立無因管理，但是履行公法義務，仍必須特別注意個別公法法律規範及立法目的，是否最終仍有不准許主張無因管理的理由，例如消防隊依消防法對失火者所為的救助行為，依稅法意旨，自應不准許主張無因管理的法律效果，因為消防隊救火所為的支出，本就由國家依稅法自納稅人處徵收稅收支付，故而不應再加諸納稅人民負擔消防費用，始符合稅法的原理及目的性。但是因為本題，A 是縱火者，明顯地 A 應最終負擔起償還消防隊救火費用支出及 B 的損害賠償，而不應由全體納稅人為其承擔起全部的費用才是❾，故宜蘭消防隊及 B 對 A 主張無因管理，是為有理。

(5)事務管理必須利於本人，並不違反本人明示或可得推知之意思

　　本題就該要件的檢討，因為 A 是基於對社會的憤恨而故意縱火，故明顯並無要救火之意思，所以宜蘭消防隊及 B 的救火行為，雖然在客觀上因為使得 A 的損害賠償減少，而利於本人，但卻不符合 A 主觀上的意思，在此情況下，管理人是否仍有民法第 176 條第 1 項的請求權？學說❿認為，如事務管理對本人的客觀利益和其主觀意思不符合時，應以本人的主觀意思為判斷關鍵。該意見，本處擬答亦採之，因為在無因管理中，管理人雖然是基於社會互助的心態，而為他人事務管理，但畢竟仍是一多管閒事的行為，故自應負擔起事務管理不符合本人主觀意思的風險才是。只是本題例外因為 A 的主觀意思，是不想理會火災狀況，顯有危害公共秩序及背於善良風俗之虞，故依民法第 176 條第 2 項及第 174 條第 2 項之規定，宜蘭消防隊及 B 對 A 仍有民法第 176 條第 1 項的請求權。

## 2.請求的範圍

(1)財產上的損害賠償⓫

---

❾　參閱劉昭辰，《台北大學法學論叢》，第 56 期，第 182 頁。

❿　黃茂榮，《債法各論（一）》，第 321 頁。

⓫　因為本題消防員 B 的救火行為，是基於縱火人 A 的行為所「挑起」，所以 A 也必須根據民法第 184 條第 1 項前段，對 B 負起損害賠償責任：參閱例題 35。

宜蘭消防隊的水費支出或是 B 的醫療費用損害賠償，原本應可以向本人 A 請求，只是本題是「也是他人事務」類型，所以相關的法律效果不能不做特別的考量。學說❶❷認為，因為「也是他人事務」的事務管理，畢竟也有管理人自己的事務性質在其中，因此整個事務管理結果，管理人也有利益取得，故不應請求全部的費用支出或是損害賠償才是。該學說意見，不能謂之無理，例如某人為救出陷於火海的妻子，故而奮力為鄰居救火，對於鄰居雖然可以主張無因管理，但因同時也完成自己對妻子的保證人救助義務，所以不應主張全部的費用支出或是損害賠償，自是合理。只是本題雖然屬於「也是他人事務」，但是畢竟該火災是由 A 所故意引起，故即使消防隊及 B 依法負有消防救火義務，但是最終的無因管理的不利益結果，都應由縱火者 A 承擔，而無上述學說之適用，始是合理。

(2)非財產上的損害賠償

仍有疑問者，是否 B 也可以依民法第 176 條第 1 項向 A 主張非財產上的慰撫金損害賠償？本題擬答認為，縱然民法第 195 條第 1 項規定有因身體法益受侵害者，可以請求非財產上的慰撫金損害賠償的依據，但畢竟民法第 195 條是規範侵權行為的損害賠償，對於非因侵權行為，而是因無因管理所引起的損害賠償，基於避免使非財產上的慰撫金損害賠償過於浮濫，而必須以法律有明文規定者為限的立法意旨，本題擬答認為，管理人應不得主張非財產上的慰撫金損害賠償才是。

**結論：宜蘭消防隊及 B 可以分別對 A 主張水費支出及醫藥費用損害賠償，但 B 不能對 A 主張慰撫金的損害賠償。**

### 題後說明

據報載，有一婦人表示要跳水庫尋短（但並無真意），致使消防隊協調水庫緊急放水，平白損失水費近 100 萬元，或是登山客颱風天不顧警告登山迷路，因此出動直昇機救援，有關機關是否可以對之主張無因管理？解題者可嘗試解題。

---

❶❷　Brox, SchR BT, Rdn. 377.

**例題 2 半夜的小偷**

A 住某一公寓三樓。某天深夜，A 正在觀看大聯盟棒球賽時，忽然看見對門有「小偷」正在爬牆。A 急忙拿著球棒跑出去，朝「小偷」一擊，才發現原來是忘記帶鑰匙的鄰居 B 先生。

問：A 是否必須對 B 負損害賠償責任？

### 說 明

民法對無因管理的規定，一方面是在於鼓勵社會互助，故賦予管理人對本人有適當的請求權，而不至於遭受不利益，但另一方面也注意到，無因管理畢竟是一多管閒事的行為，往往管理人的管理行為，也會對本人造成侵權行為，所以不排除管理人如有不當的管理行為時，也必須對本人負起侵權行為責任。

### 擬 答

1. A 可能必須根據民法第 184 條第 1 項前段，對 B 負損害賠償責任。問題是，A 誤以為 B 是小偷，是否可以構成阻卻違法事由？或是並無可歸責事由可言？討論如下：

   (1)阻卻違法事由的討論

   a.民法第 149 條的正當防衛

   民法第 149 條規定：「對於現時不法之侵害，為防衛自己或他人之權利所為之行為，不負損害賠償之責。但已逾越必要程度者，仍應負相當賠償之責」，因本題中 B 是忘記帶鑰匙的鄰居，故不存在有「現實不法的侵害」，故不成立正當防衛阻卻違法事由。

   b.民法第 176 條第 1 項的正當無因管理

   民法第 176 條第 1 項的正當無因管理的本身，也可以構成阻卻違法事由，但民法第 177 條第 1 項的不正當無因管理，卻不能構成阻卻違法事由。

而本題 A 誤以為 B 是小偷，而以球棒敲擊 B，但 B 卻是屋主，明顯並不符合 B 的意思，是一不正當無因管理，故無法阻卻違法。

⑵可歸責事由的討論

a. 故意

不同於刑法，民法對於故意的概念，採取所謂「故意理論」，即以「不法性的認知」當成是故意的成立要件❸，在此之下，本題 A 因為不知 B 是忘記帶鑰匙的鄰居，故其以球棒敲擊 B 的行為，即欠缺不法性認知，故非是「故意」的行為。

b. 過失

所謂的過失是指，行為人對於傷害行為的發生，是否「可預見而未預見，可避免而未避免」❹，故本題所要討論的是，是否 A 誤傷 B 的行為是可以預見並避免？換言之，A 對於本題的緊急狀況是否有可以預見及避免的可能性？而行為人對於預見及避免的可能性判斷，又可以根據過失要求程度的不同，而有不同的結果：

⑴一般抽象輕過失

在未有特別規定之下，民法所要求的過失程度是以「一般抽象輕過失」為標準。所謂「一般抽象輕過失」是指以一般平常人（善良管理人）對於傷害情況的發生，有無「可預見性」和「可避免性」作為注意判斷標準所認定的過失程度。在此一標準之下，似乎本題 A 可能有過失，因為一般熟識的鄰居，應該可以藉由體型、穿著等等而認出，但 A 卻未認出，不無以一般善良管理人之標準，而有「可預見並可避免」的過失之嫌。

⑵重大過失

只是在無因管理中，管理人為免除本人緊急危險所導致的損害賠償責任，民法第 175 條特別規定，管理人僅須就重大過失負責：「管理人為免除本人之生命、身體或財產上之急迫危險，而為事務之管理者，對於因其管理所生之損害，除有惡意或重大過失者外，不負賠償之責」。民法第 175 條

❸　王澤鑑，《侵權行為法》，第 382 頁。

❹　王澤鑑，《侵權行為法》，第 294 頁。

的適用，應注意下列幾點❶：①該條文亦可以適用於因無因管理而造成侵權行為時，換言之，如果管理人主觀上為免除他人急迫危險，而基於一般過失造成侵權行為損害時，管理人可以不負賠償責任，②該條文適用的本身不以客觀上有緊急情況的存在為必要，條文原文稱：只要管理人主觀上是為免除本人之生命、身體或財產上之急迫危險，而為事務之管理，即有適用，故也適用於管理人因過失而誤認緊急狀況之情形。因此，本題如果管理人 A 非因重大過失而誤認緊急情況，所導致的管理損害賠償責任，應仍允許其可以根據民法第 175 條免除侵權行為責任，以免於實際發生緊急情況時，管理人因為擔心誤判情勢而裹足不前，並符合鼓勵當事人互助的立法旨意，而就本題題示，應肯定 A 誤認緊急情況而擊傷 B 並無重大過失才是，因為在半夜，不馬上行動可能錯失良機，A 有所誤認，也應是可以理解。

**結論：A 打傷 B 的行為並無惡意或重大過失，故 A 無須對 B 負民法第 184 條第 1 項前段的損害賠償責任。**

## 2. A 可能必須根據民法第 174 條第 1 項（不正當無因管理），對 B 負損害賠償責任

依學說❶見解，民法第 174 條第 1 項是獨立的請求權基礎，條文雖對管理人違反本人明示或可得推知之意思，並無誤認上的過失要求（所謂「承擔上的過失」），但學說❶卻要求須有一般抽象輕過失的誤認，故本題 A 如因一般過失而誤認 B 的意思而管理其事務，則 A 即須對 B 所發生的所有損害負起無過失賠償責任，反之如果 A 對於誤認 B 的意思並無一般過失，則對於之後 B 所發生的損害，就無須負無過失責任，而僅須就一般過失負責即可（所謂「履行上的過失」）。但本題擬答認為，民法第 174 條第 1 項的管理人責任，在緊急情況下，也應依民法第 175 條的立法旨意，使管理人不論是「承擔上的過失」或是「履行上的過失」，都僅須就故意或重大過

---

❶ 參閱 Palandt/Thomas, §680 Rdn. 2.

❶ 參閱 Jauernig/Vollkommer, §678 Rdn. 1.

❶ 史尚寬，《債法總論》，第 63 頁。

失為標準判斷才是，否則將使管理人的責任過重，使得管理人日後將會失去社會互助的動機，也會喪失無因管理制度的立法美意❶⓱。

**結論：A 無須對 B 負民法第 174 條第 1 項的損害賠償責任。**

---

❶⓱　參閱 Gursky, JuS 72, 637.

## 例題 3　自我犧牲的交通事故[19]

　　某駕駛人 A 在路況及天氣皆良好的空曠路段,以每小時 50 到 60 公里的速度行進,而對面車道恰有三輛腳踏車迎面而來,分別由 10 到 11 歲的小學生所騎乘。就在 A 和腳踏車隊接近約略剩 6 公尺時,突然最後一輛由 B 所騎的腳踏車向左偏離,彎向 A 的車道,A 立刻將車向右偏斜,車子掉進田中,車毀人傷。

問: A 向 B 主張無因管理,主張損害賠償,有無道理?

### 說　明

　　解題者可以想像,如此的實例在現實生活中,有多麼的重要。

### 擬　答

　　A 可能可以根據民法第 176 條第 1 項的「正當無因管理」,向 B 主張損害賠償給付。

1. 構成要件討論如下:

⑴他人事務管理

　　基於「不能傷害他人」的一般易懂原則,本題 A 為避免 B 的受傷,而將汽車駛進田中,自是屬於駕駛人 A 自己應有的事務管理,但另一方面基於「人人皆不願自己有所傷害,而會盡力避免自己傷害發生」的原則,A 為避免 B 的受傷,而將汽車駛進田中,卻也是構成腳踏車騎士 B 的事務管理,故此處 A 的閃躲,以避免 B 受傷,既是 A 的事務,也是 B 的事務,構成「也是他人事務」的無因管理[20]。問題是,駕駛人 A 除將汽車駛進田中,造成自己受傷的選擇外,假如尚有其他可避免的方法,但卻未採取時,是否仍可以構成「他人事務管理」?德國最高法院對此假設,採取了否定態度,

---

[19]　本題取材德國最高法院判決: BGHZ 38, 270.

[20]　Medicus, BR, Rdn. 411.

其認為本題無因管理的成立應僅限於駕駛人「已無其他可避免的方法」時為限，如果駕駛人 A 未選擇其他方法，而採傷害自己行為，該風險必須由 A 自己承擔，不能經由無因管理而加以救濟，因此本題如果駕駛人 A 可採取緊急煞車，即可避免撞上 B，而 A 卻未採取煞車，卻是選擇開入田中，造成自己傷害，依德國最高法院意見，A 就不可以對 B 主張無因管理。

上述德國最高法院意見，本題擬答持保留的態度，因為即使本題 A 有煞車的可能，但卻未採取煞車，而是選擇開入田中，造成自己傷害，基於「人人皆不願自己有所傷害，而會盡力避免自己傷害發生」的原則，該行為就概念討論上，明顯地仍應將之歸屬於是 B 的「他人事務」管理才是。真正應討論的關鍵是：A 未採取煞車，而選擇將車駛入田中，造成自己傷害的行為，是否符合本人明示或可得而知的意思，而有可能成立正當無因管理（民法第 176 條第 1 項）？或僅是民法第 177 條第 1 項的「不正當無因管理」？因為本題 B 是未成年人，所以管理行為是否符合 B 本人的意思，依學說❷❶見解，應以其法定代理人的認知為準，但本題擬答也必須強調，不宜一概認定，A 選擇將車駛入田中，造成損害發生，一定就是不符合 B 之法定代理人明示或可得推知的意思，特別是在緊急且無確切把握的情形下，例如本題 A 的時速是 50 到 60 公里，而距離 B 僅剩 6 公尺，絕大部分的法定代理人應會是希望駕駛人 A 將車子駛入田中，以避免 B 可能發生重大傷害才是，故 A 自然仍可對 B 主張正當無因管理。相反地，依德國最高法院意見，A 將汽車開入田中，如果並非是避免 B 受傷的「無其他可避免的方法」，則根本就不是「他人事務的管理」，而不能成立正當無因管理，結果將是：A 會選擇嘗試緊急煞車，則勢必會對 B 造成風險，終究不是任何人所樂於預見的結果。

⑵為他人管理之意思

不論如何，德國最高法院肯定二審法院所認定的事實，A 將車駛入田中，是防止 B 受傷的不可避免的方法。問題是，在如此短距離的緊急反應中，究竟 A 主觀上是否仍有為 B 管理的意思，或僅是 A 的反射動作而已？

---

❷❶    參閱王澤鑑，《民法學說與判例研究（五）》，第 9 頁。

如果僅是 A 的反射動作，則因 A 欠缺有為 B 管理的意思，將無法成立無因管理。對此，德國最高法院基於醫學上的證據，肯定 A 確實是有意識為 B 管理事務，並且認為 A 將汽車駛入田中避免撞傷 B，其主觀上難以認定僅是為避免自己日後可能面臨的棘手民、刑事訴訟為考量，而無為他人管理的意思，因為在如此短時間內，一般人實難會考量到如此複雜的情況。更甚者，德國最高法院認為，對於此種避免其他交通參與人發生傷害的「也是他人事務」的無因管理，根本上可以「推定」管理人有為他人管理的意思❷，因為「也是他人事務」的無因管理，客觀上即存在有他人事務管理的事實，據此，依通常的情況可以推論，管理人確實應有絕大的可能，存有為他人管理的意思才是，故在此推定 A 有為 B 管理的意思，不乏有正當性理由支持。

### 2.賠償範圍

　　本題的「交通事故自我犧牲行為」，屬於「也是他人事務」的無因管理，在無因管理的法律效果上亦具有其特殊性，因為此等事務本身具有「他人事務」及「自己事務」的性質，故該等事務的管理結果往往對管理人本身亦具有利益，所以通說❷認為，「也是他人事務」的損害賠償請求數額，應依他人及自己事務比重程度請求，而不能全部請求，典型例子如甲因自己小孩身陷火中，遂而奮力救火，雖然其他學童亦因而受益被救，但甲只能依事務比重程度，向其他被救的學童家長主張無因管理，而不能請求完整的費用支出或損害賠償。只是在「交通事故自我犧牲行為」的案例中，德國最高法院卻並未就上述通說考量 A 的請求權數額，而是認為 A 本身是車輛駕駛人，自己參與了危險的交通運輸，和其他駕駛人形成「共同危險」，對於「共同危險」所生的損害自亦應部分承擔❷，結果和通說理論尚無不同。

**結論：A 可以向 B 主張部分損害賠償。**

---

❷　參閱例題 1。

❷　Brox, SchR BT, Rdn. 377.

❷　此一對「形成共同危險」並「參與共同危險」的人，須部分承擔不利益結果之見解，清楚表現在海商法「共同海損」（海商法第 110 條以下）的立法。

## 例題 4　改裝越野車

　　A 有一部老舊失修的機車（現值僅 1 萬元），純作為上班代步工具，因覺得機車過於老舊，故以低價將機車售予弟弟 B，自己又買了一部新機車。B 在騎了一星期後，發現煞車有異，遂花了 3 千元將煞車修好。不久後，雙方發現買賣契約及所有權移轉契約，根本自始無效，故 A 承諾在下個月將機車取回，只是在這段期間，B 又發現機車的輪胎破損，但因為 B 已經答應載女友出遊，故又花了 5 千元修理，且為向女友炫耀，更花了 3 萬元將原本的機車，改裝成越野車。A 取回車後，見狀頗感無奈。

問：⑴當 A 無意再使用該改裝機車，B 可以如何主張？

　　⑵當 A 在無奈之餘，將機車以低價 2 萬元出售給好友，則又如何？

### 說　明

　　無因管理人為他人事務管理所支出的費用，往往會和民法物權編第 953 條以下的「所有權人及占有人關係」的相關規定，形成複雜的適用問題，因此在練習無因管理的實例題時，往往對學習者造成困擾。本例題的收錄，可以提供學者學習「無因管理」和「所有權人及占有人關係」的條文適用關係，是一經典試題，複雜但並不困難。

### 擬　答

1. A 不再使用該機車

⑴ 3 千元修理煞車費用部分

a. B 可能可以根據民法第 176 條第 1 項向 A 請求償還

　　只是民法第 176 條第 1 項的正當無因管理請求權的成立，必須以管理人 B 有為他人管理之意思，始足當之，而本題 B 明顯是以（誤認）所有權人之立場修車，並無為 A 管理修車之意思，故請求權並不成立❷❺。而因為

---

❷❺　如果成立正當無因管理，則正當管理人就是有權占有人，自不再適用「所有權人

B 並無為他人管理之意思，所以也無須討論民法第 177 條第 1 項的「不正當無因管理」。

　b.B 可能可以根據民法第 177 條第 2 項向 A 請求償還

　　B 能否向 A 主張民法第 177 條第 2 項的「不法管理」，亦有疑問，因為 B 明顯也是以（誤認）所有權人之立場修車，故亦並無明知他人事務而管理之情況，故民法第 177 條第 2 項請求權亦不成立。

　c.B 可能可以根據民法第 954 條向 A 請求償還

　　在上述的無因管理請求權都不成立的情況下，B 的請求權基礎可以考量的是民法物權編中的「所有權人及占有人關係」相關規定，例如民法第 954 條規定：「善意占有人，因保存占有物所支出之必要費用，得向回復請求人請求償還。但已就占有物取得孳息者，不得請求償還」，故本題善意占有人 B 得依民法第 954 條請求 A 償還修理煞車必要費用❷⑥。

⑵ 5 千元修理輪胎及 3 萬元改裝費用部分

　a.民法第 176 條第 1 項及民法第 177 條第 1 項

　　本題 B 明知機車所有權屬 A 所有，但卻是為載自己女友及向她炫耀而為機車的修理及改裝，是為自己的利益，欠缺為他人管理之意思，故不能構成無因管理。

　b.民法第 177 條第 2 項的「不法管理」

　　本題 B 明知機車所有權屬 A 所有，但卻為自己的利益而修理機車輪胎及改裝機車，確實構成民法第 177 條第 2 項的「不法管理」，而應準用民法第 177 條第 1 項之規定。但依題示，機車已經被修好且改裝成越野車，但卻不合 A 的上班代步之用途，且 A 自己也已經有另一部新機車，故不再使用該車，故 A 明顯無主張修理輪胎及改裝的管理所得利益的意思，所以也無須就該項目所支出的費用，對 B 進行償還。

---

及占有人關係」相關規定，參閱 Jauernig, vor §987 Rdn. 15.

❷⑥ 至於 B 可否向 A 根據「耗費型不當得利」請求 3000 元修車費用償還，基於民法第 954 條「所有權人及占有人關係」是非給付型不當得利的特別規定，所以不予以討論，參閱例題 26。

c. 民法第 957 條

B 在明知自己已非是機車所有權人之情況下，對機車進行輪胎的修理，該修理費用自是屬於保存、維持機車狀態所支出的必要費用，所以似乎可能可以根據民法第 957 條之規定：「惡意占有人，因保存占有物所支出之必要費用，對於回復請求人，得依關於無因管理之規定，請求償還」，依無因管理規定，向 A 主張償還。有問題的是，民法第 957 條所謂的準用，究竟是指「要件準用」❷ 或是「效果準用」❷ 無因管理？如果是指前者，則惡意占有人往往是為自己的利益而支出必要費用，因此明顯欠缺「為他人管理」的主觀意思，所以不能構成無因管理，如此民法第 957 條就會成為具文，基於上述理由，故本題擬答採「效果準用」的見解，認為惡意占有人無須有為本人管理之意思，即可以根據無因管理規定請求。但如上所述，因為 B 的修理行為不符合 A 的意思，且 A 也無意主張該管理利益所得，所以終究 B 也不得向 A 根據民法第 957 條、準用民法第 176 條第 1 項及第 177 條第 1 項，主張輪胎修理費用償還。

d. 民法第 179 條的「耗費型不當得利」

民法物權編第 953 條以下所規範的「所有權人及占有人關係」，並無惡意占有人可以向所有權人主張償還有益費用的規定，因此非常有爭議的是，是否 A 必須根據不當得利將改裝機車的有益費用償還於 B？通說❷ 認為，民法第 953 條以下有關「所有權人及占有人關係」的請求權是非給付型不當得利（耗費型）之特別規定，而因為民法第 957 條僅規範惡意占有人可依無因管理之規定，請求返還必要費用，所以對於有益費用，則不得請求返還，因此當然也排除依耗費型不當得利請求返還的可能性。只是也有學說❸ 採肯定見解，其主要理由在於，假設有第三人未占有標的物而對標的物為有益費用之支出，因無民法第 957 條之適用，則該第三人即可對標的

---

❷　參閱 Diederichsen, BGB-Klausur, S. 4.

❷　參閱王澤鑑，《民法物權》，第 648 頁。

❷　參閱最高法院 77 年臺上字第 1208 號判決。

❸　孫森焱，《民法債編總論（上）》，第 183 頁。

物所有權人主張耗費型不當得利,何以如果該第三人只是因為占有標的物,就會因為民法第 957 條特別規定的關係,而無得對標的物所有權人主張不當得利? 僅是以「占有」標的物之有、無,決定有益費用償還責任,就法律價值判斷上,難以說明。

上述的學說爭議,於本題並無影響,因為即使同意 B 可以對 A 主張民法第 179 條的「耗費型不當得利」,因為 A 不再使用該機車,所以 B 改裝機車,對 A 而言屬於不在其計畫範圍內的利益取得,是一種「強迫得利」❸,因強迫得利而受有利益之人,並無須負不當得利責任,所以終究 B 也不得依民法第 179 條的「耗費型不當得利」,向 A 主張 3 萬元的改裝費用返還。

**結論: B 可以向 A 請求 3 千元煞車修理費用償還,但不可以請求 5 千元的輪胎修理費用及 3 萬元的改裝費用償還。**

### 2. A 將機車以低價 2 萬元出售給好友

⑴ B 可以向 A 請求 3 千元煞車修理費用償還。理由同 1.⑴。

⑵ 5 千元修理輪胎及 3 萬元改裝費用部分

a. 民法第 177 條第 2 項的「不法管理」

因為 A 將被改裝的機車,出售於友人,可見 A 有意根據民法第 177 條第 2 項準用第 1 項,主張 B 管理所得的利益,故不排除 A 必須返還 B 所支出的管理費用,即 5 千元修理輪胎及 3 萬元改裝費用。只是準用民法第 177 條第 1 項規定結果,本人僅須就管理所得利益範圍內,負返還義務,而本題 A 將原僅值 1 萬元的機車,以 2 萬元出售於友人,所得管理利益共計是 1 萬元,所以 A 僅須返還 1 萬元給 B。

b. 民法第 957 條

因為 A 原本並無意再使用舊機車,所以 B 的管理行為並不合 A 的意思(民法第 177 條第 1 項的不正當無因管理),只是 A 事後卻將機車出售於友人,可見 A 有意主張管理所得利益,故 A 必須根據民法第 957 條償還 5 千元修理輪胎必要費用於 B。

c. 民法第 179 條的「耗費型不當得利」

---

❸ 參閱例題 28。

　　至於 B 所支出 3 萬元有益費用改裝部分，能否對 A 主張不當得利，爭議如上。而即使認為 B 能請求，但因為 A 已經主張不法管理的管理所得利益，因此其利益保有就具有法律上原因，所以 B 就不能再對其主張不當得利。

**結論：** B 可以請求 3 千元修理煞車的費用，至於 5 千元修理輪胎及 3 萬元改裝費用部分，存在請求權競合關係，所以終究 B 僅能請求 1 萬元返還。

## 例題 5 中國觀光客熱潮

　　A 想趁中國開放觀光客來臺旅遊之際，大撈一筆，遂委由淡水的一家造船廠 B，對自己所有的舊船隻加以整修。

　　在 A、B 洽談之際，B 向 A 建議，不妨偷工減料，違反相關船體結構安全規定，可以節省許多成本，A 同意之。就在 B 整修船隻完成，並交付 A 後，A 察覺中國觀光客人數並不如預期，而欲悔約不給付承攬報酬 1500 萬元給 B。

問：B 可以向 A 主張什麼？

### 說　明

　　對於無效的事務管理約定，所引發的勞務給付利益返還問題，究竟應適用無因管理或是不當得利？是一有名的爭議問題，同時測驗受測者對無因管理及不當得利法律問題的理解。

### 擬　答

1. B 可以向 A 主張 1500 萬元報酬的請求權基礎，可能是民法第 490 條，而該請求權存在的前提必須是 A、B 間的承攬契約有效成立，本題 A、B 間成立承攬契約自無疑義，有問題的是，是否有效？

　⑴民法第 71 條

　　首先可以考慮的是，是否 A、B 間的承攬契約會因為違反相關的船體航行安全規定，例如船舶法第 23 條、第 35 條之 1，而根據民法第 71 條無效？民法第 71 條規定：「法律行為，違反強制或禁止之規定者，無效。但其規定並不以之為無效者，不在此限」，可見法律行為違反強制或是禁止規定，並不因此當然無效，仍須視該強制或是禁止規定有無賦予使法律行為無效的效果。就本題而言，因為相關船舶法規對於違反船體航行安全規定，賦予相當的罰則❸❷，所以應肯定船體航行安全規定，確實是一強制禁止規

定，但是否違反強制規定的法律行為，即應為無效，往往尚必須透過法律的解釋，始能得出，至於當事人是否知道強制或是禁止規定的存在，則在所不問❸。相關的強制或是禁止規定的解釋，實是一困難的問題，一般而言，如果法律所強制或禁止規範者是直接針對法律行為內容者，則該法律行為通常即為無效，但如果強制規定僅是對法律行為內容以外的外在情況為規定者❸，例如僅是規範契約履行時間、地點或是方式，除非法律規範明白表示契約無效，否則該法律行為尚難僅因違反法律行為內容以外的外在情況規範而無效。就本題的船體航行安全規定而言，乃是在規範船體應有的航行安全標準，明顯並非是針對船體整修承攬契約應具有的內容規範而設，更不是針對船體整修承攬契約的外在情況所為的規範，所以即使是違反相關船體航行安全規定的承攬契約，本題之整修船體契約也不會因違反相關的船體航行安全規定而無效❸。

(2)民法第 72 條

再者可以考慮的是，是否 A、B 間的承攬契約會因為違反公共秩序及善良風俗，依民法第 72 條而無效?所謂公共秩序是指國家社會之一般利益，所謂善良風俗則是指國民之一般道德觀念❸，至於法律行為是否違反公序良俗，必須藉由當事人訂立法律行為的內容、動機及目的等等加以整體觀察，例如如果 A、B 雙方都不知現行的船體航行安全規定，而訂立船體整修承攬契約，就其動機而言，尚難謂有違國民的一般道德觀念，但是本題 A 明知船體航行安全規定，卻為商業利益進而訂立會危害他人生命財產安全的契約，置他人的生命財產安全於不顧，明顯應肯定該契約違反公序良俗，而依民法第 72 條無效才是。

--------------------------------------------------

❸　參閱船舶法第 79、80 及 83 條。

❸　王澤鑑，《民法總則》，第 303 頁。

❸　參閱 Jauernig, §134 Rdn. 8.

❸　參閱 BGHZ 75, 366：違反相關對於房屋高度建築法規的建屋承攬契約，契約仍是有效。

❸　參閱邱聰智，《民法總則（上）》，第 598 頁。

小結：因為 A、B 間的承攬契約違反公序良俗而無效，所以 B 對 A 並無 1500 萬元的承攬報酬請求權。

## 2. B 可能可以對 A 根據民法第 176 條第 1 項的「正當無因管理」主張整修船隻所支出的費用償還

⑴構成要件

a. 他人事務管理

　　成立無因管理的要件，當然必須是管理人有管理他人事務的事實，而本題的他人事務管理行為即是 B 修繕 A 的船隻。問題是，B 的偷工減料整修船隻行為，並不符合一般公序良俗，能否構成無因管理並主張相關效果，實有進一步討論的必要。一般學說**❸❼**認為，無因管理性質是一事實行為，故自當無民法第 72 條考量的必要，而即使認為無因管理是一準法律行為**❸❽**，學說對於相關法律行為規定可否類推適用於無因管理，也持猶豫的態度，例如無因管理明顯即無類推適用法律行為要式性規定的可能（參照民法第 166 條之 1 及第 531 條），所以除非是極度不法的管理行為，例如為朋友殺人，否則無因管理的成立，實和管理行為本身是否違反法律強制規定或是公序良俗無關。依此，本題 B 的整修船隻行為，雖不符合公序良俗的認知，但尚難因此即據以否認 B 無因管理請求權的成立。

b. 管理人主觀上須有為他人管理事務之意思

　　本題中，B 整修 A 的船隻，明顯是一「客觀上他人事務」的管理，學說**❸❾**認為，對於「客觀上他人事務」的管理，有鑑於該等事務外在存在有明顯「他人事務」的執行，所以可以「推定」管理人主觀上有為他人管理之意思。只是有疑問的是，本題不排除 B 之所以整修 A 的船隻，主觀上是為履行自己（無效）的契約義務，所以 B 可能欠缺有為 A 管理的意思。雖然學說上有承認「為自己不妨礙為他人」管理，所以即使 B 是為履行自己的契約義務而整修 A 的船隻，但只要 B 仍有為 A 管理之意思，就不排除可

---

❸❼　MünchKomm/Seiler, vor §677 Rdn. 5.

❸❽　孫森焱，《民法債編總論（上）》，第 112 頁。

❸❾　黃茂榮，《債法各論（一）》，第 307 頁。

以對 A 主張無因管理。只是就一般生活經驗而言，債務人履行契約義務，應是僅為自己的經濟利益而打算❹，能否適用上述的推定法則，實不無疑問。但如果採學說見解，而認為「客觀上他人事務」的管理，可以據以推定管理人有為他人管理之意思，則仍無法排除 B 的無因管理請求權。

c. 未受委任並無義務

非常有爭議的是，債務人履行無效的契約義務，是否是屬於無法律上義務而管理他人事務？如果按法律外在的形式邏輯觀察，則自應認為無效的契約當然就不構成債務人的履行義務，所以當然也就不應排除履行無效法律行為的債務人可以向債權人主張無因管理，德國最高法院❹即採如此見解，但如此見解，卻遭受學說❹極大的抨擊，當中最重要的論點就是，對於無效契約履行所產生的利益調整效果的規定，首先應是考慮（給付型）不當得利制度，而不是無因管理制度才是，如果概括認定債務人履行無效的契約，事後可以根據無因管理向債權人主張償還義務，則豈非架空（給付型）不當得利制度？況且不當得利的利益返還法律效果和無因管理差異甚大，例如根據民法第 182 條第 1 項，當所受利益已不存在時，善意受益人即無須再為利益返還，但無效契約的受益人，即使其所受利益已不存在，卻仍必須根據無因管理返還管理人的費用支出，則結果明顯將和不當得利的價值判斷有所衝突。有鑑於避免（給付型）不當得利制度被掏空，故本題擬答傾向採學說見解，而認為債務人履行無效的契約義務，應屬於（給付型）不當得利問題範疇，而不應以無因管理制度解決雙方當事人間的利益調整。但如果本題採德國最高法院意見，認為 B 可以對 A 主張正當無因管理，則仍必須繼續檢查下一要件。

d. 符合本人明示或可得而知的意思（參照民法第 176 條第 1 項）

雖然本題因為事後中國觀光客的熱潮不如 A 的預期，所以似乎 B 的整修船隻不符合 A 的意思，但是正當無因管理成立所依據的「符合本人明示

---

❹　參閱 Martinek/Theobald, JuS 1997, 992.

❹　BGHZ 37, 285.

❹　黃茂榮，《債法各論（一）》，第 302 頁。

或可得而知的意思」，卻是以管理人承擔管理行為當時的時點為依據❹，而非是以請求費用償還時為準，而明顯的 B 在開始整修船隻時，完全符合 A 之所託，故最終 B 對 A 的正當無因管理主張成立。

⑵償還範圍

　a.報酬請求權的爭議

　　因為 B 對 A 可以主張正當無因管理，故可以請求管理所支出的費用償還，就本題而言，可以考慮的是，費用支出是否包含 B 整修船隻所支出的勞力及材料費用，如果兩者都能請求，則一般而言即是相當於全部承攬契約的報酬，即 1500 萬元。而對於（正當）無因管理的費用支出償還範圍最有爭議的問題，莫過於管理人「勞務」支出本身得否請求？以下分別就學說爭議加以分析：

　⑴通說：否定勞力支出的報酬請求

　　依現行我國一般學說❹認為，基於無因管理的立法目的在於鼓勵社會互助的觀點，無因管理的費用償還範圍不應包括管理人的勞務支出，否則等同變相管理人可以向本人主張管理報酬的給付，而將無因管理賦予有償性，不符合無因管理的立法目的初衷。

　⑵少數說：肯定勞力支出的報酬請求

　　①王澤鑑教授以德國立法例❹為論點，而認為如果管理人所為勞務恰屬於管理人之營業或職業範疇時，即可以向本人主張勞務支出的相當費用償還（即報酬）。對此意見，本題擬答採較為持疑的態度，一則因為我國民法欠缺有如德國民法的相同規範，二則如果認為只要管理人所為管理行為屬於其營業或職業範疇，則本人即必須支付相當於勞務支出的報酬，則不可避免的，將使得管理人隨時伺機而動，變相尋求牟取營業、職業利益的機會，例如拖吊公司將隨時在道路上巡邏，為拋錨的車輛進行「無因管理」，以求取拖吊報酬。而此一情況，也如同通說所言，等同將無因管理「有償

---

❹　黃茂榮，《債法各論（一）》，第 299 頁。

❹　邱聰智，《新訂民法債編通則（上）》，第 98 頁。

❹　參閱德國民法第 1835 條。

契約化」，而不符合無因管理的立法本意。

②另有學說❹認為，應適用民法第 483 條的立法旨意，只有在當管理人所支出的勞務，「如依情形，非受報酬即不服勞務者」，管理人才能向本人請求相當勞務支出的報酬，依該意見，或許管理人微小的勞務支出，尚無得請求報酬，但是對於例如本題的重大耗費的船隻修繕，則管理人仍可以請求相當的報酬償還。

小結：有鑑於無因管理的立法目的，在於鼓勵社會的互助，故應以否定管理
　　　人的報酬請求為宜，以避免無因管理的有償化，所以本題擬答採取通
　　　說，而認為無因管理人不得就其勞務支出，請求相當的報酬償還。

　b. 材料支出費用

　⒜必要費用之概念

依民法第 176 條第 1 項規定，正當無因管理人可以向本人請求必要費用償還，所謂必要費用是指物之保存及維護所需之費用，而修繕費用正是典型的必要費用，似乎並無疑義。只是德國最高法院❹認為，違反法律強制規定或是公序良俗的修繕費用支出，並不是物之保存及維護所需之「必要」費用，依此，則似乎本題 B 的修繕費用支出，自亦應不屬於無因管理的「必要費用」才是。只是德國最高法院的意見，遭受學說❹的質疑，而認為所謂「必要費用」的概念及判斷，不應和該費用的目的性有關，而是純然客觀上的理解才是。上述學說意見，本題擬答亦採之。

　⒝類推適用民法第 180 條第 4 款

無因管理必要費用的判斷雖然不受其目的為何而影響，只是本題擬答認為 B 終究無得請求該筆材料費用的支出償還，但理由不是因為違反公序良俗的修繕費用不是「必要費用」，而是因為類推適用民法第 180 條第 4 款的結果❹。依民法第 180 條第 4 款規定，不法原因之給付，給付人不得依

---

❹　MünchKomm/Seiler, vor §677 Rdn. 25.

❹　BGHZ 37, 258, 264.

❹　Dörner, Fälle und Lösungen, S. 8.

❹　相反地，因為德國最高法院 (BGH NJW 1951, 643) 否認民法第 180 條第 4 款有類

給付型不當得利請求返還，雖然條文僅限於不當得利請求權，但最高法院56年臺上字第2232號判例卻認為，民法第180條第4款之規定，亦可以被類推適用於侵權行為請求權，該判例廣為學說❺❶所贊同，而有鑑於民法第180條第4款的立法目的乃在於拒絕對不法原因給付人的權利保護（所謂「權利拒絕保護理論」❺❶），在該立法目的下，不論不法原因給付的給付人所主張的請求權基礎為何，其實已非重要，而都不應有受保護的必要，所以上述最高法院判例之見解，亦為本題擬答採之，而且本題擬答更進一步認為，不但是不法原因的給付人不能主張侵權行為以為填補其所受的損害，即使是主張無因管理，主張其所支出費用的償還，亦不應許可才是，如此始能充分體現民法第180條第4款的立法精神。

**結論： 不論是勞務支出報酬或是材料支出費用，B 都不得根據民法第 176 條第 1 項向 A 主張償還。**

### 3. B 對 A 主張民法第 179 條給付型不當得利的討論

⑴給付型不當得利的成立

在上述 2.⑴c.的討論中，如果認為債務人履行無效的契約義務，不應發生「無因管理」法律關係，而是應以「給付型不當得利」解決 A、B 間法律關係，則因為 A 保有船隻修繕利益（參照民法第 812 條第 1 項），欠缺有法律上的原因，所以至此必須肯定 A 應對 B 負起「給付型不當得利」責任。

⑵給付型不當得利的排除： 民法第 180 條第 4 款

但 A、B 間的承攬契約，因違反公序良俗，所以 B 的船體修繕給付，即是一不法原因的給付，而有民法第 180 條第 4 款的排除適用可能性。民法第 180 條第 4 款原文僅要求客觀上存有「不法原因之給付」，而不要求給付人必須對不法原因之給付有主觀上的認知，例如一般人並不知依我國證

---

推適用於其他請求權基礎的可能，所以就必須迂迴以「必要」費用的解釋，達到否認無因管理人可以請求違反法律強制規定或是公序良俗的修繕費用支出的結論。

❺❶ 孫森焱，《民法債編總論（上）》，第 175 頁。

❺❶ 參閱王澤鑑，《不當得利》，第 140 頁。

券商管理規則第 49 條之 1 第 2 項第 1 款規定,不可以委託臺灣證券商代為買賣中國股票,在適用民法第 180 條第 4 款的本文下,違法的委託人就不能請求證券商返還所交付的買股費用,結果並不公允,因此學說❺尚且要求必須給付人主觀上對於給付的不法性有所認知(故意或是過失)時,方能構成民法第 180 條第 4 款。如此的見解,本題擬答亦採之,因為不論對民法第 180 條第 4 款的立法目的採「懲罰性理論」❺或是「權利拒絕保護理論」❺,結果都必須肯定給付人主觀認知的必要性,因為如果認為民法第 180 條第 4 款是對給付人的懲罰效果(所謂「懲罰性理論」),則自當給付人必須有主觀上的可責性,始有懲罰的正當性,而如果認為民法第 180 條第 4 款是因為給付人的請求權無受保護的必要(所謂「權利拒絕保護理論」),自當也必須以給付人的主觀上的不法認知為前提,其請求權始有不受保護的正當性。而本題 B 於修繕船隻時,明知該船隻的用途,主觀上對於船隻修繕給付行為已違反公序良俗,清楚可知,故不論採何種學說見解,均構成民法第 180 條第 4 款的不法原因給付,故自應不得請求返還。

(3)民法第 180 條第 4 款的修正

依民法第 180 條第 4 款規定,如果給付人的給付行為是一不法原因的給付,則即使受益人的受領給付也是出自不法原因,給付人仍不能主張給付型不當得利請求權,結果往往會造成因不法原因而受領給付的受益人,卻可以終極保有不法原因的給付,在許多的案例上甚難被接受。因此實務及學說不斷有修正過於嚴苛的民法第 180 條第 4 款規定的嘗試:

a. 民法第 148 條第 2 項的誠實信用原則

首先不乏有實務判決嘗試以民法第 148 條第 2 項的「誠實信用原則」,修正民法第 180 條第 4 款,例如最高法院在其 96 年度臺上字第 2362 號判決中,認為詐騙他人可以行賄官員,因而由受詐騙人處所取得的金錢,詐欺人仍必須依不當得利返還於受詐欺人,而無民法第 180 條第 4 款的適用,

---

❺ 王澤鑑,《不當得利》,第 150 頁。不同意見:楊芳賢,《不當得利》,第 110 頁。

❺ 舊說:BGHZ 39, 87, 91.

❺ 新說:BGH NJW 2000, 1560, 1562.

否則如令詐欺人可以保有詐欺所得，就雙方當事人的責任衡量上，明顯有違公平原則，只是該最高法院的判決，卻難以被比擬於本題，因為在本題中 A、B 雙方的行為不法性程度相當，而並無如詐欺及被詐欺般明顯的高低有別，所以並無須再以誠實信用原則加以調整的必要。再如在德國有名的例題 8【外籍勞工打黑工】案例中，非法打工的外籍勞工和僱主間的僱傭契約無效，但如果依民法第 180 條第 4 款令僱主可以保有外籍勞工的勞務給付利益，但卻無須依不當得利給付相當報酬於外籍勞工，則等同剝奪外籍勞工的生活及生存的權利，實難符合憲法對生存基本權的保障，只是本題卻是造船廠 B 明知其修繕行為違反公序良俗，但卻為自身的經濟利益，而不顧他人的生命財產安危，仍執意為之，自不似單純的外籍勞工的勞務給付行為，而有生活及生存權利保護的必要，因此本題擬答認為，B 的勞務支出給付行為，尚難比擬於【外籍勞工打黑工】案例，而無保護的必要才是。

　　b.法律目的性解釋

　　法律的目的性解釋（或是公序良俗的內容解釋），也是常被用以修正民法第 180 條第 4 款的重要手段。就本題而言，A 船主的保有船隻修繕結果，甚而再加以利用於營運而牟取經濟利益，結果確實是有違反公序良俗的價值判斷，但是即使是要求船主 A 必須將所得的船隻修繕利益，依給付型不當得利規定返還於 B，明顯地，該結果對於公序良俗結果的導正，也並無任何助益可言，換言之，B 原本應根據民法第 180 條第 4 款規定，不能向 A 主張不當得利的結果，即使是在公序良俗的立法考量下，也並無修正的考量必要性及目的性，故而最終應肯定 B 的不當得利請求權的排除才是。

**結論：B 不能向 A 主張給付型不當得利，請求船隻修繕利益的返還。**

# 第二章　不當得利

# 第一節　給付型不當得利❶

## 例題 6　電動遊戲軟體的試用
### ——目的性給付 (condictio ob rem)

高中生 A 喜愛上網咖，某日在 B 所開之網咖店見所出售的電玩軟體，頗為喜愛，再三猶豫是否購買。B 見狀向 A 表示，可先帶回家玩玩，再考慮要不要買，A 遂高興的將軟體帶回家。

A 在試玩三天後，問父親可否購買該遊戲軟體，父親認為學測將至，故拒絕之。

問：B 如何向 A 主張？

## 說　明

給付型不當得利中最具問題性者即屬「給付」概念的認定，而本題即是對此練習。

## 擬　答

B 可能可以根據民法第 179 條的「給付型不當得利」向 A 請求返還遊戲軟體。

1. 構成要件檢查如下：

---

❶ 在王澤鑑教授的努力下，我國不當得利理論已經由「統一說」改為「非統一說」，本書亦以王澤鑑教授的類型區分為基礎，進行實例題的設計及擬答。給付型不當得利，是指無法律上原因經由他人給付而受有利益之情形，其他凡是非因給付行為而取得利益者，即是非給付型，又可區分成侵害型、耗費型、回索型。「侵害型」是指受益人經由自己或是第三人行為（第三人侵害），而由請求權人處取得利益者，「耗費型」是指受益人所受利益是請求權人自己主動的費用或是財產利益支出而造成者，又有稱之為「費用支出型」，「回索型」是指因他人清償債務而使債務人受有債務消滅利益者，又有稱之為「求償型」。

⑴ A 受有利益

本題 B 將軟體所有權依民法第 761 條第 1 項讓與 A（事實認定問題），雖然 A 僅是一未成年的高中生，原本其所為的法律行為在未得法定代理人同意下無效（參閱民法第 77 條本文、第 79 條），但是因為軟體的所有權取得對 A 而言，是一純獲法律上之利益，所以根據民法第 77 條但書，A 無須得到法定代理人之同意，即取得軟體所有權。除此之外，A 亦取得使用利益。

⑵ A 受有利益是經由 B 的給付

所謂給付是指①有意識②有目的增加他人財產之行為❷，而本題 B 讓與軟體給 A，是一有意識增加 A 財產之行為，殆無疑義，但該給與行為❸有無目的？目的為何？一般而言，給與的目的不外乎①負擔原因②清償原因③贈與原因，而本題 B 讓與軟體於 A 的目的是希望藉由軟體所有權的給與，而期待 A 會因而為一定的作為或不作為（買下軟體），故是一具有「負擔原因」的給與，所以 B 確實是經由給付行為而使 A 取得軟體所有權利益。而此種期待對方負擔行為的給付，又稱之為「目的性給付」(condictio ob rem)。

⑶無法律上原因

就給付型不當得利而言，若上述三種給付原因的目的達成，利益受領人取得利益就有法律上原因，相反地，如果給付原因的目的未能達成，則受領人取得利益即無法律上原因。以本題而言，因為 A 的法定代理人拒絕允許 A 訂立買賣契約，所以 B 讓與軟體所有權給 A 的負擔原因就無法達成目的，因此 A 也就無法律上原因取得軟體所有權，而必須依給付型不當得利返還於 B。

### 2.給付型不當得利請求權排除原因

本案 B 給付軟體所有權於 A 時，明知買賣契約尚未成立，故是否會因民法第 180 條第 3 款「無債清償」規定，而不得請求返還。但就「目的性

---

❷　參閱王澤鑑，《不當得利》，第 43 頁。

❸　僅有意識增加他人財產而尚未討論目的的行為，稱之為「給與」，參閱民法第 406 條的用語。

給付」而言，其給付目的是在「負擔」而非「清償」，所以該給付並非民法第 180 條第 3 款所謂的「清償」，故自亦無民法第 180 條第 3 款的適用可言。

### 3. 返還範圍

A 應返還遊戲軟體所有權於 B。有問題的是，A 是否尚須依民法第 181 條「本於利益更有所得」而償還三天使用利益的相當價額？因為 A 喜愛上網咖，所以不排除其因使用遊戲軟體故而有節省上網咖費用，所以 A 不能主張使用利益不存在（參照民法第 182 條），而應依民法第 181 條但書償還使用利益的相當價額，但學說❹卻認為，如果同意未成年人對「給付型不當得利」有民法第 181 條的適用，結果將等同變相強制未成年人履行有效的法律行為，和民法對未成年人的行為能力保護意旨不符，故終究 A 無須負返還使用利益的責任。

結論：**A 僅能向 B 請求返還遊戲軟體所有權，但不能請求使用利益的返還。**

---

❹　Gursky, NJW 69, 2183. 並參閱劉昭辰，《民法總則實例研習》，例題 8、20。

## 例題7 谷關機車旅遊——給付雙重瑕疵

　　A 經營車行，得知鄰居 B 法律系畢業，並順利考上律師，遂遊說 B 購買機車以為代步之用，B 答應之。B 的大學同學 C 得知此事，向 B 表示能否出租一星期，以便明日載女友到谷關遊玩。B 礙於同學情面，只得同意之，並向 A 車行表示直接將機車交付於 C 即可。隔日 A 將車交與 C，但 C 卻因懼怕 H1N1 流感，而取消谷關旅遊。其後發現，A、B 間買賣契約及 B、C 間的租賃契約，皆為無效。

問：A、B、C 三人不當得利法律關係如何？

### 說　明

　　三人給付關係是不當得利中最困難的問題，而本題就由經典試題「給付雙重瑕疵」開始，練習三人給付關係。

### 擬　答

1. A、C 間不當得利法律關係討論如下：

　⑴A 可以向 C 主張機車返還的請求權基礎可能是民法第 179 條的給付型不當得利，其構成要件如下：

　a. C 受有利益

　　本題因 C 是基於租賃契約而受領機車，並無取得所有權之意思，故經由 A 之交付行為，C 所取得者並非是機車的所有權，而僅是取得機車的占有而已，故 A 所能向 C 主張者，也僅限於機車占有返還而已。

　b. C 所取得的占有，必須是經由 A 的給付行為而來

　　給付的概念是指一①有意識②有目的增加他人財產之行為，因此是否 A、C 間存有給付關係，即必須就此二要素加以檢查。而本題 A 交付機車給 C，是一有意識增加他人財產之給與行為，殆無疑義，有問題的是，A 有無增加他人財產之目的？

⒜就 A 的觀點而言

A 原應依買賣契約將機車所有權移轉於 B，並交付給 B，使其取得占有地位（參照民法第 348 條第 1 項及第 761 條第 1 項），但 A 卻受 B 之指示，將機車交付給 C，此種「指示給付」方式❺，雖然不是民法第 761 條所明文規範的所有權移轉交付方式，但基於現實生活經驗，社會上確實不乏有許多如此的所有權移轉交付型態，故亦為學說所承認而形成習慣法。換言之，A 受 B 的指示，將機車交付給 C，藉以完成 A 對 B 所有權移轉的義務，確實是於法有據，其目的是在清償 A 對 B 的買賣契約（清償原因），所以在 A、B 之間存有給付關係。相反地，A 交付機車給 C 的給與行為，因在 A、C 之間並無任何的給付目的存在，當然也就無給付關係存在。

⒝就 B 之觀點而言

A 受 B 指示而交付機車給 C，就法律上而言，A 其實是 B 清償對 C 租賃契約的輔助人，換言之，A 交付機車給 C 的行為，其實是 B 對 C 的清償行為，因此 B、C 間發生清償給付之目的，故在 B、C 間成立給付關係。

**結論：　基於上述兩點討論可知，本題的給付關係僅存在於 A、B 及 B、C 間，A、C 間並不存在有給付關係，故 A、C 間也就應無成立給付型不當得利法律關係的可能。**

⑵ A 是否可以對 C 主張非給付型不當得利？

本題因 A、B 間的買賣契約及 B、C 間的租賃契約皆為無效，故爭議在於，雙重瑕疵之三人給付關係的案例上，是否不當得利仍應僅限於給付關係的當事人間？是否有可能 A 可以直接對 C 主張無給付關係的「耗費型」不當得利？

a.直接索取理論❻認為，如果嚴格遵守上述的給付關係，結果是 C 先將機車的占有返還給 B，B 再將占有（及所有權）返還給 A，如此繁複結果，實無意義，故最簡單的解決方法應當允許 A 可以直接向 C 根據非給付型不當得利，請求機車占有的返還❼。

---

❺　王澤鑑教授稱之為「指令交付」，《民法物權》，第 120 頁。

❻　Enn.-Lehmann, SchR, §221 III 1 b.

　　b. 今日絕對通說❽認為，直接索取理論完全破壞給付概念，不足為取。況且，如果同意 A 可直接向 C 請求返還機車占有，則 C 將喪失對 B 所有可能的抗辯利益，對 C 甚為不公。因為絕對通說顧及 C 的利益，故為本題擬答所採。

**結論：A 不得對 C 主張非給付型不當得利，請求機車占有的返還。**

2. B、C 間法律關係討論如下：

⑴機車占有返還

　　如上所述，C 之取得機車占有乃是經由 B 之給付而來，且 B、C 間租賃契約為無效，因此 C 無法律上原因而取得機車占有，須依給付型不當得利返還機車占有予 B。

⑵使用利益返還

　　C 是否須返還機車的使用利益予 B？問題在於，C 因懼怕 H1N1 流感，而並未使用機車前往谷關旅遊，因而並無使用事實，是否仍須負相當價額之使用利益返還（參照民法第 181 條但書）？通說❾認為，因為租賃契約之內容僅限於租賃物使用可能性的取得，至於租賃人事實上有無使用租賃物，並非租賃契約之內容，所以只要承租人取得租賃物的占有，即屬無法律上原因而取得租賃物使用可能性的租賃利益，所以本題 C 是否有真正使用該機車到谷關旅遊，在所不問。故 C 必須返還所取得的租賃利益，即相當於一星期租賃契約的價額給 B（民法第 181 條但書）。對此本題擬答則持質疑態度，因為如此結果豈非是將不當得利和有效的租賃契約法律效果相互混淆❿？因此即使是租賃利益的取得，仍宜以對租賃物的事實上使用為必要才是，但不論如何，在通說見解下，C 必須負起租賃利益返還之責。

**結論：B 既可以向 C 請求機車占有返還，亦可以主張請求返還相當使用該**

---

❼　因為 A 已經直接由 C 處取回占有，所以只要向 B 主張讓與合意（參照民法第 761 條第 1 項但書的「簡易交付」），即可由 B 處取回所有權。

❽　楊芳賢，《不當得利》，第 70 頁。

❾　Wieling, Bereicherungsrecht, S. 12.

❿　相同質疑：Canaris, JZ 1971, 561.

機車一星期之租金。

3. A、B間之法律關係討論如下：

(1)機車所有權返還

A、B間存有機車買賣契約，A原本應依民法第761條第1項之規定使B取得機車的占有，以完成機車所有權移轉，但A卻受B之指示，將機車交付予C，此種指示給付雖非民法第761條第1、2及3項規定之交付方式，但卻為學說所肯定，故當A依B指示而將機車交付予C之際，A即完成將機車所有權移轉予B，因此B確實經由A的給付而取得機車所有權，但因A、B間的買賣契約無效，所以B無法律上原因取得機車所有權，而必須返還於A。至於機車所有權返還的交付方式，A、B間可以依民法第761條第3項規定，B將其對C之給付型不當得利請求權讓與A，以代機車之交付。

(2)本於利益更有所得（民法第181條本文）

B除必須根據不當得利返還機車所有權於A外，根據民法第181條本文，B尚且必須就本於機車所有權而更有利益取得部分，例如租金（法定孳息），進行返還。

a.本題B將機車出租於C，雖然租賃契約無效，但是B卻仍取得對C的機車使用利益的不當得利請求權利益，故有學說❶認為，B應依民法第181條本文，將該不當得利請求權利益返還於A（所謂「不當得利的不當得利」）。

b.但上述結果將使得A必須承受非契約當事人C破產無資力時的風險，而且A也必須承擔起所有C對B的抗辯，殊為不利，因此通說❷認為，本題B自始所獲得的利益應當就是出租機車的使用利益本身，故B必須根據民法第181條但書返還使用利益的相當價額於A，即一般租金。因為通說顧及A無須承擔非契約當事人的無資力風險及抗辯，故為本題擬答所採。

結論：**A可以向B主張給付型不當得利，請求機車所有權的返還，除此之外，B尚且必須返還出租機車的一般租金利益於A。**

---

❶　王澤鑑，《不當得利》，第93頁。

❷　Medicus, BR, Rn. 673.

## 例題 8　外籍勞工打黑工──不法原因之給付（一）❸

　　A 是外國人，以觀光名義入境臺灣，逾期滯留。為謀生計，A 遂為 B 建築公司所僱用，從事油漆工作，雙方約定月薪 3 萬元，但因 A 的長相及口音極似我國人，因此 B 始終未察覺 A 是外國人。待月底屆至，B 始得知 A 是非法居留的外國人，所以僅願意支付一半薪資。

問：A 應如何主張？

### 說　明

　　有鑑於非法在臺灣滯留打工的外國人越來越多，一則將會影響國人的就業機會，再則所引發的僱用糾紛越來越多，本題即就可能發生的不當得利問題，進行討論。

### 擬　答

1. A 可以向 B 主張給付 3 萬元薪資報酬給付的請求權基礎，可能是民法第 482 條，而該請求權存在的前提，必須是 A、B 間的僱傭契約有效成立。A、B 有意成立僱傭契約，自無疑義，有問題的是，該僱傭契約是否存在無效的事由？

　　(1)民法第 71 條

　　　民法第 71 條及就業服務法第 43 條規定：「除本法另有規定外，外國人未經雇主申請許可，不得在中華民國境內工作」，因此有問題的是，是否本題因為 A 在未經僱主申請許可下受僱於 B，所以該僱傭契約就會因違反就業服務法第 43 條而根據民法第 71 條無效？必須強調的是，民法第 71 條但書謂：「但其規定並不以之為無效者，不在此限」，可見不是所有法律行為違反法律強行規定者就會無效，最終仍必須取決於法律強行規定的立法目的解釋，是否賦予違反的法律行為無效的效果。

---

❸　本題取材德國最高法院判決：BGHZ 111, 308.

(2)就業服務法第 42、43 條及第 68 條

參照就業服務法第 42 條規定:「為保障國民工作權,聘僱外國人工作,不得妨礙本國人之就業機會、勞動條件、國民經濟發展及社會安定」,可見就業服務法第 43 條之所以嚴格規範外國人在我國境內工作的機會,其立法目的乃在於保障我國國民的工作機會,僱主若有所違反,則必須依相關罰則處以行政罰鍰,故具有強烈的強行規範性,因此解釋上應認定違反就業服務法第 43 條的僱傭契約必須無效,始能達成該法保護本國國民工作機會的立法目的,否則任其僱傭契約有效,而僅憑該法的相關罰則規定(參照就業服務法第 63 條以下規定),結果本國國民工作機會依舊被排擠,仍是難以達成立法目的。至於當事人是否主觀上明知相關法律強行規定的存在,或是明知客觀違法事實,例如本題僱主 B 並不知 A 是外國人,以就業服務法的禁止規定立法目的觀之,實已非所問。

除此之外,由就業服務法第 42 條之規定亦可知,就業服務法第 43 條的立法目的尚有國民經濟利益之考量,因此吾人可以想像,如任非法僱用外國人的僱傭契約有效,則外國勞工豈非尚得請求加入勞工保險及享有其他相關的社會福利給付?而如此結果勢必對於政府財政經濟造成重大負擔,並進而排斥本國工作人員的勞動條件及福利,結果亦明顯難以符合就業服務法的規範目的。

小結: 就上述就業服務法立法目的解釋,應認定違法僱傭外國人的僱傭契約,應依民法第 71 條之規定而無效,所以 A 無得依民法第 482 條向 B 請求報酬。也因為此等僱傭契約違反法律強行規定,所以對於「事實上契約理論」❶被廣泛運用於僱傭契約的議題,本題並無適用及討論的必要性。

2. A 可能可以根據民法第 179 條的「給付型不當得利」向 B 主張勞務受領的利益返還。由題示,B 經由 A 的給付而受領勞務利益,殆無疑義,但有問題的是,A 的不當得利請求權,是否會因民法第 180 條而被排除?

(1)民法第 180 條第 4 款

---

❶ 參閱例題 23。

可以考慮的是，A 違反法律強行規定的勞務給付，自是一不法原因的給付，因此 A 的不當得利請求權是否會因民法第 180 條第 4 款而被排除？民法第 180 條第 4 款規定：「因不法之原因而為給付者。但不法之原因僅於受領人一方存在時，不在此限」，可見該不法原因的給付必須至少存在於給付人 (A) 一方，始可以排除不當得利請求權。本題因為 A 是外國人，依就業服務法本不得在我國從事工作，故其工作的勞務給付，當然是一不法原因的給付，依民法第 180 條第 4 款，似乎不能向僱主 B 主張不當得利。

民法第 180 條第 4 款的適用結果，往往會造成因不法原因而受領給付的受益人，可以終極保有不法原因的給付，在許多的案例上殊不公平，因此不乏有判例及學說企圖修正民法第 180 條第 4 款❺。首先判例及學說尚要求給付人主觀上必須對於不法原因的給付，有明知或是可得而知的可能，對此一要求，因為 A 是一逾期居留的外國人，因此應可知自己非法居留的身分，故本題並無疑義。除此之外，判例及學說更企望藉由民法第 148 條第 2 項的誠實信用原則，對民法第 180 條第 4 款加以修正，以本題而言，假設僱主 B 明知就業服務法及民法的不當得利規定，故而想藉此無償受領外籍員工的勞務給付，此一行為實是想利用法律制度，剝削他人勞力，牟取經濟利益，相較於受僱人的不法勞務給付，更具有強烈的非價判斷，而不值得保護，所以自應有足夠的理由適用誠實信用原則，修正民法第 180 條第 4 款，令僱用人負起不當得利責任才是，只是本題事實並非如此。

以本題而言，B 並不知 A 是外國人而僱用之，如果根據民法第 180 條第 4 款，僱用人因而無須負起不當得利返還責任，而可以保有非法外籍工作人員的勞務給付，結果將使得企業成本減輕，而獲得競爭上的優勢，而對於未僱用非法外勞的企業將明顯造成排擠，不利國民經濟正常發展。另一方面，因為企業無須支付違法外勞薪資，結果也將會使國家失去稅收收入，而不利於國家整體發展，由此，參照就業服務法第 42 條的立法目的及對於國家社會法益的保護觀之，應認為僱主當必須負起不當得利責任，而償還相當工資予非法的外籍工作人員才是❻。除此之外，本題擬答亦認為，

---

❺　參閱例題 5。

就業服務法之所以嚴格規範外國人在我國境內工作的機會，其並非以懲罰外國人員非法工作為目的，而基於保障個人與生俱來的生存權考量，自應認為即使是非法工作的外國人，都應當可以對僱主主張相當勞務給付的價額償還才是。據上所述，應認為 A 的不當得利請求權不應因民法第 180 條第 4 款而被排除。

小結：A 可以根據民法第 148 條第 2 項而修正民法第 180 條第 4 款，而向 B 主張給付型不當得利。

(2)返還範圍

因為勞務給付的本質無法原物返還，所以根據民法第 181 條但書，B 應就勞務的相當價額為返還，至於返還的具體數額究竟為何，亦頗有爭議：

a. 一說[17]認為，非法的外籍工作人員 A 只能請求一般黑市的報酬數額，如果同意非法工作的外國人，也能請求一般所約定的工資（本國人薪資），則無異是承認 A、B 間的僱傭契約有效成立，而違反就業服務法的立法目的。

b. 另一說[18]則認為，應依僱傭契約雙方所約定的報酬數額為返還，因為如果僱主僅須就較低的黑市報酬為返還，非但無法嚇阻，並會變相鼓勵僱主僱用工資較低的非法外籍工作人員。

c. 解題意見：基於民法第 181 條但書的不當得利返還，應就受益人所得的客觀利益返還的觀點，所以本題擬答認為，僱主 B 應就非法外籍工作人員所提供勞務的客觀價額，即一般黑市報酬為返還才是，但如果雙方所約定的報酬低於一般黑市報酬，則應以所約定的報酬為返還，以免非法打工反而獲利。至於可能因此變相鼓勵僱主非法僱用外籍人員，則可透過相關的行政罰則及刑罰（再犯）規定（例如就業服務法第 63 條以下）加以嚇阻。

結論：A 可以向 B 主張一般黑市報酬（本題：1 萬 5 千元）給付。

---

[16]　參閱 BGHZ 111, 308.

[17]　BGHZ 111, 314.

[18]　V. Hoyningen/Huene, AP Nr. 1 zu §611.

## 例題 9　感情的擔保——不法原因之給付（二）

　　A 是某知名商界人士，某次在宴會上認識偶像劇女星 B，兩人很快陷入熱戀。因為 A 花名在外，所以 B 總是沒有安全感，遂和 A 訂立契約，雙方約定 A 必須提出 500 萬元的本票，以為感情擔保：如果 A 在兩年內有其他女友，就必須兌現該本票。

　　一年後，A 又在某宴會上認識一名模，並展開熱烈追求，且和該名模交往。B 得知後，向 A 請求兌現本票。A 求助其家庭律師。

問：律師應給予 A 如何的法律諮詢？

### 說　明

　　商業交易上，以本票作為擔保制度，習以為常，因此當本票所擔保的債務不存在時，所生的返還問題，當然是所有法律系學生所必須知道的基本問題。

### 擬　答

　　B 可能可以根據票據法第 124 條準用第 29 條第 1 項向 A 主張本票內容的給付，即 500 萬元給付。

**1.該請求權存在的前提必須是本票有效發行，問題是 A 所簽發的本票，是否有無效之原因？**

⑴原因行為——感情擔保約定違反民法第 72 條

　　因為 A 簽發本票的目的在於「感情的擔保」，即雙方約定「如果 A 在兩年內有其他女友，就必須兌現該本票」，而如此的契約約定，已經混淆感情的本身應是一具備高度人格性質的事項，當事人不應以金錢對感情事務加以衡量及交易，故如此約定屬於違反公序良俗，依民法第 72 條規定，無效。

⑵票據行為的無因性及倫理中性

　　雖然 A、B 之間「感情擔保」約定，違反公序良俗而無效，但是簽發

本票的票據行為本身是一無因行為[19]，換言之，該票據法律行為的價值判斷，應和其「感情擔保」的原因行為，分別對待，獨立判斷，不受影響，不應只因原因行為的無效，而隨之認定票據行為亦為無效。況且履行行為的本身，依學說[20]一般見解，應僅具倫理中性，不應涉及價值判斷，故本題 A 簽發票據的行為，既僅是一為履行「感情擔保」約定的履行行為，依其倫理中性，故自當無違反民法第 72 條的問題，而應認定其有效才是。

小結：A 簽發本票的行為有效。

2. 因為 A 所簽發的本票有效，所以 B 自可以向 A 請求給付付款。但可以考慮的是，是否 A 對於 B 的付款請求，根據票據法第 13 條（並參照民法第 722 條前段），存在原因抗辯事由，而可以拒絕給付？

(1)原因行為無效

根據我國票據法學者[21]一致見解，如果發票人和持有人間的原因行為無效，即存有票據法第 13 條的拒絕給付抗辯事由，換言之，發票人可以以和持票人間的「原因行為無效」，作為拒絕給付抗辯事由。

(2)給付型不當得利請求權（民法第 179 條）

上述學說見解，直接以「原因行為」無效，作為拒絕票據給付的理由，明顯是將「原因行為」和「票據行為」相互混淆，而有危害票據行為無因性理論之虞，故本題擬答認為，就純粹法律理論上討論發票人的抗辯事由，仍應在「票據行為無因性」的理論架構上，尋求當事人間的拒絕給付抗辯事由為宜。以本題而言，即使 A 簽發本票的原因行為無效，但是基於票據行為無因性，該本票仍是有效，但 B 卻是無法律上原因取得本票利益，故不排除 A 可以對 B 主張給付型不當得利，而請求返還本票，如果肯定 A 可以依不當得利請求 B 返還本票，則當然 A 也就無須依本票內容對 B 付款，而有抗辯事由存在。

(3)給付型不當得利請求權的排除原因

---

[19] 邱聰智，《民法總則（上）》，第 505 頁。

[20] 王澤鑑，《民法總則》，第 314 頁。

[21] 王志誠，《票據法》，第 186 頁，並參閱最高法院 46 年臺上字第 1835 號判例。

a. 民法第 180 條第 4 款

問題是，A 請求返還本票的不當得利請求權，是否會因民法第 180 條第 4 款規定「不法原因的給付」而被排除？本題 A 簽發本票的原因是基於違反公序良俗而無效的「感情擔保」約定，所以是一不法原因存在於給付人的給付，則似乎 A 對 B 的給付型不當得利請求權，會因而被排除。而如果 A 根據民法第 180 條第 4 款，不能對 B 主張不當得利請求返還本票，則 A 就不存在有拒絕給付的抗辯。

b. 票據的發票行為，不是「給付」

問題是，民法第 180 條第 4 款所指的是不法原因的「給付」，不得請求返還，而本題的票據行為，是否是一「給付」行為，則不無疑問。給付者，指有意識、有目的增加他人財產之行為，則票據的發票行為依此定義似乎就是一給付行為，但是如果參酌民法第 180 條第 4 款的立法目的，則是否票據發票行為是該條所欲規範的「給付」行為，則不無疑問。因為本題本票的簽發，是為履行該不法的「感情擔保」原因行為，如果因為民法第 180 條第 4 款之故，而使得 A 無法向 B 請求返還本票，進而無法拒絕 B 的請求付款，甚而 B 可以依票據法第 123 條（本票裁定）規定聲請法院強制執行，強制兌現本票，如此則等同訴請國家執行不法原因的給付，而根本違反民法第 72 條的立法旨意。換言之，唯有賦予發票人（本題 A）有請求返還本票的不當得利請求權，進而可以拒絕 B 的付款請求，始屬符合法律價值判斷的妥當解決方法。故本題擬答認為，民法第 180 條第 4 款必須對不法原因的「給付」，進行限縮解釋，只有使受益人終極取得財產利益者，始是民法第 180 條所謂的「給付」[22]，受益人僅是一時取得（票據債權或是抵押權）利益，而非以保有該利益為終極目的者，都不是條文所謂的「給付」，故本題 A 仍可取得對 B 的拒絕給付抗辯。

**結論：A 可以拒絕 B 的本票兌現，並依給付型不當得利，向 B 請求返還本票。**

---

[22]　相同意見：王澤鑑，《不當得利》，第 142 頁。但如果該本票已被兌現，則就是一種終極利益取得的「給付」，而不得請求返還。

## 例題 10　溪頭的觀湖豪華單人房──給付目的決定

　　A 向旅行社 B 預定溪頭二日遊的行程，並給付旅遊費用（民法第 514 條之 1 的旅遊契約）。其中住宿內容是：「觀山經濟單人房」，一晚單價 5 千元。

　　A 按照行程抵達 B 為其所預定的 C 旅館，A 並表明是 B 旅行社所安排（B、C 間成立民法第 269 條的「真正利益第三人旅遊契約」），但 C 卻因故未聽見。在查閱旅館空房後，C 將 A 帶至一「觀湖豪華單人房」，A 雖感疑惑，但仍接受該安排。

　　隔天 A 要離開返家，旅館 C 向其請求支付「觀湖豪華單人房」租金（民法第 421 條的租賃契約），總共 8 千元。A 驚慌失措。

問：C 能否向 A 主張 8 千元給付？

### 說　明

　　給付者，為有意識且有目的增加他人財產之行為。在三人給付關係中，經常會發生對給付目的的誤解，而難以決定給付關係，故本題的解題關鍵在於解題者必須明確決定給付目的及給付關係的當事人，始能有條不紊的繼續下手作答。

### 擬　答

　　C 可能可以對 A 的請求權基礎，考慮如下：

#### 1.租賃契約

　　可以考慮的是 C 可能可以根據租賃契約（民法第 421 條），向 A 主張 8 千元的租金給付，但因本題明顯地 A 已經向 C 表明是 B 旅行社所安排，而無訂立租賃契約的意思，所以 A、C 間的租賃契約並未成立，因此 C 無得依民法第 421 條向 A 主張 8 千元租金給付。

#### 2.不當得利

而正因為 A、C 間的租賃契約不成立，所以可以考慮的是，是否 C 可以向 A 主張不當得利？

⑴給付型不當得利

在本題中，A 誤以為 C 旅館所提供的「觀湖豪華單人房」的給與行為，是基於 B 旅行社履行和 A 所訂立「觀山經濟單人房」旅遊契約的給付行為，但對 C 而言，C 卻認為是自己和 A 所訂立的「觀湖豪華單人房」租賃契約的給付，因此究竟 A、C 間有無給付關係，C 可否因而對 A 主張給付型不當得利？則相當有爭議。

a. 主觀說

少數說[23]認為，給付目的的決定就如同民法第 321 條的抵充，應由債務清償人（即客房給與人 C）決定，依此，本題 C 提供客房住宿給 A，應以 C 的主觀目的認知為決定，則因為 C 主觀上是為清償自己對 A 的租賃契約而為客房給與，因此給付關係應成立在 A、C 之間。

b. 客觀說

但通說[24]卻認為，給付目的的決定是一有相對人的單獨行為，因此給付目的的認定，自當適用一般意思表示的解釋理論，應採「客觀解釋理論」以保護交易安全。換言之，應以一般人立於意思表示相對人（即 A）的立場，所會理解 C 給與行為的目的，作為給付目的內容的解釋及認定，因此在「客觀理論」下，應認為既然 A 已經和 B 旅行社訂立旅遊契約，也向 C 表明自己是 B 旅行社的顧客，則一般人在 A 的立場，自然就會將 C 所提供的客房住宿當成是 B 旅行社對 A 的給付，因此給付關係應成立在 A、B 之間。對「給付目的決定」的理論爭議，本題擬答認為，基於交易安全考量，意思表示的客觀理解自有其必要及正當性，因此通說為本題擬答所採之，故給付關係應成立在 A、B 之間，A、C 間並無給付關係而無從成立給付型不當得利法律關係。

**結論：C 不能向 A 主張給付型不當得利。**

---

[23]　Weitnauer, NJW 1974, 1729.

[24]　Palandt/Thomas, §812 Rn. 42.

(2)非給付型不當得利

a.非給付型不當得利的補充性原則

基於上述「客觀理論」，C 提供「觀湖豪華單人房」應被認定是 B 對 A 的給付，故 C 不能對 A 主張「給付型不當得利」，而基於「非給付型不當得利的補充性原則」❷⑤：「如果受益人所得利益是經由他人的給付行為而來，則受益人僅須對該給付人負給付型不當得利責任，而不須再負任何非給付型不當得利責任」，則 C 初步也不能對 A 主張「非給付型不當得利」。

b.「給付目的決定」錯誤撤銷

C 提供「觀湖豪華單人房」給 A，客觀上被認定是 B 對 A 的給付，可是 C 主觀上卻是為清償自己對 A 債務的目的而給付，學說❷⑥認為「給付目的決定」其性質是一有相對人的單獨意思表示，所以 C 可以根據民法第 88 條第 1 項第 1 類型的「內容錯誤」（法律效果錯誤），主張撤銷該被誤認的給付目的。一旦 C 撤銷給付目的，則 C 給與「觀湖豪華單人房」給 A 就欠缺任何給付目的，所以在 A、B、C 三人間就不存在有任何的給付關係，因此也就無「非給付型不當得利的補充性原則」的考量，所以不排除 C 即可以對 A 主張非給付型不當得利中的「耗費型不當得利」。問題是，A 所取得的利益究竟為何？

(a)最高法院意見

本題 A 使用「觀湖豪華單人房」之利益，依最高法院 50 年臺上字第 1402 號判決及最高法院 61 年臺上字第 1695 號判例的模糊意見，可能被誤解成其認為使用他人之物，不當得利的客體不是使用利益本身，而是因而所節省的租金費用❷⑦。果爾，則對於不在受益人經濟支出計畫內的「奢侈性利益」❷⑧取得，因為最終受益人並無整體財產費用的節省，所以就該部分也就無受有利益可言，以本題為例，因為 A 從無計畫為「觀湖豪華單人

---

❷⑤　參閱例題 19。

❷⑥　Wieling, Bereicherungsrecht, S. 19.

❷⑦　參閱王澤鑑，《民法學說與判例研究（三）》，第 89 頁。

❷⑧　有關奢侈性利益的概念：參閱例題 23。

房」支出 8 千元，而只願意為「觀山經濟單人房」支出 5 千元，所以充其量 A 使用「觀湖豪華單人房」也僅是獲得 5 千元租金費用節省的不當得利而已，而無 8 千元租金費用節省可言。

(b)學說意見

上述最高法院的意見，在受益人是惡意明知無權受領但仍受領之，例如本題如果 A 明知無權受領「觀湖豪華單人房」，但卻仍受領之，結果 A 仍無須對多出之 3 千元奢侈性利益負不當得利責任，殊不公允，故學說力主必須修正。依學說❷意見，只要是有使用他人之物，就構成不當得利要件中的「受有利益」，至於使用利益取得人因而在整體財產上，有無費用節省？節省多少費用？則是屬於民法第 182 條「返還範圍」的問題，而應以受益人的善、惡意決定，例如如果本題 A 是善意受領觀湖豪華單人房，依民法第 182 條第 1 項，A 可以主張所受觀湖豪華單人房使用利益，只有造成其整體財產上 5 千元的費用節省而已，故其財產真正只有增加 5 千元利益，其他 3 千元奢侈性利益已不存在，所以僅須返還 5 千元利益即可，但如果 A 是惡意受領觀湖豪華單人房使用利益，自不能主張 3 千元奢侈性利益已不存在，故仍必須負起全部 8 千元的不當得利責任。學說意見顧及考量惡意受領人的情況，堪稱公允，而為本題擬答所採，問題是，本題 A 究竟是善意、惡意？A 雖對受領「觀湖豪華單人房」有所猶豫，但畢竟仍非民法第 182 條所謂的「明知」，而應屬善意，故 A 可以主張該 3 千元所得利益根據民法第 182 條第 1 項規定已不存在，故無須返還。

小結：A 僅須就 5 千元的使用利益返還於 C。

(c)信賴利益損害賠償

但學說❸認為，因為 A 也已經對 B 支出 5 千元，如果 A 無法由 B 取回該 5 千元，A 所形成的損害，C 必須根據民法第 91 條對 A 負信賴利益損害賠償責任❸。

---

❷　參閱王澤鑑，《民法學說與判例研究（三）》，第 89 頁。

❸　Staudinger/Lorenz, §812 Rdn. 60.

❸　但少數說 (Brox, SchR BT, Rdn. 395) 認為，如果本題 A 是事先向 B 為給付 5 千

**結論：** 即使 C 撤銷給付目的決定之後，基於信賴保護，A 最終仍無須對 C 返還 5 千元。

 **題後說明**

在主觀說下，C 可以對 A 主張給付型不當得利：

1.在給付目的採「主觀說」下，則給付關係應成立在 A、C 之間，A 受有相當於 8 千元的使用利益，但善意的 A 可以主張其中 3 千元所得奢侈性利益已不存在（民法第 182 條第 1 項）。

2.除此之外，主觀說學者尚且認為，如果本題 A 基於信賴和 B 旅遊契約的給付，故而已經對旅行社 B 支付 5 千元報酬，則就此部分 A 可以對 C 主張民法第 182 條第 1 項的所得利益不存在，而無須負返還責任。

**結論：** 在主觀說下，結果也是 A 無須向 C 返還使用利益。換言之，不論給付目的決定是採「客觀說」或是「主觀說」，終究 C 只能向 B 主張求償而已。

---

元，而 C 的客房給付在後，則 A 即欠缺信賴保護的必要。

## 例題 11　代繳他人的電話費——給付目的事後變更[32]

　　A 在十四年前向電信公司 B 登記使用某一室內電話（租賃及僱傭混合契約），而約定每月自動由其銀行帳戶扣繳電話費用，但 A 在填寫自動扣繳同意書時，卻誤寫成 C 的電話號碼，以致於 B 將 C 的電話帳單寄給 A，而 A 始終未察覺，因此 A 為 C 的電話費自動扣繳，長達十四年。

　　在 A 發現該錯誤後，欲向 C 主張十四年來電話費用共計二十六萬元的償還，C 卻表示僅願意償還二年來的電話費，共計五萬元。

問：A 如何始能向 C 請求電話費償還？償還多少？

### 說　明

　　「誤償他人債務」是非常典型的三人給付關係不當得利試題[33]，而其中討論給付目的變更的理論爭議，更是解題重點關鍵。

### 擬　答

#### 1. 正當無因管理

　　A 原本可以根據民法第 176 條第 1 項及第 172 條向 C 主張代替 C 清償十四年來電話費用，共計二十六萬元的必要費用償還，但因欠缺為 C 管理的意思，故終究不成立。

#### 2. 不當得利

　　可以考慮的是，是否 A 可以根據民法第 179 條非給付型不當得利中的「回索型不當得利」，向 C 主張因清償所受的利益返還。所謂「回索型不當得利」是指不當得利請求權人因清償他人債務，在他人享有債務消滅所受的利益範圍內，可以對之主張不當得利，因此本題「回索型不當得利」應檢查的構成要件如下：① C 受有債務清償消滅利益，② A 有為他人清償債

---

[32]　本題為新聞媒體曾報導過的真實案例。

[33]　另參閱作者在《台灣法學雜誌》（第 126 期，第 143 頁）所舉之例題。

務（即 C 之債務）之行為，③ C 受債務清償消滅利益和 A 的清償他人債務之行為，具有直接因果關係，④無法律上原因。在相關要件檢查後，發現本題的根本爭點在於，C 果真會因 A 的清償行為，而受有債務消滅的利益？

(1) A 必須有為他人 (C) 清償債務的意思

如果 A 要主張 C 因其代繳通話費用，而受有債務消滅的利益，則 A 勢必必須援引民法第 311 條的「第三人清償」，主張其當初是以第三人清償之地位，主觀上有為他人（即 C）清償債務之意思，所以債務人 C 的電信債務會因第三人 A 的清償而消滅❸。但是本題中，A 卻是自始即誤以為所收到的電信債務通知是自己的債務，故主觀上明顯 A 是以清償自己債務的目的而給付費用於電信公司 B，故自始欠缺有為「第三人清償之意思」，所以A 似乎也不能主張民法第 311 條的「第三人清償」，因此 C 對電信公司 B 的債務也就不會因清償消滅而受有利益。但是學說上爭議的是，A 是否可以主張雖然其當初為自己清償債務目的，但卻事後變更為為 C 的債務而清償？如此的事後「清償目的變更」，是否可行？學說上有極大的爭議：

a. 否定說❸

否定清償人 (A) 可以事後變更給付目的的主要理由，在於「事後變更給付目的」於法無據，除此之外，否定說更以保護債務人 C 的論點，認為如果肯定債務人 C 對電信公司 B 的債務因 A 的清償而消滅，C 因而必須轉向對 A 負回索型不當得利責任，則一旦債務人 C 事後又取得對電信公司 B 的債權，則 C 將會喪失主張抵銷的可能及利益，況且，如果債務人 C 在不知有第三人誤償之情況下，自己也對電信公司 B 為清償，雖然不排除 C 可以對 B 主張不當得利請求返還，但如果電信公司 B 破產，則債務人 C 即必須承擔不利益結果，殊不公平。因此在否定說下，A 不能事後主張「清償目的的變更」，所以 C 並不會因 A 的給付，而使其債務消滅，即 C 無受有債務清償利益，故 A 終究無法對 C 主張回索型不當得利。

---

❸　參閱孫森焱，《民法債編總論（下）》，第 1010 頁。

❸　德國學者 Medicus (BR, Rdn. 951) 採否定見解。我國學者例如楊芳賢，《不當得利》，第 100 頁，也是採否定見解。

b.肯定說❸

肯定「事後變更給付目的」的主要論點在於，如果個案上「事後變更給付目的」並不會妨礙真正債務人 C 的利益時，基於誠實信用原則，實不見 C 可以不同意清償人 A 主張「事後變更給付目的」的正當性何在。依此，肯定說認為，在清償人 A 主張「事後變更給付目的」後，即使 C 因而必須對 A 負起不當得利返還責任，C 仍可以主張類推適用民法第 313 條準用第 297、299 條的債權讓與法理，使清償人 A 必須承受起所有債務人 C 可以對電信公司 B 主張的抗辯，例如 C 仍可以以其對電信公司 B 所擁有的債權向 A 主張抵銷等等，如此對於債務人 C 即無任何的不利益可言，當然 C 也就無理由拒絕同意 A 主張「事後變更給付目的」。基於整體結果的公平性，本題擬答採肯定說，因為根據民法抵銷的法理(A 對電信公司 B 有請求權，而電信公司 B 對 C 有請求權)，在合於誠實信用原則的考量下，A 主張「事後變更給付目的」，使得 C 須直接對 A 負不當得利責任，對 C 實無任何的不利益可言，況且，A 在清償債務給電信公司時，究竟主觀上的認知為何，是為自己清償或是為 C 清償，難為外人所清楚辨認，而竟因而會有不同的法律效果，實令人難以理解，故結論上不應拒絕 A 的主張「事後變更給付目的」。

小結：A 在主張給付目的變更後，可以對 C 主張回索型不當得利。

(2) C 所必須返還的利益範圍

如果肯定 A 可以主張「事後變更給付目的」，則必須進一步討論，C 所受的利益範圍究竟為何？雖然 C 積欠電信公司 B 長達十四年的電話費用共計二十六萬元，似乎 C 也就受有二十六萬元的債務消滅利益，但問題是，該二十六萬元債務當中，有無因為罹於時效，而可讓 C 主張並無受有如此多的債務消滅利益？

a.民法第 127 條第 3 款

民法第 127 條第 3 款規定，以租賃動產為營業者之租價，適用二年的短期消滅時效，因此如果 C 所積欠電信公司 B 的電話通話費用債務，是一

---

❸　德國學者 Larenz/Canaris, SchR II/2, S. 243 採肯定見解。

種基於動產租賃契約所生的租金債務，則 C 僅須支付最後兩年的五萬元債務即可，而對於從前十二年的債務，C 可以主張消滅時效，而拒絕返還（參照民法第 144 條第 1 項），依此，第三人 A 如逕而為清償，則 C 僅受有兩年五萬元債務消滅的利益，至於從前十二年債務消滅的利益，對 C 而言應屬於「強迫得利」，C 可以拒絕該利益的返還。

b.電信通話契約的性質

問題是，一般電信通話契約的法律性質究竟為何？通說❸認為此種契約是「租賃及僱傭的混合契約」，而對於混合契約的法律適用，自始即是一棘手的問題。例如本題通話設備使用人（即 C）每月所支付的費用，究竟是對租用通話設備還是對電信公司人員勞力服務所為的對價?學說❸認為，應以混合契約中的較為重要部分的契約性質，作為對價支付的對象，並進而適用法律。例如毫無爭議的是，旅館住宿並附加早餐是一「租賃及買賣混合契約」，而旅館整體費用應視為是「租賃契約」所支出的租金對價，而非對所附加的早餐所支出的買賣對價，因此如果當事人對所支付旅館費用有所爭議時，應適用租賃契約相關規定，而非適用買賣規定。至於電信通話契約中的「租賃及僱傭契約」，究竟何者性質較為重要？本題擬答傾向認定是租賃契約部分，因為就整體事實上的電信通話使用，雖不乏有服務人員的勞務給付,但是通話的順暢關鍵仍是取決於硬體通話設備的正常運作，況且就電信公司的營運上，硬體設備支出應是占相當大的成本部分，而且由當事人間習慣上將通話費用稱之為「月租費」，更可知「租賃契約」部分才是電信通話契約最重要的部分。依此,通信電話費用應適用民法第 127 條第 3 款的二年短期時效，應予肯定，故從前十二年已罹於時效的債務消滅部分，對 C 而言是「強迫得利」，C 可以主張民法第 182 條第 1 項的所得利益不存在，而僅須就最近兩年來的五萬元債務消滅利益，依不當得利返還於 A（參照民法第 181 條但書）。

**結論：A 僅可以對 C 主張 5 萬元利益返還。**

--------------------------------------------------------

❸　參閱 Palandt/Putzo, vor §535 Rdn. 31.

❸　Westermann/Bydlinski/Weber, SchR AT (Schwerpunkt), 2/44.

## 題後說明

　　本題 A 也可以依自動扣繳同意書內所填寫的電話號碼錯誤為由，根據民法第 88 條第 1 項的表示行為錯誤，主張撤銷自動扣繳的同意意思表示，如此就會轉到例題 15 的題型，而改由 A 向 B 主張侵害型不當得利，但 B 也可以對 A 主張因消滅時效而無法由 C 處所收取的電話費用的信賴利益賠償，所以終究 A 也只能向 B 主張 5 萬元利益返還。

## 例題 12　指示無效所生的不當得利關係[39]

　　A 並無自耕能力，向 B 購買一塊農地，為避免違反舊土地法第 30 條規定：「私有農地所有權之移轉，其承受人以能自耕者為限，並不得移轉為共有」，A、B 遂在一般買賣契約之外，雙方當事人另行約定，出賣人應將耕地所有權移轉登記於買受人所指定的第三人 C（具有自耕能力）。其後，最高法院認定 A、B 間的買賣契約無效。

問：B 應向誰主張不當得利返還？

### 說　明

　　不當得利的非統一說，區分給付型及非給付型不當得利，但兩者的區分有時並非易事，本題旨在強調，指示給付的指示是一意思表示，故也會有無效之情形，而因指示無效所生的不當得利法律關係，是屬於非給付型不當得利類型。

### 擬　答

1. B 可能可以對 A 主張給付型不當得利。討論如下：

　(1) A 受有利益

　　本題是不動產所有權移轉，所以根據民法第 758 條規定，不動產所有權取得應以登記為準。而本題 B 是直接將土地所有權移轉登記給 C，所以 A 並未曾取得土地所有權利益。A 真正取得的利益，是藉由 B 的移轉登記使得 C 取得土地所有權，完成 A 自己對 C 的民法第 700 條「隱名合夥契約」[40]的出資義務履行（以土地所有權移轉為出資義務），而取得對 C 的債務消滅利益。

　(2) 經由 B 的給付

---

[39]　本題取材最高法院 97 年臺上字第 1533 號判決。

[40]　但最高法院卻認定是「合夥」關係。

a. 指示給付約款

非常有意思的是，最高法院採前審意見，認定本題不但是 A、B 間的買賣契約無效，包括買受人 A 指定出賣人 B 將耕地所有權移轉登記給第三人 C 的「指示」，亦為無效，其謂「系爭買賣契約及指定登記予癸○○之約款均無效」。最高法院認定 A 指定 B 將耕地所有權移轉登記於 C 的「指示」無效，所以 B 可以對 A 主張不當得利。

b. 指示無效所生的不當得利法律關係

⑷按最高法院及前審法院意見（在無詳述理由下），皆認為本題 A 對 B 的指示將土地移轉登記給 C，該「指示」無效，更重要的是，最高法院繼續推論認為，因為 A、B 間的買賣契約及指示無效，所以 A、B 間成立不當得利法律關係。可是依學說❹見解，無效的「指示」，例如偽造指示、無行為能力人的指示，或是違反法律強行規定的指示，如同「指示」從未存在般，所以就意謂著 B 將土地耕地所有權移轉登記給 C 的給與行為，即欠缺 A 的指示，換言之，B 將財產給與 C 的行為，欠缺 A 所決定的目的，所以不能被當成是 B 對 A 及 A 對 C 的給付行為，而只能當成純粹是 B 自己主動對第三人 C 的直接財產給與行為。也因為 B 對 C 的土地所有權給與行為，是一欠缺給付目的的非給付行為，所以 B 可以直接對 C 主張非給付型不當得利中的「耗費型」不當得利，請求直接返還土地所有權。但必須強調的是，雖然無效的指示是以「非給付型不當得利」論斷，但不排除受益人如有受善意信賴「指示」表象的保護必要時，仍可以主張指示給付的存在，而保有給付所得利益，以符合民法第 169 條「表見代理」的信賴保護意旨❹，典型的例子即屬支票發票人雖然向銀行內部撤回指示（止付通知），但銀行卻過失仍對持票人付款，則該付款行為應被認定是開票人對於持票人的「給付」，持票人可以終極保有給付，銀行無得對其主張「非給付型不當得利」。

⑸問題是，A 的指示是否真會如同最高法院所認定的無效？指示給付

---

❹　Medicus, BR Rdn. 729 及楊芳賢，《不當得利》，第 70 頁。

❹　參閱例題 17。

中的「指示」，學說❸認為是類似於民法第 310 條第 1 款的「承認」法律行為；此外學說也認為，基於第三人的信賴保護，該「指示」是和基礎法律關係相互獨立而具有「無因性」的法律行為，所以其是否有效，應於基礎法律關係之外獨立判斷，不會因為基礎法律關係無效，而隨之當然無效。就本題而言，A 對 B 的指示有效與否，應根據一般法律行為理論加以獨立判斷，而不應僅是因為 A、B 間的基礎買賣契約關係無效，而隨之無效。因此本題必須檢討的是，A「指示」出賣人 B 將耕地所有權移轉登記於有自耕能力的 C，該指示有無特別的無效原因？尤其是否會因違反舊土地法第 30 條而無效？本題擬答認為，舊土地法第 30 條的立法目的在於實現「農地農有」，禁止非自耕農取得耕地所有權，而 A「指示」B 使具有自耕能力的 C 取得耕地所有權，依此內容觀之，尚難謂該指示會因違反舊土地法第 30 條而無效。

小結：A 對 B 的指示有效，所以本題仍應依「指示給付」類型，以「給付型」不當得利，處理當事人間的法律關係。

(3) A 無法律上的原因而受有利益

最高法院認定，本題 A、B 間的買賣契約因民法第 246 條第 1 項及舊土地法第 30 條而無效，則 A 受有利益，就無法律上原因。有意思的是，一般無自耕能力人購買耕地，通常都會採「利益第三人買賣契約」方式，以規避舊土地法第 30 條，因為在「利益第三人契約」下，契約的買受人僅有請求出賣人將標的物直接移轉讓與給受益人的請求權，而並無請求將標的物移轉讓與自己的權利，所以本題如果 A、B 以「利益第三人契約」方式買賣耕地，即不會因民法第 246 條及舊土地法第 30 條而無效。但本題最高法院卻是認定，A、B 間自始是要成立一般的耕地買賣契約，而在此之外，雙方另附一「指示」移轉登記於 C 的約款，如此則在 A、B 間的一般買賣契約，確實就如同最高法院所言，會因為民法第 246 條第 1 項及舊土地法第 30 條而無效。

**結論：B 可以對 A 主張給付型不當得利，而依民法第 181 條但書請求返還**

---

❸ Wieling, Bereicherungsrecht, S. 79.

　　所取得債務消滅的相當利益，即耕地的相當價額。

2. B、C 間不當得利法律關係

　　因為 B、C 間並無給付關係存在，且依「非給付型不當得利的補充性原則」❹，B 無得對 C 主張任何的不當得利責任。

**結論：B、C 間並無不當得利關係。**

 **題後說明**

　　本題最高法院認為 A、C 監視「合夥」關係，則如此 C 所取得的耕地所有權即構成合夥財產，而成為 A、C 公同共有（參照民法第 668 條），如此根據修正前的土地法第 30 條，該所有權移轉行為即為無效，既不符合 A、C 的本意，也和前審法院所認定的耕地所有權移轉有效不符。嚴格言之，A、C 間是成立「隱名合夥」，僅以 C 為出名人而單獨取得法律上耕地的所有權（參照民法第 702 條），A 僅取得耕地所有權的經濟上利益而已。

---

❹　參閱例題 19。

## 例題 13　感情之債——第三人清償

A 積欠 B 賭債 10 萬元，B 屢次催收，A 不堪其擾。A、B 之間又正商談買賣電腦主機板一批，價金 50 萬元，因 B 不信任 A 之資力，故契約遲遲未能成立。A 之未婚妻 C 得知此事，希望 A 能重新振作，故主動交付 60 萬元給 B，希望幫 A 償還賭債，並希望 B 能因此將電腦主機板賣給 A。A 得知大怒，C 表示，待日後 A 事業有成，再行償還，A 仍執意不肯。其後 C 因另認識其他男友，故解除婚約，又得知 A、B 間始終未完成買賣契約，遂向 B 主張返還 60 萬元，B 卻說，已將該 60 萬元購買股票，現因股票大漲，恕難返還，C 遂轉向 A 請求返還。

問：A、B、C 三人法律關係如何？

### 說　明

債務的清償原則上不須要債務人親自為之，而可以由第三人代為清償（民法第 311、312 條「第三人清償」）。但是如果債務自始不存在，則債權人應向何人返還所受的清償利益，是向債務人或是第三清償人？構成有名的爭議問題。

### 擬　答

**1. B、C 間的法律關係**

(1) C 可能可以根據民法第 179 條的「給付型不當得利」，向 B 主張返還 50 萬元的買賣預付價款

　a. 成立要件

　　(a) B 受有現金 50 萬元之利益，自無疑義。

　　(b) 經由 C 的給付

問題是，B 所受的 50 萬元利益，是否是經由 C 的給付行為而取得，故在 B、C 間可以成立給付型不當得利，則不無疑問。學說有以下的爭議：

①少數說❹

有學說認為，依給付概念判斷 C 給與 B 50 萬元之給付關係成立在何人間，應以給付目的加以認定。而本題 C 的給付目的有二，一是 C 對 A 的無因管理，另一則是為履行 A 對 B 的將來買賣價金的給付，是 A 對 B 履行買賣契約義務的預付，而就後者而言，因為 A、B 間的買賣契約終究不成立，所以應由 A 對 B 主張「給付型」不當得利，而因為 B、C 間無給付關係，所以 C 不能向 B 主張給付型不當得利。

②通說❻

通說則認為，如本題所示的「第三人給付（清償）」（參照民法第 311 條及第 312 條），其給付目的的決定，不同於一般的指示給付類型，而必須另作認定。因為在「第三人給付（清償）」中，第三人 (C) 並不是受債務人 (A) 指示而給付，而是基於自己的主動進行給付，所以給付人不應是債務人，而應是第三人自己，換言之，給付關係應該是存在於債權人及第三人間，兩人間有自己的給付目的，以本題為例，C 給與 50 萬元給 B，其給付目的是在於期待 B 能因而和 A 訂立買賣契約，因此如果該給付目的未能達成，則應是由給付人 C 向 B 主張給付型不當得利，請求返還 50 萬元。因為通說清楚區別「第三人給付（清償）」不同於一般的「指示給付」，而以主動為清償給付行為的第三人才是給付人，具有合理性，故為本題擬答所採。

小結：依通說，「第三人給付（清償）」類型，給付關係應成立在第三人 (C) 及債權人 (B) 間。

⑷無法律上原因

本題的給付原因討論，頗為有趣。因為 A、B 間的買賣契約尚未成立，所以 C 給與 B 50 萬元，其目的非是在於清償買賣契約的價金給付義務（清償原因），而是在於期待 B 因而能為一非法律上的義務行為，即和 A 成立買賣契約，故 C 的給付原因是在於使 B 負擔為一特定行為（負擔原因），C 如此的給付，學說稱之為「目的性給付」(condictio ob rem)。如果 B 終究

---

❹ Wieling, JuS 1978, 801.

❻ Medicus, BR Rn. 685.

和 A 訂立買賣契約，則 C 的給付目的（期待）達成，B 保有 50 萬元遂有法律上的原因，但如果如同本題 C 所期待的「負擔原因」目的終究未能達成，B 取得 50 萬元價金給付，即無法律上原因，而必須將之返還於 C。

b. 不當得利的排除原因──民法第 180 條第 1 款

問題是，A 與 C 為未婚夫妻，是否 C 之給付是履行道德上之義務，故存在有排除不當得利（民法第 180 條第 1 款）之事由？所謂履行道德上之義務，是指給付是否合於社會道德感所期待之善良美行❹，本題擬答認為，雖然 A、B 間有婚約關係（參照民法第 972 條以下），但畢竟仍無如婚姻關係般的具有緊密的生活共同體型態，因此不具有可以被期待的相互經濟協力義務，況且 50 萬元營業買賣價金之預先給付，金額及目的皆已明顯超出一般合理期待可以不必償還的美德範圍，所以不應被認為是履行道德的給付才是。

c. 返還範圍

原本 B 應該返還 50 萬元，但 B 已將之投資購買股票，所以 B 仍有利益取得，而不能主張所得利益不存在（參照民法第 182 條）。問題是 B 應該返還 50 萬元相當價額（參照民法第 181 條但書）或是返還因交易所得的股票 (commodum ex negotiatione)？對於受益人因交易所得利益的返還範圍，通說❹認為必須適用有名的「利益（股票大漲）大於損害（50 萬元），以損害為準。損害（50 萬元）大於利益（股票大跌），以利益為準」的公式，所以本題 B 可以保有股票大漲所得的利益，而僅須返還 50 萬元即可。但是本題擬答認為，上述的公式應僅能適用於受益人是善意時，如果受益人取得利益時，明知無法律上原因，則惡意受益人進而使用所得利益並更有利益取得時，實不見得有保護之必要。依此，要問的是 C 交付 50 萬元給 B，目的是期待 B 會和 A 訂約，但是 B 卻遲遲未能訂約，則受益人 B 的善、惡意時點應以何時為準？通說❹認為，「目的性給付」應以終極確定給付目的

❹　林誠二，《民法債編總論（上）》，第 215 頁。

❹　王澤鑑，《不當得利》，第 246 頁。

❹　Jauernig/Schlechtriem, §818 Rdn. 17.

不能達成時為準，即本題應以 A、B 間買賣契約終極確定不成立時為準，故除非 C 能證明 B 將 50 萬元投資股票時，已無意和 A 訂約，否則仍難謂 B 是惡意。

**結論：B 僅須返還 50 萬元於 C。**

(2) C 可能可以根據民法第 179 條的「給付型不當得利」向 B 主張 10 萬元賭債的返還

　　B、C 間就該 10 萬元賭債存有自己的給付目的，不再詳論。但本題中 A、B 間的賭債因民法第 72 條之規定而無效，所以 C 是對自始不存在的債權（無效債之關係）為清償，屬於「原因自始欠缺」（民法第 179 條前段：conductio indebiti），為無法律上原因中之一種。問題是，C 對 B 的不當得利請求權，有無排除的原因？

a. 民法第 180 條第 1 款

　　該事由已如上述，並不存在。

b. 民法第 180 條第 3 款

　　依民法第 180 條第 3 款規定，如果給付人於給付時明知無給付義務者，則不能請求返還。但所謂明知無給付義務者，必須是對無給付義務之法律效果的明知，僅是對造成無給付義務事實的明知尚屬不足，而賭博為一種僥倖契約，雖因違反公序良俗而無效，但就一般人而言，卻尚難依此認定明知賭債依民法規定是屬於無效，故結論上，應推定 C 不知賭債並無給付義務，故民法第 180 條第 3 款並不成立。

c. 民法第 180 條第 4 款

　　賭債之給付屬於不法原因之給付，並無爭議，依民法第 180 條第 4 款規定，如不法原因存在於給付人時，給付人不得請求返還給付。在本題「第三人清償」上，給付之人是第三人 C，而 C 並非賭債之當事人，故須討論的是賭債之不法原因有無存在於 C 本身？本題擬答認為，如果基於民法第 180 條第 4 款的立法目的是在於「拒絕權利保護」觀點觀之，依賭債違反公序良俗之本旨，賭債不論為何人所清償，都是一無須法律介入，而加以保護的債之關係，故即使賭債是由第三人清償，依民法第 180 條第 4 款之

立法目的，也應認為給付之不法原因亦存於第三人 C，而無從藉由不當得利請求返還才是。

**結論：C 不能向 B 主張 10 萬元賭債返還。**

2. A、C 間法律關係

(1) C 可能可以向 A 主張民法第 176 條第 1 項的正當無因管理，請求返還 10 萬元

問題是，如果 C 是出於贈與之意思，幫 A 給付 60 萬元給 B，因是基於贈與契約所為之給付，即無從成立無因管理，但本題，C 既已表示，A 可日後再償還 60 萬元，故明顯無贈與之意思，所以不妨礙無因管理之成立。但 C 所為之給付既違反 A 之意思，且亦無民法第 174 條第 2 項情狀之適用，故自無成立「正當無因管理」之可能。除此之外，民法第 177 條第 1 項「不正當無因管理」亦不成立，因為本題的 A 仍執意不肯接受 C 之資助，換言之，A 並不願主張 C 管理所得之利益。

(2) C 可能可以根據民法第 179 條非給付型不當得利中的「回索型不當得利」，請求返還 10 萬元

問題是，A 是否受有賭債清償利益？就 10 萬元賭債清償而言，因賭債違反公序良俗而無效，故 A 並無債務存在可言，所以 C 之清償賭債，A 自亦無受有利益可言。

**結論：C 不能向 A 主張 10 萬元返還。**

## 例題 14　機車強制及一般責任險
### ——指示給付或第三人清償？

　　A（十八歲）剛考上理想高中，所以父親就贈送他一部機車。A 因剛拿到駕照，駕駛技術仍不純熟，所以父親就在強制機車責任險外，另幫 A 加保一般財產意外責任險。某日 A 在上學途中，和 B 發生擦撞，A 因趕著上課，遂留下保險證號，交由強制責任險保險人 C 及一般責任險保險人 D 負責處理理賠事宜。

　　當 B 向 C、D 聯絡對醫藥費及機車修理費求償時，因為車禍事實不明，C、D 顯得頗為猶豫，B 表示若一星期內 C、D 不理賠，就要訴訟。C、D 遂分別理賠 3 萬元醫藥費及 1 萬元修車費給 B。其後發現，原來車禍的發生，A 並無過失。

問：保險公司 C、D 得否向 B 請求返還 3 萬元及 1 萬元？或是應由 A 請求？

### 說　明

　　民法債編對於保險給付最常出現的測驗題目，一是損益相抵，另一則是不當得利，本題即對後者為測試。

### 擬　答

　　C 及 D 可能可以根據民法第 179 條的「給付型不當得利」向 B 主張返還所受 3 萬元及 1 萬元利益。問題是，保險人給付保險金給受害人，保險人、被保險人及受害人間的給付關係，究竟如何認定？所謂給付是指①有意識②有目的增加他人財產之行為，就本題而言，C 及 D 交付 3 萬元及 1 萬元於 B，自是有意識增加他人財產之行為，自無疑問，有問題的是，是否 C、D 兩人是基於自己和 B 之間的給付目的所為，故應在 C、D 及 B 之間成立給付型不當得利？

1. C 的強制責任險

根據強制汽車責任保險法第 5 條第 1 項及第 2 項規定，可知本題的機車車禍，亦有強制汽車責任保險法的適用，一方面機車所有人依法有投保責任險義務（強制汽車責任保險法第 6 條），另一方面如果發生交通車禍事故，受害人可以根據強制汽車責任保險法第 7 條規定：「因汽車交通事故致受害人傷害或死亡者，不論加害人有無過失，請求權人得依本法規定向保險人請求保險給付或向財團法人汽車交通事故特別補償基金（以下簡稱特別補償基金）請求補償」，及第 25 條第 1 項規定「保險人於被保險汽車發生汽車交通事故時，依本法規定對請求權人負保險給付之責」，對強制責任險的保險人有法定的直接請求權，可以請求賠償所受的醫藥費支出，但不包括財產損失（參照強制汽車責任保險法第 27 條）。換言之，根據強制汽車責任保險法，本題受害人 B 及強制責任險保險人 C 間，有自己的給付關係，C 的給與 B 3 萬元醫藥費，其目的在清償自己對 B 的債務，雖然該車禍非因被保險人的過失所引起，但依強制汽車責任保險法第 7 條的無過失責任，受害人 B 仍對保險人 C 有請求權，故 B 保有保險金有法律上原因，而無須返還於 C。

**結論：C 不可以對 B 主張給付型不當得利，請求返還 3 萬元醫藥費。**

### 2. D 的一般責任險

根據強制汽車責任保險法第 27 條規定，汽、機車強制責任險投保範圍，並不包括受害人的財產損害，因此本題 A 的父親遂為 A 加保一般責任險（參照保險法第 90 條以下），故而一般責任險保險人 D 即依據保險契約，給付 1 萬元的修車費用於 B，但因車禍並非 A 的過失所引起，所以 B 無法律上原因取得保險金給付。問題是，給付人是誰？

#### (1)指示給付

依保險法第 90 條規定：「責任保險人於被保險人對於第三人，依法應負賠償責任，而受賠償之請求時，負賠償之責」，保險法第 95 條更清楚規定：「保險人得經被保險人通知，直接對第三人為賠償金額之給付」，由此清楚可知，原則上保險事故一發生，一般責任險保險人應是向被保險人為賠償給付才是，因此在一般責任險保險人及受害人間並無直接的請求權，僅

有當保險人受到被保險人通知後，受害人始對保險人有直接請求權❺⓪，故遂有學說❺①認為，此一通知，就不當得利三人給付關係上，即是被保險人對保險人所為的「指示」給付，而本題 A 留下保險證字號給 B，將車禍處理事項交由保險人 D 處理，在客觀理論解釋下，應認為其有意「通知」並「指示」保險人代為處理車禍事項，並加以理賠，因此本題保險人 D 交付 1 萬元機車修車費用給 B，即具有兩種給付目的，一是保險人 D 為履行對被保險人 A 的保險契約義務，另一則是被保險人 A 為履行對受害人 B 的侵權行為損害賠償義務所為的給付，因此如果 A、B 間的侵權行為損害賠償義務並不存在，自是應由給付人 A 向 B 主張給付型不當得利才是。

⑵第三人清償

a.保險法第 95 條

上述「指示給付」觀點，亦不乏有學說❺②質疑，因為保險法第 95 條僅是言明，保險人「得」經被保險人通知，直接對第三人為賠償金額之給付，可見保險人即使是受被保險人通知，也並非即在保險人和受害人間直接成立請求關係，相反地，對於保險金的給付，保險人仍可以基於事故發生的真實性及合理性，獨立判斷考慮是否給付，甚而拒絕給付，依此可見，保險人的最終給付保險金給受害人，是基於自己意思的主動給付，而構成民法第 311 條的「第三人清償」，而非是受被保險人的「指示」給付。況且，如果依給付目的決定的「客觀理論」❺③，一般人應可以理解，保險人給付保險金，是保險公司基於自己組織運作的營業工作內容而為的給付，換言之，應該是保險人基於自己的企業營運而向受害人所為的給付，所以受害人應當很清楚給付人並不是被保險人，而是保險人自己主動的給付，故應該是在保險人和受害人間成立自己的給付關係，目的在（第三人）清償 A 對 B 的債務，如果該清償目的未能達成，自應是由保險人 D 向 B 主張給付

---

❺⓪　參閱鄭玉波，《保險法》，第 141 頁。

❺①　林群弼，《保險法論》，第 507 頁。

❺②　Dörner, Fälle und Lösungen, S. 92.

❺③　參閱例題 10。

型不當得利。

b. 保險法第 94 條第 2 項

保險法第 94 條第 2 項規定：「被保險人對第三人應負損失賠償責任確定時，第三人得在保險金額範圍內，依其應得之比例，直接向保險人請求給付賠償金額」，依該條規定，如果被保險人對第三人應負損失賠償責任確定時，則受害人即直接取得對保險人的請求權，故兩人有給付關係存在，不屬於第三人清償之類型。本條文為民國 90 年所增訂，法律理論不無疑問，且條文以「被保險人對第三人應負損失賠償責任確定時」為要件，而該要件語意不清，所謂「確定」是指判決確定，或是包括被保險人的債務承認？只是本題並無此情況，故不予討論。

⑶解題意見

本題的一般責任險給付，究竟是「指示給付」或是「第三人清償」？立論上都具有法律上的根據。本題擬答認為，究竟給付關係應成立在何人之間，應取決於實體的價值判斷，即被害人 B 在無法律原因下受有保險金給付，應返還於加害人（被保險人）A 或是保險人 B，始為公平？就一般責任保險契約的本質討論，被保險人希望能藉由平時繳納保險費，而免除保險事故發生時的法律責任處理，在此觀點之下，則責任保險的雙方當事人應都能理解的是，一旦保險事故發生，被保險人企求交由保險人全權處理，而希望能脫離、避免一切保險事故的處理及因此所發生的法律爭議，自也包括如果保險事故不存在，而所引發的一切相關法律關係及責任，當然應包括當受賠償人無法償還所受領的保險金，因而所引起的風險，自當皆應由保險人承擔，始符合責任保險本意。況且，保險的誤償可能性，本就在保險人營運的想像中，因而所生的風險及損失，保險人自可以透過保險費用的計算及收取，而獲得適度彌補，因此自經濟觀點，由保險人承擔誤償的風險，亦未過於苛刻。綜上所述，本題擬答傾向認為，一般責任保險應屬「第三人清償」性質，給付關係應成立在 B、D 之間才是。

**結論：D 可以直接對 B 主張給付型不當得利，請求返還 1 萬元修車費用。**

## 例題 15　誤按 ATM──第三人受領給付

A 透過網路購買筆記型電腦，和賣家約定，以郵局「匯款」方式給付價金。於是 A 到博愛路郵局操作 ATM 匯款，但因不慎按錯帳號號碼，使得不相識的 B 取得匯款金額 3 萬元。

問：A、B 及郵局三人法律關係如何？

### 說　明

按錯 ATM 是日常人人都會發生的問題，所有學習者都必須熟悉本題。相類似的題型，也會發生在誤簽信用卡數額時。

### 擬　答

#### 1. A、B 間的法律關係

A 可能可以依民法第 179 條的「給付型不當得利」向 B 主張所受 3 萬元匯款利益返還，而該給付型不當得利請求權的成立，必須以 A、B 間有給付關係存在為前提。

⑴民法第 310 條第 1 款

所謂「給付」是指①有意識②有目的增加他人財產之行為，而本題 A 操作 ATM 匯款行為，是以清償對電腦賣家的買賣契約為目的，而指示郵局向 B 付款的行為，確實是一給付行為，只是給付受領人不是電腦賣家本人，而是第三人 B（參照民法第 310 條）。至於第三人 B 受領是否可以達成清償目的，端視電腦賣家是否承認該第三人 B 的受領（參照民法第 310 條第 1 款）？因本題電腦賣家並無承認之理由，所以 A 的清償目的並未達成，故 B 無法律上原因取得 3 萬元匯款利益。

⑵請求權人的決定

問題是，給付關係存在於何人之間？因為郵局是受 A 的指示付款，所以郵局並不是給付人，和 B 之間也就無給付關係，而因為 A 向 B 匯款行為

也不是受電腦賣家所指示，所以明顯地電腦賣家也不是匯款的給付人，所以電腦賣家和 B 之間亦無給付關係。而正因為本題是 A 自己對 B（錯誤）主動的匯款❺，用以發生債務清償的效果，換言之，就客觀觀察上，A、B 間會被誤認存在有給付目的：A 希望藉由第三人 B 的受領而能發生對電腦賣家的買賣債務清償效果，一旦該給付目的不能達成，即應由 A 對 B 主張給付型不當得利，請求返還 3 萬元匯款利益才是。

### (3)指示的意思表示錯誤

因為 A 指示郵局匯款上發生錯誤，所以本題客觀上被誤解成上述的民法第 310 條「第三人受領清償」情況。因為「指示」的法律性質上是一有相對人的單獨意思表示❺，因此指示錯誤可以適用民法意思表示錯誤的規定，故 A 可以主張因為按錯號碼，所以發生表示行為錯誤，而可以根據民法第 88 條第 1 項第 2 類型的「表示行為錯誤」撤銷指示，但在 A 尚未依民法第 88 條第 1 項第 2 類型撤銷前，A 對郵局的指示及所產生的民法第 310 條效果，仍是有效，故 B 取得匯款利益，是經由 A 的給付，而且並無法律上原因，所以 A 可以依給付型不當得利,向 B 請求 3 萬元匯款利益的返還。

小結：只要 A 尚未撤銷對郵局的指示付款，A 就可以對 B 主張給付型不當
　　　得利請求返還 3 萬元匯款利益。

## 2.郵局和 B 間的法律關係

如上所述，A 也可以主張撤銷對郵局的匯款指示，根據民法第 114 條第 1 項，該指示溯及既往消滅，因此在法律效果上，就如同 A 從未指示郵局對 B 付款一般，所以 A 無須被牽連進入整個不當得利返還關係中，所以 A、B 間不存在有任何的不當得利法律關係（給付型或是非給付型），而應是由郵局對 B 主張不當得利才是。本題因為郵局和 B 之間欠缺給付關係，故應由郵局對 B 主張非給付型不當得利中的「費用支出型」不當得利，請求 B 返還所得的 3 萬元匯款利益。

小結：在 A 撤銷付款指示後，應由郵局向 B 主張「費用支出型」不當得利，

---

❺　參閱例題 13。

❺　參閱 Wieling, Bereicherungsrecht, S. 19.

請求返還 3 萬元匯款利益。

### 3. A 和郵局間的法律關係

⑴ A 向郵局主張返還 3 萬元

當 A 撤銷對 B 的指示付款行為後，就不存在 A 指示郵局付款的法律關係，所以郵局即自始無權可以由 A 帳戶上扣除匯款金額 3 萬元（委任事務的必要費用）及手續費（委任報酬），所以 A 的債權根本未曾減少，因而可以向 B 請求回復、更正帳面數額。

⑵郵局對 A 主張信賴利益賠償

當 A 主張撤銷對郵局的付款指示，A 即可以對郵局主張更正帳面數額，而由郵局對 B 主張 3 萬元的匯款利益返還。但是如果郵局基於事實上對 B 請求的困難，而導致 3 萬元匯款無法收回，因此所造成的損害，自是屬於因信賴有效的指示付款所生的損害，郵局可以根據民法第 91 條，向 A 主張因意思表示錯誤撤銷所形成的信賴利益損害賠償。

⑶ A 對郵局主張讓與返還請求權

在 A 對郵局為賠償後，為避免郵局的雙重得利，所以 A 可以根據民法第 218 條之 1（類推適用）向郵局主張讓與其對 B 的不當得利請求權，而由 A 向 B 主張 3 萬元利益返還。

**結論：在 A 對郵局主張撤銷匯款指示後，A 可以向郵局主張匯款金額的更正，但必須對郵局無法由 B 處取回匯款利益的損害，負賠償責任。**

## 例題 16　利益第三人契約解除的返還 ❺❻

A 為贈與其女 B 嫁妝，向 C 購買土地，A、C 雙方約定由 B 直接向 C 請求土地所有權移轉登記。之後 A 發現土地有瑕疵，在得到 B 之同意下，向 C 主張解除契約。C 爽快答應返還價金，但卻不知應向誰請求返還土地所有權？

### 說　明

利益第三人契約分成真正及不真正利益第三人契約，其間的不當得利法律關係，實務及學說見解，學習者必須充分掌握。

### 擬　答

#### 1.不當得利關係的考量

首先考慮 C 可以根據民法第 179 條的「給付型不當得利」，向 A 或 B 請求返還土地。最高法院 ❺❼ 見解一向認為，解除會使契約產生溯及既往消滅之效力，依此不排除在 B、C 間會有不當得利法律關係。但卻有學說（所謂「清算說」）❺❽ 持反對意見，而認為解除只是使契約發生向後消滅效力，並將原先的契約關係轉換成相互返還關係而已（參照民法第 259 條），所以在 B、C 間就無不當得利法律關係可言。對此，本題擬答採學說見解，故否認 B、C 間的「給付型不當得利」法律關係的存在。

#### 2.解除關係的考量

因為契約解除不生不當得利關係，所以可以考慮的是，C 是否可以根據民法第 259 條第 1 款，向 A 主張土地所有權的返還？

(1)解除權消滅事由（民法第 262 條）

❺❻　本題取材最高法院 89 年臺上字第 1769 號判決。

❺❼　最高法院 96 年臺上字第 1204 號判決。

❺❽　陳自強，《契約之內容與消滅》，第 448 頁。

A 向 C 購買土地，雙方卻約定為「真正利益第三人契約」（參照民法第 269 條），所以 C 直接將土地登記於 B。因為真正利益第三人契約本質是使受益人 B 對債務人 C 有直接請求權，所以受益人 B 是直接由債務人 C 處取得土地所有權，相反地，債權人（解除權人 A）卻未曾取得土地所有權❺⁹，當然也就無法返還土地所有權於 C（土地所有權返還不能），因此要問的是，債權人 A 是否會因無法返還土地於 C，而致使其解除權因民法第 262 條前段：「有解除權人，因可歸責於自己之事由，致其所受領之給付物有毀損、滅失或其他情形不能返還者，解除權消滅」而消滅？因為民法第 262 條前段的解除權消滅原因，尚須以可歸責解除權人之事由為必要，而在真正利益第三人契約中，因為標的物是直接移轉於受益人，而致使解除權人無法返還於債務人，該結果明顯是得到債務人的理解及同意，所以解釋上，最終解除權人無法返還標的物的原因，不應被認為是可歸責於解除權人事由才是，故本題 A 的解除權並未因民法第 262 條前段而消滅。

(2)返還義務人

根據民法第 259 條第 1 款規定：「契約解除時，當事人雙方回復原狀之義務，除法律另有規定或契約另有訂定外，依左列之規定：一、由他方所受領之給付物，應返還之」，問題是在利益第三人契約中，負標的物返還義務的當事人究竟是誰，契約當事人 (A) 或是受益人 (B)？雖然條文稱「當事人雙方」，似乎意指契約當事人 A 負標的物返還義務，但如果由第 1 款的文義卻是指稱「由他方所受領之給付物」，故有必要進一步分析在利益第三人契約中，由債務人（出賣人 C）處所受領給付的「標的物受領人」究竟是誰？因為不當得利「給付關係」的決定，其目的即是在確認返還當事人的正當性，所以解除關係的受領人認定，本題擬答認為也可以借助「給付型不當得利」中的「給付」概念加以確認。討論如下：

a.最高法院意見

依最高法院❻⁰的意見，在真正利益第三人契約中，因為債務人和受益

---

❺⁹ 特別本題是不動產所有權的移轉讓與，依民法第 758 條第 1 項規定以「登記」為必要，因此債權人（解除權人 A）更是未曾取得土地所有權。

人之間有自己的獨立的請求權，所以就有自己的給付目的，因此應在債務人及受益人間成立給付關係，故就本題而言，應是在土地出賣人 C 和受益人 B 之間成立給付關係，所以應由 C 向 B 主張民法第 269 條第 1 款的返還土地所有權。至於對「不真正利益第三人契約」，最高法院❻卻認為因為債務人和受益人間欠缺有給付關係，相反地，給付關係只存在債務人和債權人間，所以應是由債權人向債務人進行返還。

　　b.學說意見

　　　對於利益第三人契約的給付關係認定，學說卻有不同看法。就不真正利益第三人契約而言，學說❻認為固然最高法院意見正確，但是對「真正利益第三人契約」，雖然債務人及受益人間有債權關係，但給付關係仍應是成立在債務人及債權人間。學說主要理由在於，其實「真正利益第三人契約」就如同「不真正利益第三人契約」般，都只是在遂行「縮短給付」結果而已，換言之，契約當事人不採「縮短給付」方式，而採「（真正或是不真正）利益第三人契約」，只是給付方式的不同而已，實質內涵並無不同，因此如果「縮短給付」在當事人間不會有給付關係，則在利益第三人契約當然也不會有給付關係。況且在「不真正利益第三人契約」，利益受領人都無須將所受利益直接返還於債務人，更何況如果利益受領人是基於「真正利益第三人契約」而直接取得利益，自然更不能比在「不真正利益第三人契約」的法律地位更差，否則即有價值判斷上的矛盾，因此上述最高法院對於「真正利益第三人契約」的不當得利見解，似有再討論的空間。依此，本題即使是真正利益第三人契約，但終究在債務人和受益人間不應肯定有給付關係存在才是，故並不是債務人 C 向受益人 B 主張土地所有權返還，而是由債務人 C 向債權人 A 請求返還土地所有權，但因 A 已無法返還土地，故依民法第 259 條第 6 款，A 應返還土地的相當價額。

**結論：C 應向 A 請求返還土地的相當價額。**

---

❻　最高法院 95 年臺上字第 2610 號判決。

❻　最高法院 97 年臺上字第 176 號判決。

❻　王澤鑑，《不當得利》，第 115 頁。

### 例題 17　銀行誤為付款——票據的指示給付

　　A 為給付對 B 的買賣價款，遂簽發一張數額 500 萬元支票於 B，但卻忘記填寫發票日，B 亦未察覺。

　　不久 A 察覺後，立即打電話給付款銀行 C，說明緣由，並表示「不要再付款給 B」。隔日 B 持該支票，向付款銀行 C 提示付款，但 C 卻因過失，而向 B 付款。

問：A、B、C 三人法律關係如何？

## 說　明

　　支票所生的不當得利問題繁多，除本題的欠缺發票日期之外，尚有溢付、偽造及實務上最重要的遺失，學習者應盡力蒐集其他類型問題，努力研習。

## 擬　答

1. C 可能可以根據民法第 179 條非給付型不當得利的「耗費型不當得利」向 B 請求返還 500 萬元。

　　非給付型不當得利的補充性原則

　　　因為銀行 C 和 B 之間並無給付關係，所以如果考慮 C 向 B 根據非給付型不當得利的「耗費型不當得利」主張返還 500 萬元，本應屬合理。只是在討論非給付型不當得利之前，必須先就「非給付型不當得利的補充性原則」加以檢討，即：「如果受益人所得利益是經由他人的給付行為而來，則受益人就不須負非給付型不當得利責任」[63]，將該抽象原則套用到本題，則要討論的是，是否本題 B 所受 500 萬元利益是經由 A 的給付行為而取得？如是，則 B 就不須對銀行 C 負非給付型不當得利責任。

　　⑴付款「指示」的存在

---

[63]　參閱例題 19。

a.當銀行 C 在持票人 B 提示支票，而加以付款，其實是基於銀行客戶 A 的委任（民法第 548 條的有償委任），故銀行 C 付款的給付目的有二，一是為履行對 A 的委任義務，另一則是基於受委任人 A 的指示（民法第 535 條），而向 B 付款，所以是 A 履行對 B 的票據債務，因此票據的付款，共有兩個給付關係，一是存在於 A、C 間，另一則是存在於 A、B 間，所以本題似乎不排除 B 確實是基於 A 的給付，而受有票據付款利益。

b.問題是，本題 A 簽發支票時，卻未載明發票日，根據票據法第 11 條及第 125 條第 7 款，該票據自應無效❽，則該票據所代表的委任付款「指示」，自也應屬無效❾，則如此似乎本題即不存在有 A 對銀行 C 的付款委任「指示」，因此銀行 C 對 B 的付款，似乎也就不是 A 對 B 的給付。

c.雖然如此，德國最高法院❻卻認為，票據行為因票據法的嚴格形式規定而無效時，不排除可以根據民法第 112 條「轉換」成其他具有「指示」效力的法律行為，而因為支票其實是民法指示證券的特殊型態（參照民法第 710 條），所以不排除因形式規定而無效的支票，在符合當事人的假設性意思下，可以轉換成為無嚴格形式規定的民法第 710 條的指示證券，所以本題 A 所簽發不具發票日的支票，即會因民法第 112 條規定，而轉換成民法的一般「指示證券」，而因為指示證券本身具有指示人 (A) 對被指示人 (C) 的付款「指示」，所以終究本題 A、B 間仍存有給付關係。

⑵付款「指示」的撤回

a.A 在發現支票未載明發票日後，立即通知銀行 C「不要再付款給 B」，經由意思表示的客觀解釋，應理解為 A「撤回」對 C 的付款「指示」（參照民法第 715 條第 1 項）。而一旦 A 有效撤回對 C 的付款指示，A、B 間的給付關係就不存在。

b.雖然本題 A 有效撤回付款指示，因此在 A、C 內部的法律關係上，已不再存有指示關係，但是本題的持票人 B 卻不知 A 對 C 的撤回，而仍善

---

❽　李開遠，《票據法——理論與實務》，第 41 頁。

❾　參閱 Loewenheim, Bereicherungsrecht, S. 35.

❻　BGHZ 64, 278, 284.

意相信 A 的付款指示表象，而 A 也未用適當的方式去除該表象，例如進一步通知持票人 B 等等，所以通說❻認為，基於民法第 169 條「表見代理」法理，B 的善意信賴 A 有付款指示表象，自應受到保護，故終究 A 應負起有效的付款「指示」責任，因此 B 的取得付款利益，應視為是 A 對 B 的指示證券債務給付，故終究 A、B 間存有給付關係，因此 B 可以拒絕對第三人 (C) 負非給付型不當得利責任。

**結論：C 不能對 B 主張「耗費型不當得利」，請求返還 500 萬元。**

### 2. C 可能可以向 A 請求 500 萬元

⑴民法第 546 條第 1 項

因為 A 已經有效撤回對 C 的指示付款，所以就不存在有委任處理事務，所以 C 不能根據民法第 546 條第 1 項向 A 主張 500 萬元處理事務的必要費用返還。

⑵民法第 176 條第 1 項

基於無效的他人事務處理約定，究竟事務處理人可否向本人主張無因管理，學說上頗有爭議。對此爭議，本書已在例題 5【中國觀光客熱潮】例題中有所討論，並採否定說。但即使採肯定說，因為 A 已經內部向 C 表示撤回付款指示，所以 C 的付款明顯不合 A 的意思，所以終究 C 仍不能對 A 主張正當無因管理。

⑶民法第 179 條非給付型不當得利

據上所述，即使 A 已經撤回對 C 的付款指示，但只要 A 未再通知 B，善意的 B 即受有信賴保護，因此 B 可以保有受領給付之利益，因此 A 受有對 B 的債務消滅利益❻。問題是，C 應向 A 主張何種不當得利類型？「回索型」或是「耗費型」不當得利？如果 C 是以第三人清償地位代 A 向 B 為清償（參照民法第 311、312 條），則 C 就可以主張「回索型」不當得利，

---

❻　參閱最高法院 69 年臺上字第 3965 號判決及王千維，《在給付行為之當事人間基於給付而生財產損益變動之不當性》，第 80 頁。

❻　但亦有學說認為，A 所受利益是「擬制」其取得銀行帳戶上的債權增加，參閱 Reuter/Martinek, Ungerechtfertigte Bereicherung, §11 I 3.

但因本題 C 未警覺 A 已經撤回付款指示，故仍是依（誤認的）A 的指示向 B 進行付款，所以 C 是以 A 的輔助人地位，向 B 為清償，故 C 並非是第三人清償，所以基本上也就無法對 A 主張「回索型」不當得利。至於 C 能否「事後變更給付目的」，而主張是以第三人地位為 A 清償債務，學說上頗有爭議[69]，因此本題擬答最終建議 C 應以「耗費型不當得利」向 A 主張，較無爭議。

結論：C 可以根據「耗費型不當得利」及民法第 181 條但書，向 A 請求返還 500 萬元。

---

[69]　參閱例題 11。

## 例題 18 債權讓與所生的不當得利法律關係

A 出售一批貨品給 B，取得民法第 367 條的價金請求權，約定一個月後到期。而 A 因為急需現金，所以就將該債權出售於 C，C 並立即通知 B。

一個月後，B 向 C 付款。但不久後發現，A、B 間的買賣契約並不成立，而 C 也已經破產。

問：B 應向誰主張不當得利？

### 說 明

債權讓與也是典型的給付型不當得利的題型，本例題並無特別事實變化，僅單純就學習者所必須知道的理論爭議，加以練習。

### 擬 答

B 應向誰主張給付型不當得利，學說頗有爭議：

#### 1. B 應向 C 主張

一說[70]認為，債權讓與後，在債務人 B 和新債權人 C 之間就存有債權債務關係，所以就有自己的給付關係，因此應是由債務人 B 向新債權人 C 主張給付型不當得利，而如果新債權人 C 陷於破產的給付困難，學說認為必須由債務人 B 承擔起該風險。但當原債權人 A 向 B 主張貨物取得的不當得利責任時，債務人 B 即可以此為由，根據民法第 182 條第 1 項向 A 主張其所得利益已經不存在，將該風險最後仍轉由 A 承擔。

#### 2. B 應向 A 主張

通說[71]則認為，有鑑於債務人 B 無法決定債權的讓與(參閱民法第 297 條第 1 項)，因此債權讓與的結果不應對債務人產生不利益，所以債務人 B 也就不應承擔起債權讓與後所產生的任何風險，以本題為例，債務人 B 自

---

[70] Larenz, SchR II, S. 549.

[71] Staudinger/Lorenz, §812 Rdn. 41.

不應承擔新債權人 C 的破產風險，所以應是肯定債務人 B 仍應可以向原債權人 A 主張給付型不當得利才是。只是該說仍存在著一些理論上的疑點：

⑴原債權人受有何種利益？

明顯地，原債權人 A 並未直接取得清償給付利益，所以可以考慮的是，原債權人 A 經由債權出賣於 C 所取得的價金，是 A 所取得的利益，但是該買賣價金利益取得和 B 的清償行為，卻明顯無直接因果關係，故如此見解頗為不宜。另一看法**❼❷**則是將債權的讓與類比於「指示給付」，等同是原債權人 A 指示 B 向第三人 C 為給付，該結果就如同 B 先向 A 給付，再由 A 向 C 給付般，只是在「指示」給付下，直接由 B 向 C 進行給付而已，因此應可以「擬制」A 也取得了價金給付的利益，只是如此的觀點，本題擬答認為，在相類似的「縮短給付」可以如此認定**❼❸**，但是債權讓與的結果，債務人和原債權人即不再有給付關係，因此債務人對新債權人的給付，自不同於「縮短給付」，故不應認為原債權人也可以被「擬制」取得價金給付利益。比較正確的說法應該是認為，A 因 B 對 C 為給付，所以 A 取得對 C 的債務消滅利益，因此必須根據民法第 181 條但書，為相當價額返還。

⑵B 對 A 應主張何種類型不當得利？

a.理論爭議

至於 B 應對 A 主張何種不當得利類型，學說亦有爭議。如果認為 A 所得的利益是「擬制」取得給付利益，則應是由 B 對 A 主張「給付型不當得利」；但如果按本題擬答意見，A 所得的利益是對 C 的民法第 350 條擔保責任消滅，則似乎應是由 B 向 A 主張「耗費型不當得利」**❼❹**，但即使認為 A 所得的利益是對 C 的民法第 350 條擔保責任消滅，亦不乏有認為**❼❺**，雖然 A 將債權讓與 C，但畢竟就 B 而言，其仍是基於和 A 之間的買賣契約而為清償給付，故仍應認為 B 向 A 主張「給付型不當得利」才是。

---

**❼❷**　參閱 Dörner, Fälle und Lösungen, S. 79.

**❼❸**　參閱例題 7。

**❼❹**　參閱 Canaris, WM 80, 367.

**❼❺**　參閱 BGHZ 105, 365.

b.解題意見

　　不當得利類型的決定，絕非只是理論上的爭議而已，而是會涉及不同構成要件及法律效果的認定，例如民法第 180 條的適用等等。以民法第 180 條的適用而言，本題擬答即傾向於 B 應向 A 主張「給付型不當得利」，因為如同學說所言，B 是基於和 A 之間的買賣契約履行，故而對新債權人 C 為給付，因此如果 B 在明知其債權無效之情形下，卻仍對 C 進行給付，則該給付自無法律保護之必要，而因適用民法第 180 條第 3 款事由，拒絕 B 的不當得利請求，始堪稱是合理的結果。

**結論：B 應依民法第 179 條的「給付型不當得利」向 A 主張對 C 的民法第 350 條擔保責任消滅的利益償還。**

# 第二節　非給付型不當得利

### 例題 19　盜贓、遺失物的不當得利責任
### ——非給付型不當得利的補充性原則

　　A 是某生產筆記型電腦大廠，某次接了美國大批訂單，但因數量太過龐大，遂向 B 工廠訂製一批八吋晶圓。因為近來晶圓市場缺貨，B 遂和黑道密謀，盜取 C 所有的八吋晶圓一批交貨給 A。A 不知該批晶圓來源，而安裝至筆記型電腦上。三個月後，產品完成製造，準備交貨給美國客戶。

　　就在交貨前夕，警方破獲該批晶圓竊盜案。晶圓所有人 C 要求 B 必須賠償損失，但不幸，此時 B 宣告破產。C 轉而向 A 請求。

問：C 的主張是否有理？

## 說　明

　　因我國不當得利採非統一說，所以在「非給付型」不當得利下，又根據不當得利形成原因的不同，區分成①侵害型②耗費型③回索型，而賦予不同的構成要件。必須強調的是，「非給付型」不當得利的類型絕不限於該三種，基於其他不同原因，不排除仍會有新的「非給付型」不當得利的類型出現。

　　在討論「非給付型」不當得利時，勢必會發生「非給付型不當得利的補充性原則」之適用情形。該原則不易理解，也經常被忽略，所以必須一再提醒解題者，在檢查非給付型不當得利之前，一定要先思考非給付型不當得利請求權是否會因該原則而被排除，以免發生誤判之情形。

## 擬　答

　　本題因為 A 把 B 由 C 處所竊得的晶圓安裝到筆記型電腦，所以 C 可能可以根據民法第 179 條的「（第三人）侵害型不當得利」、第 181 條但書

及第 812 條第 2 項、第 816 條，向 A 主張晶圓相當價額的償還。

## 1.非給付型不當得利的補充性原則

### (1)原則

#### a.以受益人為觀點❶

所謂「非給付型不當得利的補充性原則」，有學說認為意指：「如果受益人所得利益是經由他人的給付行為而來，則受益人僅須對該給付人負給付型不當得利責任，而不須再負任何非給付型不當得利責任」，依此，則在本題中因為 A 所取得的晶圓是經由 B 履行買賣契約之給付而來，所以 A 即無須再對 C 負非給付型不當得利責任。學說希望藉由該原則，使因給付而受益的受益人無須直接對第三人負責，以保護受益人可以保有對給付人的所有契約抗辯，以免遭受不利益，如此的保護信賴給付的觀點，堪稱合理，故被德國學說視為鐵律 (Faustregel)。

#### b.以給付人為觀點❷

另一說以請求權人立場闡述「非給付型不當得利的補充性原則」，認為「給付之人不能再主張非給付型不當得利」，依此觀點，則本題因為晶圓所有權人 C 並非是經由自己的給付行為而失去晶圓，所以不排除仍可以對 A 主張非給付型不當得利。此一觀點認為既然給付人透過自己的給付行為，將利益提出於外界，則自然給付人就必須自己承擔起該給付利益再變動、再流動的風險，故而不能再對第三人主張給付利益變動後的「非給付型」不當得利，而只能對給付的相對人主張「給付型」不當得利，故亦頗具正當性。

#### c.解題意見

基於不當得利的法理在於「去除受益人的不當利益」，而非「補償受損人」，換言之，不當得利所討論者不是對給付人的保護及補償，而是以受益人能否保有利益的立場，認定返還責任，民法第 182 條第 1 項定有明文。所以以受益人立場為觀點架構「非給付型不當得利的補充性原則」，應較為

---

❶ Larenz, SchR II, S. 567.

❷ Esser, AcP 175, 165.

恰當，但不論如何，兩種觀點僅限於是理論上的討論，在實際案例討論上，透過適當的解釋，結論上仍未見有扞格之處，本題即是一例，以下繼續加以討論。

(2)例外

　　既然「非給付型不當得利的補充性原則」目的是在保護受益人的利益，所以當受益人的利益無保護之必要時，「鐵律」也不乏有例外之時，例如民法第 183 條即是法律明文對於「非給付型不當得利的補充性原則」的例外規定。除此之外，依民法第 949 條規定，盜贓、遺失物所有權人，在兩年內可以對善意受讓人請求返還，該立法意旨即明確表達：即使是經由買賣受讓之善意第三人，相較於盜贓、遺失物所有權人，較不受保護，依此，當盜贓、遺失物所有權人在兩年內向善意受讓之人根據非給付型不當得利請求返還所受利益，則當然善意受讓之人就無得以「非給付型不當得利的補充性原則」為由，加以抗辯。相反地，在兩年後，就法律的價值判斷上，善意受讓人 A 之保護反而應優先於盜贓、遺失物所有權人 C，故此時 A 即可主張「非給付型不當得利的補充性原則」，而拒絕 C 之侵害型不當得利之主張。

小結： 本題不排除 C 可以根據民法第 179 條及第 816 條向 A 主張「(第三人) 侵害型不當得利」。

## 2. 有爭議的構成要件

(1) A 經由民法第 812 條第 2 項的添附而受有利益

　　本題 A 是否因民法第 812 條第 2 項而受有晶圓的附合利益，端視學說爭議的認定：

a. 少數說

　　少數說❸認為既然在兩年內，原物所有權人可以對善意受讓人主張回復，所以當然盜贓、遺失物所有權仍歸屬於原物所有權人，而非善意受讓人，換言之，民法第 949 條是第 767 條的延續，所以本題善意受讓人 A 並未因善意受讓規定而取得晶圓所有權，但是因為晶圓被 A 使用生產於筆記

---

❸　倪江表，《民法物權論》，第 428 頁。

型電腦，所以根據民法第 812 條第 2 項「附合」規定，電腦所有權人 A 遂取得晶圓的附合利益，所以 A 必須根據民法第 179、816 條對 C 負晶圓的相當價額返還。

b. 通說

通說❹認為，盜贓、遺失物在兩年內，所有權應歸屬於善意受讓人，以使其在兩年內仍得享有物權的保護。只是法律理論上，通說難以解釋，原物遺失人是基於何種大於「所有權」的物權權利，而可以向已經取得所有權的善意受讓人請求回復？對此，通說又認為，當遺失人為回復請求時，即同時行使「形成權」而溯及回復所有權人地位，但該「形成權」法律基礎究竟何來？而且不利於無行為能力的遺失人，故是否得當，不無疑問。況且「形成權理論」實質上某種程度已經是向少數說靠攏，但卻又將法律關係複雜化，以本題而言，當 A 將晶圓結合到電腦後，此時晶圓失其獨立的所有權，是否原物所有人 C 仍可以再向 A 主張「形成權」回復晶圓所有權？或是 C 僅能向 A 直接主張晶圓所有權取得的不當得利？但依通說見解，只要 C 尚未主張「形成權」，A 就是晶圓所有權人，故其取得晶圓所有權自有法律上原因（民法第 801、948 條），A 是否仍有不當得利可言？凡此種種，「形成權理論」都在增加法律問題的困難化，故本題擬答仍採少數說見解，至於新修正的民法第 949 條第 2 項條文謂「回復其原來之權利」，更不能因此就肯定「形成權理論」，因為該條文只不過是在宣示遺失物所有人的自始權利而已。

小結：A 雖不能因善意受讓而取得晶圓所有權，但卻因民法第 812 條第 2
　　　項而取得晶圓的附合利益。

(2)無法律上原因

本題雖然盜贓、遺失物的善意受讓人 A，因民法第 812 條第 2 項而取得晶圓的附合利益，但卻必須依民法第 816 條準用非給付型不當得利中的「侵害型不當得利」規定，對 C 負責。而民法第 816 條的「準用」根據絕對通說❺，是指「構成要件準用」而非「效果準用」，以本題為例，有問題

---

❹　謝在全，《民法物權論（上）》，第 538 頁。

的是，A 取得晶圓附合利益是否有法律上的原因，而可以排除 C 的不當得利請求？因為本題是非給付型不當得利的「侵害型不當得利」，所以法律上原因的有無，須考量的是 A 保有晶圓利益是否有「法秩序上的權益歸屬價值判斷」❻？可以考慮的是，民法第 812 條第 2 項的法律規定，是否可以構成 A 保有晶圓附合利益的權益歸屬價值判斷？學說❼見解一致認為，因附合而取得利益者，乃是民法基於經濟之考量，為不破壞合成物之經濟利益，故使之發生合成物所有權單獨取得之法律上效果，非謂合成物取得人即有正當理由單獨取得合成物所有權之利益，換言之，合成物所有權取得仍是不當得利，民法第 812 條第 2 項之規定非其取得利益之法律上原因，故本題 A 終究必須返還晶圓附合利益。

### 3.返還範圍

　　如上所述，A 須對 C 負「(第三人) 侵害型不當得利」責任，返還晶圓的相當價額，但問題是，A 也已經對 B 給付相當的價金，是否 A 可以根據民法第 182 條第 1 項主張其所得晶圓附合利益已不存在，而免返還義務？盜贓、遺失物的所有權人和善意受讓人間的不當得利返還關係，自也應取決於物權法上對於兩者的利益衡量的價值判斷，換言之，民法第 949、950及 951 條是必要的參考規範，以本題而論，當 C 向 A 主張侵害型不當得利，請求返還晶圓的相當價額，A 可以依民法第 950 條的立法意旨，主張該晶圓是經由販賣與其物同種之物之商人處取得 (或拍賣、公共市場取得)，所以其所支出的價金利益必須受到信賴保護，因此 A 確實可以就該部分主張所得利益不存在，而免返還義務，相反地，如果 A 不是經由如此途徑取得晶圓，就不能因價金支出而主張所得利益不存在。

**結論：C 向 A 主張不當得利請求償還晶圓相當價額，並無道理。**

---

❺　王澤鑑，《不當得利》，第 292 頁。

❻　參閱楊芳賢，《不當得利》，第 37 頁。

❼　史尚寬，《債法總論》，第 79 頁。

## 例題 20　罹於時效債權的強制執行❽

　　A 積欠 B 貨款，在訴訟中，A 向法院提存 500 萬元的擔保金。不久 A 敗訴確定，而確定判決執行名義所確定之請求權，因中斷而重行起算之時效依法延長為五年（參照民法第 137 條第 3 項），但 B 卻久久未聲請強制執行，直到判決確定六年後，始聲請對該擔保金為強制執行，雖然在強制執行的過程中，A 曾提出消滅時效抗辯，但卻不為執行法院所採，仍逕為強制執行，而交付 500 萬元於 B。

問：A 得否向 B 主張不當得利？

### 說　明

　　因為不當得利區分成「給付型」及「非給付型」，而各有不同的要件，所以自始辨別、區分不當得利類型，事屬當然，但卻被絕大部分學子所忽略。

### 擬　答

　　A 可以向 B 主張 500 萬元返還的請求權基礎，可能是民法第 179 條的不當得利，但問題是何種類型？「給付型不當得利」或是「（第三人）侵害型不當得利」？此一問題涉及構成要件適用的不同，如果認為是「給付型不當得利」類型，則即使是罹於時效的債之關係，都可以構成債權人 B 保有給付的法律上原因（參照民法第 144 條第 2 項），如此則 A 就不能向 B 主張給付型不當得利。但相反地，如果認為強制執行法院不顧 A 的消滅時效異議，而仍為強制執行，所以 A 可能可以對 B 主張「（第三人）侵害型不當得利」，則法律上原因要件討論，關鍵即非是「債之清償目的」達成與否，而是在於受益人的利益取得，有無違反法秩序上的權益歸屬價值判斷❾。以下即分別加以討論：

---

❽　本題取材最高法院 97 年臺上字第 1113 號判決。

❾　參閱楊芳賢，《不當得利》，第 37 頁。

## 1. 不當得利類型的討論

### (1)最高法院 97 年臺上字第 1113 號判決

最高法院在 97 年臺上字第 1113 號判決中認為:「按請求權之消滅時效完成後,依民法第一百四十四條第一項規定,債務人得拒絕給付,固係採抗辯權發生主義,債務人僅因而取得拒絕給付之抗辯權,並非使請求權當然消滅。惟如債務人行使此項抗辯權,表示拒絕給付,債權人之請求權利因而確定的歸於消滅,債務人即無給付之義務,嗣後如因法院之強制執行而為給付,因非基於債務人任意為之,依民法第一百八十條第三款規定之反面解釋,債務人自得依不當得利之規定,請求債權人返還」,令人困擾的是,最高法院認為「嗣後如因法院之強制執行而為給付,因非基於債務人任意為之」,究竟是認為「強制執行」的清償是債務人的「給付」或「不是給付」? 語意不清,如果以最高法院認為本案應適用民法第 180 條第 3 款的反面解釋,似乎最高法院認為「強制執行」的清償是一種債務人的「給付」,因為按照民法第 180 條原文,只有「給付型不當得利」才有適用民法第 180 條之餘地❿。

### (2)最高法院 90 年臺上字第 1762 號判決

最高法院 90 年臺上字第 1762 號判決謂:「惟按民法第一百八十條第四款前段所定不得請求返還之給付,應係基於受損人之意思而為,若由公權力介入之法院分配行為,則難認為該款所謂之給付」,由判決文觀之,最高法院在本案卻認為強制執行的清償,是公權力介入之結果,而非基於受損人之意思而為,故不是「給付」。

### (3)解題意見

強制執行雖然也會發生債之消滅的法律效果,但是並不因此即意謂強制執行就是一種「給付」行為,因為除「給付」之外,尚有許多其他法律制度也會發生如同清償般的債之消滅法律效果,例如「抵銷」或是「解除」,所以究竟強制執行是一給付或非給付行為,終究只能藉由「給付」本身的概念討論,始能加以釐清。所謂給付是指①有意識②有目的增加他人財產

---

❿　參閱楊芳賢,《不當得利》,第 102 頁。

之行為，由此觀之，公權力介入的強制執行，如同最高法院 90 年臺上字第 1762 號判決見解，因為違反債務人意願，即非屬債務人有意識增加他人財產的行為，所以也就不是債務人對債權人的給付行為。吾人更可以試想，如果債權人以清償債務為由，擅自取走標的物，明顯地當事人間的不當得利法律關係，應是討論「非給付型」而非「給付型」❶❶，而如果是公權力（不法）取走債務人之物為清償，實不見何以就應有所例外？故本題擬答採最高法院 90 年臺上字第 1762 號判決見解，A、B 間應適用「侵害型不當得利」法律關係才是。

**結論：A、B 間應成立「（第三人）侵害型不當得利」類型。**

### 2.法律上原因的討論

(1)「給付目的達成」構成給付型不當得利的法律上原因——最高法院 97 年臺上字第 1113 號判決見解

如果本題採最高法院 97 年臺上字第 1113 號判決見解，而認為強制執行債務人之財產於債權人，是一給付行為，則給付目的的達成就是受益人（債權人）利益取得的法律上原因，以本題而言，A、B 即使是一罹於時效的債權，因為債權並未消滅，所以仍可以構成債權人受領清償的原因（參照民法第 144 條第 2 項），故 A 就不能對 B 主張「給付型不當得利」請求返還❶❷。但有意思的是，最高法院 97 年臺上字第 1113 號判決卻未就此認定，卻使用令人難以理解的「民法第 180 條第 3 款的反面解釋」為理由，認定：「因法院之強制執行而為給付，因非基於債務人任意為之，依民法第一百八十條第三款規定之反面解釋，債務人自得依不當得利之規定，請求債權人返還」，實在令人摸不著頭緒，因為如果依最高法院「民法第 180 條第 3 款的反面解釋」，則豈非凡是債務人不知債務存在而「給付」者，亦不可以請求返還？其實又回到「給付」概念的討論原點：如果債務人不知債務存在，豈有可能為有意識有目的的「給付」清償行為？況且，民法第 180 條第 3 款的「明知無債清償」的立法理由，乃是因為債務人作了矛盾行為

---

❶❶　參閱楊芳賢，《不當得利》，第 118 頁。

❶❷　同案第一、二審法院即以「清償給付目的」達成作為判決理由。

(vernire contra factum proprium)，故無須保護，但本題違反債務人意願的強制執行，根本並無「矛盾行為」可言，故自始就欠缺適用民法第 180 條第 3 款的基礎 ❸。

(2)「法秩序上的權益歸屬價值判斷」構成侵害型不當得利的法律上原因
　　——最高法院 90 年臺上字第 1762 號判決見解

最高法院 90 年臺上字第 1762 號判決意見，認為不當強制執行應構成「(第三人) 侵害型不當得利」，則是否 B 可以保有強制執行所得利益，就應端視 B 所取得的利益是否符合「法秩序上的權益歸屬價值判斷」為斷：

a.「法秩序上的權益歸屬價值判斷」，首推當事人的利益取得有無法律上的明文規定，例如民法第 801、948 條及第 759 條之 1 的善意取得規定，就是善意受讓人保有所有權的法律上原因。除此之外，也不排除當事人可以基於「契約上的權益內容歸屬」，當成是排除侵害型不當得利的法律上原因，例如買受人未得出賣人同意，強行取走買賣標的物 ❹，因出賣人本就負有給付標的物於買受人的義務，所以該買賣契約即賦予買受人可以保有標的物的權益內容歸屬，故買受人雖須負侵權行為責任，但卻無須負侵害型不當得利責任。雖然「契約上的權益內容歸屬」可以構成侵害型不當得利的法律上原因，但不可以即因如此就將之和給付型不當得利的「給付目的達成」相互混淆，例如如果有當事人主張民法第 264 條的同時履行抗辯，則債務人即無先為給付的義務，所以債權人所擁有的契約「權益歸屬內容」就應僅限於必須為同時履行對待給付時，始可享有保有契約標的物的利益，因此如有當事人已主張同時履行抗辯，但債權人卻仍強行取走標的物，是否可以達成清償債務目的，已非所問，因為就「侵害型不當得利」而言，終究該債權人所得利益，因欠缺「契約上的權益歸屬」根據，故仍應構成非給付型不當得利。

b.據上所述，本題在強制執行法院為強制執行時，因為債務人 A 已經提出消滅時效的異議，則 A 對 B 即無再為給付清償之義務，換言之，B 並

---

❸　參閱最高法院 74 年臺上字第 1057 號判決。

❹　參閱楊芳賢，《不當得利》，第 118 頁。

不具有「契約上的權益歸屬」而無法保有因強制執行所得的清償利益，所以 A 向 B 主張「（第三人）侵害型不當得利」似乎有理。只是本題的強制執行標的是債務人先前提存於法院的提存款，參照民法第 145 條第 1 項規定，本題擬答認為，債務人所提存的提存款，實應如同其他擔保物權般具有擔保性質，故自應有類推適用之餘地，所以即使是在債務人提出羅於時效抗辯，但仍被強制執行法院強制執行提存款，自仍是符合民法第 145 條第 1 項的價值判斷，故本題債權人保有強制執行標的，自屬有法律上之原因，因此 B 不須對 A 負（第三人）侵害型不當得利之責任。

**結論：A 不能向 B 主張強制執行所得利益的返還。**

## 例題 21　一〇一大樓——內容歸屬理論（一）

　　臺北一〇一大樓曾是全世界最高的建築物，因此享譽全球，成為臺北新地標。一〇一大樓頂樓開放一般民眾參觀，民眾可以在頂樓眺望臺北街景，景色壯觀。

　　A 是一有名攝影師，某次在馬路上以一〇一大樓外觀為背景，攝得多張照片，並購票進入一〇一大樓頂樓，雖然見售票口貼有「禁止攝影」之告示，但仍然拿起相機取景，拍得多張臺北夜景。

　　之後 A 利用所拍得照片，販售於旅遊雜誌社，獲利頗多。一〇一大樓所有權人得知此事，遂向 A 請求利益償還及損害賠償。

問：一〇一大樓所有權人之主張是否有理？

### 說　明

　　侵害型不當得利的構成要件有：①受有利益②侵害行為③受有利益和侵害行為間具有直接因果關係④無法律上原因，而又以「侵害行為」之要件最具爭議性。本題在構思時，恰巧報載臺北捷運公司拒絕未得標的《蘋果日報》，在其捷運站內分發刊物，其實和本例題有異曲同工之處，可供解題者參考。

### 擬　答

　　一〇一大樓所有權人是否可以向 A 請求利益償還或是損害賠償，可以基於不同的事實，而作不同的討論：

### 1.以一〇一大樓外觀為背景拍攝照片

　(1)民法第 177 條第 2 項

　　依民法第 177 條第 2 項不法管理準用同條第 1 項，所謂「管理所得」指的是 A 拍攝一〇一大樓而自旅遊雜誌社所獲得的報酬，至於一〇一大樓所有權人是否可以根據民法第 177 條第 2 項，向 A 主張管理所得利益返

還，必須檢討的要件有：①建築物外觀的攝影、販售，是否是建築物所有權人的事務？② A 是否明知（非僅是過失不知）建築物外觀的攝影、販售，是屬於建築物所有權人的事務？前者要件將在下述不當得利責任中，做詳細的討論，但就後者要件而言，就一般生活經驗，應是屬於相當專業的法律問題，一般人實無如此的認知能力才是，所以尚難認定 A 有「明知」他人事務。

**結論： A 的民法第 177 條第 2 項責任並不成立。**

⑵民法第 179 條的「侵害型不當得利」

a.受有利益

本題就 A 拍攝一○一大樓外觀的不當得利責任討論上，A 所取得的利益應是指 A 利用一○一大樓建築攝影的使用利益取得，而非指 A 因而所可能節省的權利金費用支出❶，也不是 A 出售照片而自旅遊雜誌社所獲得的報酬，否則如果 A 索取的報酬過低，豈非是將 A 個人議價能力的缺失風險，轉嫁由一○一大樓的所有權人承擔❻？

b.侵害行為

在「侵害型不當得利」中，如何的侵害行為始足以構成受害人可以主張不當得利的原因？對此，傳統上有兩種理論：

⑴不法性理論

德國法學家 Schulz❼首先提出「不法性理論」，其認為侵害型不當得利受益人之所以必須將其所得利益返還，其原因在於因其所得利益的行為，是被法律評價為「不法的侵害行為」之故，因此只要受益人是經由不法行為取得利益者，即是有侵害行為存在，而必須返還所得利益。但該說卻被廣泛質疑，而不再為今日通說所採用，因為例如 A 為趕時間以便取得準時簽約利益，故違規超越 B 車，險象環生❽，本例 A 雖有不法獲利行為，但

---

❶　參閱例題 10 及例題 23。

❻　參閱例題 33。

❼　Schulz, AcP 105 (1909), 1 ff.

❽　參閱 Kleinheyer, JZ 1970, 471.

卻明顯地無須對 B 負不當得利責任。

(b)內容歸屬理論

今日通說❶採取所謂的「內容歸屬理論」。該理論首創於德國 v. Caemmerer 教授，其主要論點是認為侵害型不當得利的受益人之所以必須將所得利益返還於他人，其原因在於受益人的利益取得已經違反法律將該利益內容歸屬於特定他人的價值判斷之故。正因為受益人所取得的利益，在法律評價上原應歸屬於他人所享有，所以受益人即必須將利益返還於該他人。而對於「內容歸屬理論」的具體內容，今日德國通說更進一步以「專屬權益理論」加以描述，例如德國最高法院❷即認為，「凡是侵害法律價值判斷上專屬於特定人得以享有的處分權限」，即構成侵害他人的權益歸屬內容，而須負侵害型不當得利責任。

在「內容歸屬理論」之下，本題必須討論的是，A 對一○一大樓建築物外觀的攝影，是否有侵害到專屬於一○一大樓所有權人所得享有的權限？

①民法第 765 條對所有權的權限有如此的規定：「所有人，於法令限制之範圍內，得自由使用、收益、處分其所有物，並排除他人之干涉」，無問題的是，如果有人偷竊或是毀損他人之物，自是構成侵害所有權權限，但僅是對他人之物的外觀為攝影，是否構成侵害所有權權限，單是根據民法第 765 條內容，卻無法做進一步判斷，但可以理解的是，民法物權編的「物」之所有權保護，是針對物的外在本體所進行的保護，例如物不受他人的侵奪及毀損，至於物的外觀所產生的利益保護，例如利用物的特異性或是優美設計外觀牟取商業利益，應是屬於無體財產權，例如著作權的保護範圍才是，兩者必須清楚區分，此可由著作權法第 5 條第 9 款及第 58 條將建築物的外觀利益明定於受著作權保護，清楚可知❸。而本題 A 對一○一大樓

---

❶ 最高法院 92 年臺上字第 2682 號判決。德文為 "Lehre vom Zuweisungsgehalt"。

❷ BGHZ 82, 299, 306.

❸ 著作權法第 5 條第 9 款規定：「本法所稱著作，例示如下：……(九)建築著作」，第 58 條規定：「於街道、公園、建築物之外壁或其他向公眾開放之戶外場所長期展示之美術著作或建築著作，除下列情形外，得以任何方法利用之：一、以建築

的外觀為攝影並販售牟利，所可能侵害的應是一○一大樓外觀設計的智慧財產利益，如此的利益並不在所有權保護的內涵中，而是受著作權保護，而在參閱相關著作權法規定之後，本題 A 並無侵害著作權之情事，故終究也並無侵害一○一大樓所有權人的所有權或是專屬著作權權益可言。

　　②德國最高法院❷曾有判決認為，對他人之物攝影並販售牟利，如果該行為是在公開場合，例如在公共街道或是廣場攝影，即無侵害所有權可言，言下之意，如果未得允許而進入他人商店拍攝所陳列的物品，似乎即有侵害所有權之虞。只是如此的觀點，受到學說❸的質疑，因為以攝影地點的不同，而決定所有權保護範圍，實非是適當的根據，除此之外，如此的認定建築物外觀受所有權保護，和著作權法第 58 條將該利益列入著作權保護，而非是受所有權保護的意旨，也並不吻合，故為不宜。

**結論：A 不須依侵害型不當得利，返還其拍攝一○一建築物照片的使用利益於一○一大樓所有權人。**

　(3)民法第 184 條第 1 項前段的侵權行為

　a.所有權受侵害

　　本題 A 對大樓外觀攝影，依所有權內涵的保護觀之，並無侵害所有權可言，已如上述。

　b.著作權受侵害

　　也如上述，A 的行為並未侵害著作權相關規範。

　c.營業權受侵害

　　問題是，是否一○一大樓的所有權人有利用該大樓外觀，並進而牟取商業利益，故而 A 的拍攝及販售照片行為會侵害其「營業權」?「營業權」能否構成民法第 184 條第 1 項前段的「權利」，自始即存在有質疑的意見，由本題可以清楚理解，如果認為物的所有權人對物的外觀並未享有專屬利

---

　　方式重製建築物。二、以雕塑方式重製雕塑物。三、為於本條規定之場所長期展示目的所為之重製。四、專門以販賣美術著作重製物為目的所為之重製」。

❷　BGH NJW 1989, 2251.

❸　Dörner, Fälle und Lösungen, S. 44.

益，則自然也就必須否定物的所有權人有可以利用物的外觀牟取商業利益的「營業權」，所有權人所能享有利用物的外觀牟取商業利益，應僅是一種一般財產利益罷了。

正是「營業權」往往很難和「一般（營業）財產利益」相互清楚區別，因此在發展「營業權」的過程中，德國實務界❷展現戰戰兢兢的態度，而要求唯有必須是直接影響營業行為者（①直接性），例如發起對某一廠商的營業抵制，或是警告顧客不得到特定商店消費，始構成侵害營業權，但如果只是營業間接受影響，例如因電纜被挖斷而停電，導致夜市無法營業，或是員工因車禍受傷，使得工廠機器無法運轉，則並不構成「營業權」受侵害，而只是一般營業利益受損而已；除此之外，少數學說❷尚且要求必須只有「故意」的侵害行為（②故意性），才能肯定營業權受侵害的侵權責任。以本題為例，明顯地一○一大樓所有權人的營業行為並未受到 A 的直接妨礙，故欠缺營業受侵害的「直接性」，一○一大樓所有權人所受者僅是一般營業利益減損而已，所以終究也不構成民法第 184 條第 1 項前段的侵害「營業權」。

**結論：A 不須因拍攝大樓而對一○一大樓所有權人負侵權行為損害賠償責任。**

### 2.進入一○一大樓頂樓，拍得臺北夜景照片

⑴民法第 177 條第 2 項

要考慮的是：是否進入建築物攝取美景，是屬於建築物所有權人的事務？對此將繼續在以下的不當得利中加以討論。

⑵民法第 179 條的「侵害型」不當得利

該請求權成立的前提，必須以「使用一○一大樓取景，是專屬於大樓所有權人的權益」為必要。

a.建築物的使用

是否一○一大樓所有權人享有大樓取景的專屬權益，不無疑問。本題擬答認為，自然美景的享有，應屬於是一般人皆得享有的「一般利益」，而

---

❷　BGHZ 8, 387, 394; 29, 65, 74.

❷　Larenz/Canaris, SchR II/2, S. 540.

無專屬性可言，固然 A 必須進入大樓內取景，始能拍得特定的美景，但是基於民法第 765 條對物的所有權保護條文目的性觀之：建築物所有權保護僅及於所有物本體的完整性，而不及於因使用物而享有的精神上及美學上的感受，依此自也不宜將使用建築物取得自然美景，當成是建築物所有權人所能享有的所有權專屬內涵。

b. 契約賦予專屬權限？

問題是，一○一大樓在其售票口貼有「禁止攝影」之告示，是一定型化契約條款，其目的在於禁止他人利用大樓攝影，明顯是要賦予大樓所有權人有使用大樓攝影取景牟利的專屬利益，因此違約的 A 是否即構成侵害一○一大樓所有權人的「專屬權益」？債權契約是否可以賦予當事人有「專屬權益」，學說頗有爭議❷，傳統見解堅持債權的相對性，否認債權可以賦予有「專屬權益」，但近來不乏有學說肯定之，本題擬答則傾向否定見解，因為既然本題的所有權人都無法享有對一○一大樓建築物外觀有營業上的攝影專屬利益，則當然也不能透過契約承認或是賦予一○一大樓所有權人有攝影牟利的專屬權益可言。故本題縱使 A 有違反定型化契約「不得攝影」約定，但仍無有侵害一○一大樓的專屬攝影營業利益可言。

**結論：A 不須依不法管理及侵害型不當得利，返還其所得的使用大樓攝影的利益於一○一大樓所有權人。**

(3)民法第 184 條第 1 項前段的侵權行為損害賠償

a. 所有權受侵害

本題 A 進入大樓內攝取自然美景，依所有權內涵的保護觀之，並無有侵害所有權可言，已如上述。

b. 著作權受侵害

也如上述，A 的行為並未侵害著作權相關規範。

c. 營業權受侵害

本題 A 也無直接侵害 B 的營業，已如上述。

**結論：A 不須依侵權行為對一○一大樓所有權人，負損害賠償責任。**

---

❷　參閱例題 22。

⑷契約責任

一〇一大樓所有權人可能可以向 A 主張損害賠償的請求權基礎，僅剩契約責任的考慮。而該契約責任的成立前提取決於一〇一大樓在售票口張貼的「禁止攝影」定型化契約條款成為契約內容。

a.因為參觀一〇一大樓的人數眾多，自然無法期待大樓所有權人一一向參觀民眾說明定型化契約條款，因此大樓採消費者保護法第 13 條第 1 項「公告」方式，自是可以被接受。而一般而言，當消費者成立契約時（本題：當 A 購票時），即可以認為消費者同意接受該定型化契約條款。

b.A 違反契約約定，自必須根據民法第 226 條，負起損害賠償責任。而該損害賠償範圍，根據民法第 216 條，必須及於一〇一大樓所有權人的「所失利益」，自然也包括一〇一大樓所有權人利用其大樓攝影牟取營業利益的減損，而因為一〇一大樓是基於契約責任向 A 請求損害賠償，而不是根據所有權內涵受侵害為請求，所以是否大樓建築物所有權內涵包括有「美景觀賞」，則已非所問，況且，雙方當事人所約定的「禁止攝影」，契約目的本就在保護一〇一大樓所有權人利用大樓的特異性牟取營業利益，故其向違約當事人請求營業利益的損害賠償，亦相當符合契約目的，故自是有理。

**結論：** 一〇一大樓所有權人可以根據契約向 A 請求營業利益減損的損害賠償。

## 例題 22 超商間的競業──內容歸屬理論（二）

A 在新竹縣某一小鎮開設小型超商。因附近僅此一家，所以生意不錯。後來有一全國性大型連鎖超商 B 想在該小鎮開設超商，遂和 A 商議，是否 A 能結束營業，而讓 B 能單獨在小鎮經營超商，B 願給付一定金錢給 A，A 同意之。不久 B 便在該小鎮經營超商，但 A 卻未依照約定，仍繼續營業。A 為求競爭，遂散佈謠言，聲稱 B 超商都是販售外國黑心貨，致使顧客不願到 B 超商購物，A 因而獲利頗豐，估計超收獲利計有 50 萬元。
問：B 得否向 A 主張 50 萬元利益的償還？

### 說 明

過度堅持純粹的「內容歸屬理論」，會在許多案例上發生不公允現象，因此學說不斷嘗試修正「內容歸屬理論」，而以德國民法大師 Canaris 教授為最重要的代表，本題設計目的即是在認識其理論。

### 擬 答

因為 B 所欲請求的是 A 所超收的 50 萬元利益，而非損害賠償，所以可以考慮的請求權基礎如下：

#### 1.民法第 177 條第 2 項的「不法管理」

本條文的構成要件須以明知他人事務，而為自己利益管理為必要，而本題中 A 經營自己的超商事務而獲利，明顯不是管理他人事務，所以並不構成「不法管理」。

#### 2.民法第 179 條的「侵害型不當得利」

如果 A 所得的營業利益是因侵害 B 的專屬權益而來，則 A 即須對 B 負起侵害型不當得利責任。所以要討論的是，本題的 A 是否有侵害 B 的專屬權益？

(1)債權

一般而言，所謂的「專屬權益」是指「法律價值判斷上專屬於特定人得以享有的處分權限」**❷❼**，而明顯的作為相對權的債權，即無如此的專屬權益，因此僅是債務人違反債權約定，甚至只是第三人妨礙債權人利益，依傳統學說見解，都無得成立侵害型不當得利。只是近來有學說**❷❽**認為，如果「不作為契約約定」的目的不僅只是在單純的禁止債務人的作為而已，而更是旨在賦予債權人有單獨獲得營業利益者，則不排除違約的債務人必須對債權人負起侵害型不當得利責任，以本題為例，A、B 間的禁止競業契約約定，其目的是在排除 A 的營業，以便使 B 取得在該區域單獨營業的利益，故依該學說，違約獲利的 A 即必須負起侵害型不當得利責任，向 B 返還違約所得的 50 萬元營業利益。對於該新學說見解，本題擬答採較為遲疑的態度，因為就該地區的超商營業利益而言，不論 A、B 間如何約定，本質上仍是屬於人人都可以取得的一般營業利益，因此即使是 A 自己本身也並無得享有如此的專屬營業利益，更遑論可以將之讓與他人，或是賦予他人取得專屬營業利益可言？換言之，A、B 間的單獨營業約定，就其本質而言，仍是一種單純的不作為約定而已，B 不會因而就取得專屬的營業利益，故即使是債務人 A 違約，也無所謂會侵害 B 的專屬權益可言。如果 B 要確保 A 不能取得違約的營業利益，B 應以違約金約定為保障，而非企求以不當得利加以解決。

⑵公平交易法第 19 條第 3 款

公平交易法第 19 條第 3 款規定：「有左列各款行為之一，而有限制競爭或妨礙公平競爭之虞者，事業不得為之：……三、以脅迫、利誘或其他不正當方法，使競爭者之交易相對人與自己交易之行為」，依此，凡是違反該條款而取得利益者，即是不法所得利益，但是否必須負起侵害型不當得利責任，於本題須討論者有二：1. A 散佈謠言，聲稱 B 超商都是販售外國黑心貨，是否是該條款所稱之「其他不正當方法」？ 2.該條款有無賦予事業「專屬營業利益」？

---

**❷❼** 參閱 BGHZ 82, 299, 306.

**❷❽** Wieling, Bereicherungsrecht, S. 48.

　　就前者而言，因為該條款本文所列舉者是「脅迫、利誘」，因此要和此相當之方法者，必須是有類似於脅迫的暴力行為，或是類似利誘的有償行為者，始足當之，而本題 A 是以散播謠言之方式，明顯都非是該條款所欲禁止之方法，故難謂構成公平交易法第 19 條第 3 款。而縱使肯定 A 散佈謠言行為是該條款所不許，仍難構成侵害 B 的專屬營業利益，因為該條款之立法意旨非在保護或賦予當事人之經濟利益，用以排除其他同業之競爭，相反地，其立法旨意是要營造一公平自由競爭之市場經濟環境，使得人人都可加入市場，以提供最好之商品及服務給消費者。換言之，公平交易法第 19 條第 3 款之規範僅是一種行為禁止規範，禁止業界以不正當之競爭方法及行為，而非提供被保護之當事人得以享有特定的專屬營業利益歸屬規範，因此即使 A 以違反該條款的方法，牟取商業利益，仍不構成侵害 B 的專屬權益，當然也就無侵害型不當得利責任可言。

(3)背於善良風俗之侵害行為

　　本題因為超商的一般營業利益非專屬於 B 所有，所以即使 A 是以散佈謠言的背於善良風俗之方法，而獲得營業利益，依「內容歸屬理論」，A 仍無侵害他人專屬權益而構成侵害型不當得利可言。只是畢竟 A 所得利益明顯不法，因此不乏有學說嘗試修正傳統的「權益歸屬理論」，企求能夠更公平調整雙方當事人的利益狀態，例如德國 Canaris 教授❷❾即以內容歸屬理論為基礎，但卻強調以民法侵權行為所要保護的法益範圍，具體作為決定侵害型不當得利權益內容歸屬的範圍，因為其強調侵權行為和侵害型不當得利的法律規範目的，都是在討論相同的問題：是否法益歸屬於特定人？所以不妨以侵權行為所要保護的法益客體，推導出侵害型不當得利的保護客體。依此，則本題因為 A 散佈謠言，明顯是以「背於善良風俗之方法」加損害於 B 的營業利益，構成侵權行為，所以當然也侵害到 B 的專屬權益，故必須依侵害型不當得利，向 B 返還所得 50 萬元利益。

　　本題擬答認為，如果認為法益的排他性是基於法益本身絕對歸屬性所產生的反射效力❸⓿，則在此觀點下，Canaris 教授論點確實是有其理論根據，

---

❷❾　Larenz/Canaris, SchR II/2, S. 169 並參閱臺中地院 96 年重訴字第 368 號裁判。

只是該說卻為今日大多數學說❸所反對，最大的反對論點即是認為如此的意見會混淆侵權行為與不當得利制度上的區別，而即使是 Canaris 教授也不得不承認，將侵權行為和不當得利保護客體並列，不排除會存在有例外的情況，例如「貞操」雖受侵權行為保護，但侵害貞操法益卻明顯不會構成嫖妓費用節省的侵害型不當得利責任，因此如何更細緻區分侵害型不當得利保護客體及侵權行為保護客體，尚有待進一步釐清。總之，在通說下，即使 A 是以背於善良風俗之方法，對 B 的營業利益造成損害，但卻仍無侵害 B 的專屬權益可言，故不構成侵害型不當得利責任。

**結論：B 不得對 A 主張 50 萬元利益返還。**

---

❸　參閱謝在全，《民法物權論（上冊）》，第 184 頁。

❸　例如 Loewenheim, Bereicherungsrecht, S. 87.

## 例題 23　免費飛行──奢侈性利益㉜

　　A 是 18 歲大學生，在父親的同意下，自費由臺北搭 B 航空公司的飛機到臺中拜訪祖母。飛機到臺中後，A 好奇之餘，趁機務人員不注意又搭往高雄。下機時被發現，由航空公司 B 載回臺中。B 請求飛機票價的給付。A 則認為無須給付，因為在正常情形下他根本不會想到高雄，也無多餘的錢到高雄。

問：B 能否向 A 請求給付飛機票價？

### 說　明

　　奢侈性利益是不當得利上極為難懂的概念，本題提供學習者釐清奢侈性利益概念。

### 擬　答

### 1.高雄到臺中的機票請求

#### ⑴事實上契約關係

　　A 搭機到高雄的行程，明顯並無訂約的意思，所以 B 航空公司也無得依旅客運送契約（民法第 654 條），對其主張運送報酬。只是學說㉝有認為，對於攸關一般大眾日常生活而為數龐大的交通、水、電、瓦斯等民生交易行為，一般民眾天天無時不在使用，而享受給付的利益，如果都要求每個使用人必須有訂約的意思表示存在，才能主張相對報酬請求，實不合常理，亦不切實際，例如本題的大眾交通系統，逃票者在所不計，如果採嚴格的契約意思表示理論，則豈非鼓勵逃票？因此遂有學說倡導所謂的「事實上契約」關係，而認為此種攸關一般大眾日常生活而為數龐大的民生交易行為，此等契約的成立，不須以當事人有意思表示存在為必要，而只要當事

---

㉜　本題取材德國最高法院判決：BGHZ 55, 128.

㉝　施啟揚，《民法總則》，第 214 頁。

人有事實上的使用，就成立契約而必須給付報酬。只是如此的「事實上契約」理論，遭到絕大多數學者的反對，認為是對民法的意思表示理論，投下一顆原子彈，徹底震撼、顛覆傳統的意思表示理論，而非學說主流，故亦不為本題擬答所採。況且，不可誤會的是，即使是「事實上契約」論者，也強調在「事實上契約」關係中，未成年人的行為能力仍應受保護，依此，即使本題擬答採「事實上契約理論」，但航空公司 B 終究也不能向未成年人 A 主張運送報酬。

(2)民法第 176 條第 1 項的正當無因管理

正當無因管理請求權是否成立，關鍵在於是否 B 將 A 送回臺中，符合 A 本人利益並不違反本人明示或可得推知的意思（參照民法第 176 條第 1 項)?固然限制行為能力人也可為無因管理的本人，但是管理承擔的正當性，基於保護限制行為能力人，學界❸❹見解皆一致認為，應以法定代理人的意思為準，以免無因管理浮濫，而不利於未成年本人。本題 A 的法定代理人意思究竟為何，題意事實並不清楚，在 A 的法定代理人無明示或是默示意思的情況下，應以第三人客觀立場假設，B 將 A 送回臺中的管理行為，是否符合法定代理人的意思？基於親情的考量，應可理解在一般情形下，法定代理人不願其子女無故獨處於外地，故可以認定，B 將 A 送回臺中符合 A 的法定代理人意思，而可成立正當無因管理。

**結論：B 就高雄到臺中的機票請求有理。**

### 2.臺中到高雄的機票請求

(1)請求權基礎

a.不當得利類型的討論

B 可能可以向 A 依民法第 179 條不當得利請求票價給付。有問題的是，B 應向 A 主張給付型或侵害型不當得利？給付型不當得利的成立，以 A、B 間存有給付關係為必要，而給付關係是否存在，端視 B 是否①有意識且②有目的增加 A 的財產利益。本題對於 A、B 間是否有給付關係的存在，不無疑問，因為固然 B 將全機乘客運送前往高雄，是有意識且有目的

---

❸❹ 參閱王澤鑑，《民法學說與判例研究（五）》，第 9 頁。

要履行運送契約的行為，具有給付行為內涵，而雖然 A 也在全體乘客當中，但是 B 的有意識增加旅客利益，依一般經驗觀之，應僅限於要對合法乘客進行運送而已，B 應無意識要對非法的乘客進行運送，此可由航空公司所準備的限量餐點及油量，僅是針對在自己計算中的乘客數量，而並無要對非法搭乘的乘客而準備，明顯可知❸❺，故 A、B 之間並無給付關係存在，而不成立給付型不當得利，B 只能依侵害型不當得利向 A 主張。

b. 奢侈性利益取得

如上所述，A 免費搭乘飛行，有可能構成侵害型不當得利，構成要件中，唯有 A 是否有「利益取得」有討論的必要：

⒜最高法院意見

本題 A 所受利益是搭機前往高雄，其性質是取得 B 所提供的勞務（勞務受領）。問題是，A 所取得的勞務，是否構成利益取得？最高法院❸❻意見模糊，可能被誤解成其認為受領他人勞務，不當得利的客體不是勞務受領本身，而是因而所節省的費用，因此必須是受領人原本就想為某一勞務而計畫支出一定費用，但因受領他人勞務，因而節省原訂的費用支出，使得其整體財產有費用上的節省，如此始構成不當得利上的利益取得要件，例如 A 原本計畫理髮，但卻無法律上原因受領他人的理髮勞務，因而節省理髮費用，始構成不當得利。相反地，雖然受領他人的勞務，但如果勞務受領人原本並無為此勞務有支出費用的計畫，因而也就無整體財產上的費用節省可言，依最高法院意見，勞務受領人即無受有利益，當然也就無須負起不當得利責任，而典型的例子即屬所謂「奢侈性利益」取得，即當某一勞務對受領人而言，是屬於在其經濟計畫外的浪費性、揮霍性的利益，則該勞務對於受領人而言，就無整體財產上費用節省可言，當然也難謂其受有利益。以本題言之，因為 A 主張在正常情形下他根本不會想到高雄，也無多餘的錢到高雄，換言之，A 取得該勞務，就 A 的整體財產上，並無費用節省，是一「奢侈性利益」取得，依最高法院意見，A 自也無受有利益，

---

❸❺　參閱 Loewenheim, Bereicherungsrecht, S. 25.

❸❻　最高法院 41 年臺上字第 637 號判例。

而無須負不當得利責任。

(b)學說❸意見

上述的實務見解，結果會導致明知無權受領的「奢侈性利益」惡意受領人，無須負不當得利責任，實是不公，故學說認為，只要是受領他人勞務，就是有利益取得，而構成不當得利，至於該受領的勞務，是否是一奢侈性利益，有無造成受領人在整體財產上的費用節省，則是屬於民法第 182 條的不當得利利益返還問題。即如果勞務的受領結果，對於受領人的整體財產並無費用節省可言，則勞務受領人就可以主張該勞務受領，對於受領人是「所受利益不存在」，而對於「所受利益不存在」的返還責任，依民法第 182 條，端視受領人善、惡意而定，如果受領人受領勞務時，明知無法律上原因而仍受領，則即使該勞務對於受領人的整體財產，並無因費用上的節省，而有所增加，受領人即無得主張「所受利益不存在」，而必須返還。以本題而言，如果認為 A 是惡意受領勞務，則即使 A 主張該勞務是一「奢侈性利益」，A 仍必須依不當得利規定加以返還。有鑑於學說見解適度區分勞務受領人的善、惡意責任，所以亦為本題擬答所採，而不排除本題中 A 的不當得利責任。

(2)利益返還範圍：民法第 182 條

問題是，本題 A 受領勞務時，究竟是善意或是惡意？如果 A 是善意取得人，則依民法第 182 條第 1 項，就無須返還利益，但如果 A 是惡意，則 A 不能主張所得利益已經不存在，依民法第 182 條第 2 項及第 181 條但書，A 仍須就該勞務的相當價額，即機票價額為返還。而本題中的 A 是未成年人，A 是善意或是惡意取得利益，基於保護未成年人，是否應有特殊考量。一說❸認為，未成年人的不當受領利益的善、惡意，應以其法定代理人為準，另一說❸則認為，應區別不當得利類型而定，如果是給付型不當得利，則未成年人的善、惡意，應取決於其法定代理人，但如果是非給付型不當

---

❸　參閱王澤鑑，《民法學說與判例研究（三）》，第 89 頁。

❸　楊芳賢，《不當得利》，第 159 頁。

❸　BGHZ 55, 128, 136.

得利，則應類推適用民法第 187 條第 1 項規定，以未成年人有識別能力為必要。

　　第二說依不同的不當得利類型，區分不當得利的不同責任型態，誠屬可採，因為給付型不當得利實則是在反射契約責任的保護，自然應以未成年人的法定代理人主觀意思為準，而非給付型不當得利實則卻是接近侵權行為型態，類推適用民法第 187 條第 1 項，以界定 A 之責任，堪稱妥當。因本題為非給付型不當得利中的侵害型不當得利，而 A 是 18 歲的大學生，在類推適用民法第 187 條第 1 項之下，應肯定其有足夠能力判斷偷乘飛機的不當性，故為惡意利益取得人，依民法第 182 條第 2 項，A 不能主張所受利益是奢侈性利益，而無費用節省，換言之，A 不能主張所得利益不存在，而仍須就機票價額為返還。

**結論：B 向 A 請求返還臺中到高雄的機票價額有理。**

## 例題 24　洗錢的黑公司——民法第 183 條的適用

　　A 公司董事 B 利用執行業務之便，由公司的銀行帳戶提領 100 萬元，並將該 100 萬元，如同 B 之其他財產一般，轉入自己所開設的一人有限公司 C 帳戶中（參照公司法第 98 條第 1 項）。

問：A 應如何對 B、C 主張？

### 說　明

　　自從公司法承認一人公司後，即不斷有人利用該制度進行洗錢，本例題提供三個解決的方法：①民法第 148 條第 2 項的權利濫用②民法第 244 條的「撤銷權」③民法第 183 條的不當得利。

### 擬　答

**1. A、B 間的法律關係**

(1)請求權關係

　　A、B 間成立有償委任契約，而 B 卻侵占公司公款，已有違反契約履行的誠實信用原則，故須負民法第 227 條的不完全給付責任。除此之外，因為 B 逾越代表權限，無權處分 A 公司的帳戶，因此 A 也可以對 B 主張民法第 184 條第 1 項前段、後段及第 2 項（相關刑法的背信及侵占罪）的侵權行為責任。至於民法第 179 條的侵害型不當得利責任，討論如下：

　　a. B 逾越代表權限，擅自處分 A 公司的帳戶，是為無權處分，基於交易安全保護，善意的銀行必須受到保護（參閱民法第 27 條第 3 項、第 31 條及第 310 條），所以應認為銀行的給付對 A 公司發生效力，換言之，B 所取得的 100 萬元是有效處分 A 帳戶所得，所以 A 可以對 B 主張侵害型不當得利，請求 B 返還所得的 100 萬元利益❹。

　　b. B 事後將所得的 100 萬元，無償存入 C 公司的帳戶，致使其所得的

----

❹　參閱例題 25。

100 萬元利益已不存在，但是因為 A 在取得利益時，惡意明知其並無受領之權利，所以根據民法第 182 條第 2 項，B 不能主張所得利益不存在，而仍必須就原利益的相當價額，進行返還（參照民法第 181 條但書）。

⑵強制執行

　　A 勝訴取得對 B 的強制執行名義，但因 B 已無財產可供強制執行，而 A 對 C 公司又欠缺強制執行名義，所以一時之間似乎 A 的請求權並無法實現。雖然如此，本題擬答仍認為，即使本題在欠缺 A 對 C 公司的強制執行名義下，應同意 A 仍可以對 C 公司的財產進行強制執行，而 C 公司不得提起強制執行法第 15 條的「第三人異議之訴」，因為本題明顯地 B 是在利用公司法上的「一人有限公司」制度進行洗錢，逾越「一人公司」的設立目的，明顯是權利濫用❹，所以根據民法第 148 條第 2 項，不應同意 C 公司可以藉「法人與股東分離原則」為理由，而排除強制執行。

**結論：A 公司可以向 B 主張民法第 227 條及第 184 條第 1 項前段、後段、第 2 項及民法第 179 條的侵害型不當得利，並可以直接對 C 公司財產進行強制執行。**

### 2. A、C 間的法律關係

　　如果堅持認為在 A 欠缺對 C 公司強制執行名義下，就不能對 C 公司財產進行強制執行，則勢必 A 必須對 C 公司獨立提起訴訟：

⑴C 的不當得利責任

　　B 首先由 A 公司帳戶提領 100 萬元，而受有利益，但因為 B 又將 100 萬元無償存入 C 公司帳戶，所以可以考慮的是，是否 C 必須根據民法第 183 條對 A 負起不當得利返還責任？民法第 183 條的適用，要求必須「而受領人因此免返還義務者」為必要（所謂「民法第 183 條的補充性原則」），但本題如上所述，B 並未因無償讓與 100 萬元於 C 就免除其對 A 的不當得利返還責任，所以似乎民法第 183 條應不成立，至於 B 是否有無足夠的財產資力對 A 負起不當得利責任，則並非是「民法第 183 條的補充性原則」所問❷，此時 A 所應主張者應是民法第 244 條的「撤銷權」救濟，以保障

---

❹　參閱 BGHZ 54, 222, 224 及 Schack, BGB-AT (Schwerpunkt), Rdn. 79。

其不當得利請求權的實現。

但「民法第 183 條的補充性原則」，是為保護第三人利益而設，因此如果在特殊的案例上，第三人利益無須加以保護時，不排除可以進行目的性限縮解釋，使利益受損人可以直接對第三人主張不當得利，本題即是一例，因為明顯地 B、C 是在利用「一人公司」的「法人及股東分離原則」進行洗錢，因此如果同意 C 公司可以主張「民法第 183 條的補充性原則」，而免除 C 的不當得利責任，明顯違反誠實信用原則，故終究應肯定 C 必須對 A 根據民法第 183 條負起直接的不當得利返還責任才是。

(2) C 的侵權行為責任

因為 C 公司以 B 為代表人，所以 C 公司自是惡意受領 B 的無償給與 100 萬元，目的在造成 A 的損害，因此 A 也可以對 C 公司根據民法第 28 條、第 184 條第 1 項後段的侵權行為責任，要求損害賠償。

**結論：A 可以對 C 主張 100 萬元的不當得利或是損害賠償。**

---

❷ 通說：參閱 BGH NJW 1969, 605. 但 Medicus 教授 (SchR II, S. 313) 卻主張可以類推適用。

### 例題 25　無權處分的不當得利

　　18 歲的高中生 A，因為缺錢花用，在未得到父親同意下，向當鋪 B 借 1 萬元，並將其所有的手錶（值 2000 元）及機車（值 2 萬元）設定質權於當鋪 B。因為 A 逾期未贖回手錶及機車，B 遂將該手錶以半買半送的 500 元「友誼價」，售予善意不知情的 C，而 B 的法律系畢業好友 D，因為非常喜愛該機車，所以即使在得知上述情形後，仍以 2 萬 5 千元買下機車。

　　其後 A 的父親知道該事，大發雷霆。

問：A 可以向何人主張不當得利？

### 說　明

　　德國不當得利制度對於無權處分所生的不當得利問題，有特別的條文規範，因此並無問題，但我國卻欠缺相同的規定，故時常造成學習者的困擾，所以特別設計本題，並輔以理論詳加敘述。

### 擬　答

#### 1. A 向 B 主張不當得利

　　本題固然不排除 A 可能可以直接向 C、D 主張返還手錶及機車，但有鑑於 C、D 二人可能已不知去向，而且 B 所得的 2 萬 5 千元價金大於原機車價值，所以 A 可考慮轉而向 B 主張不當得利。

　(1)給付型不當得利

　　a.因為 A 是未成年人，而其和 B 所為的質權設定契約（包括流質約定），因為既非是純獲法律上利益，亦非是日常生活所必需，所以在法定代理人的拒絕承認下，確定無效（參閱民法第 77 條及第 79 條），所以終究 B 經由 A 給付所取得者，僅是質物（即機車及手錶）的占有，所以 B 應依「給付型」不當得利，將質物占有返還於 A。

　　b.問題是，B 將質物處分於他人，自己喪失占有地位，B 是否可以主

張所得利益不存在？雖然 B 處分質物，並取得相當的價金對價，但是該價金卻分別是 C、D 取得質物所有權的對價，而非是 B 所失去質物「占有」的對價，換言之，並非是 B 所取得質物占有的「替代」（或謂代位物、代償物）(Surrogat)，所以 B 失去「占有」地位，並無任何「替代」的取得，所以 B 所得的占有確實已不存在❸，A 無得對 B 主張給付型不當得利，因此下述的「侵害型不當得利」始是對無權處分所生不當得利問題，最適當的請求權基礎。

(2)侵害型不當得利

a.B 受有利益

本題 B 經由處分 A 之物，分別取得 500 元及 2 萬 5 千元的價金利益，是無權處分人所得的利益，換言之，無權處分人所得的利益，是指因無權處分行為而取得的對價。

b.侵害 A 之專屬權益

(a)手錶部分

本題 A 交付、出質手錶於 B，因為交付是一事實行為，所以僅以有事實上的自然意識能力為必要，因此 18 歲的 A 交付手錶給 B，而 B 無權處分給善意的 C，根據通說❹，不會因 A 是限制行為能力人，欠缺完全行為能力，而就使手錶因而成為盜贓、遺失物，所以 C 可以基於民法第 801、948 條規定，善意取得手錶所有權，故而 B 是以侵害 A 的手錶所有權而取得 500 元利益。

(b)機車部分

問題是，B 雖然無權處分 A 所有的機車給 D，但因 D 是惡意，所以無

---

❸ 但不排除如果 B 是惡意則不能主張所得利益不存在，而必須就占有的相當價額為返還，但因「占有」僅是一單純的事實，而不具有實質的經濟利益內涵，故無從認定其數額，因此終究 A 的給付型不當得利並不存在。

❹ 少數說基於保護行為能力人，認為無行為能力人的交付行為，會使標的物成為盜贓、遺失物，而如果限制行為能力人無能力判斷占有交付意義，亦會成為盜贓、遺失物：參閱 Palandt/Bassenge, §935 Rdn. 5.

法根據民法第 801、948 條取得機車所有權，換言之，A 僅有占有地位受 B 侵害，因此 B 所取得的讓與機車所有權的 2 萬 5 千元價金，明顯和其侵害 A 占有之間，欠缺有相當性，因此如果認為 A 因而可以向 B 主張侵害型不當得利，請求該 2 萬 5 千元利益返還，法律理論上，不無疑問，所以學說❹❺遂建議，A 可以承認 B 的無權處分（參閱民法第 115 條），使得 D 取得機車所有權，因此 B 所取得的 2 萬 5 千元就成為 B 處分 A 之機車所有權的所得，而具有相當性。問題是，B 所應返還者是 2 萬 5 千元或是 2 萬元的機車原價值？

①德國通說❹❻認為德國民法規定有應返還因無權處分所得的全部價金（2 萬 5 千元），但也不乏有認為❹❼，無權處分人僅須返還原物價值即可，因為返還全部的處分所得利益者，民法唯一的法律依據者僅有民法第 177 條第 2 項的不法管理而已。

②解題意見

我國不當得利制度，並無如德國民法的相同規定，因此無權處分人應返還所取得對價的範圍，有認為❹❽應依「利益大於損害，以損害為準」原則，只是本題擬答一如之前認為，尚應以無權處分人的善惡意為區分，如其為善意，則依「利益大於損害，以損害為準」原則，但如果為惡意，實不見惡意無權處分人可以保有全部處分所得對價的理由何在。而本題因無法確認 B 是惡意無權處分，所以 B 僅須返還 2 萬元價金即可，而且也無須再對 A 負民法第 177 條第 2 項及第 184 條的責任。

**結論：A 可以向（善意）B 請求返還所得的 500 元及 2 萬元價金。**

## 2. A 向 C 主張不當得利

### (1)善意取得構成法律上原因

因為 C 善意取得手錶所有權，所以當 A 向 C 主張侵害型不當得利，請

---

❹❺　王澤鑑，《不當得利》，第 179 頁。

❹❻　BGHZ 29, 157.

❹❼　Larenz, SchR II, S. 563.

❹❽　王澤鑑，《不當得利》，第 175、244 頁。

求返還手錶所有權，C 即得以民法第 801、948 條為所有權取得的法律上原因為抗辯，而拒絕返還。

⑵混合贈與在民法第 183 條的責任

但因為 C 是以「友誼價」取得手錶所有權，是經由買賣與贈與之混合契約而受讓手錶所有權，所以不排除可以考慮民法第 183 條的適用，使 C 對 A 直接負起不當得利返還手錶所有權責任。但是民法第 183 條的原文謂：「不當得利之受領人，以其所受者，無償讓與第三人」，條文的適用是以受領人先由請求權人處取得不當利益，受領人再將該利益贈與受益人為必要，換言之，是以受益人「間接」由請求權人處取得利益為要件，但是本題 C 卻是經由民法第 801、948 條「直接」由 A 處取得手錶所有權，所以學說⑲認為只能「類推適用」民法第 183 條。但問題是，混合贈與契約如何適用民法第 183 條？

a.對於混合贈與契約，能否（類推）適用民法第 183 條，參考德國最高法院⑳的肯定態度，以本題為例，C 仍必須將手錶所有權返還於 A，而由 C 向 B 主張民法第 350 條的權利瑕疵擔保責任。

b.上述德國最高法院的意見，卻遭受學說㉑的質疑，因為其明顯地並未考慮「混合贈與契約」所具有的有償契約性質部分，因此學說認為，民法第 183 條僅能適用於「混合贈與契約」的無償性質部分，所以當 A 向 C 主張民法第 183 條請求返還手錶所有權時，C 可以請求 A 必須償還其所支付的 500 元價金，而兩者請求權相互構成同時履行抗辯。學說如此意見，亦為本題擬答所採，因為如此即可以合理的呼應上述 A 對 B 的請求 500 元不當得利請求權結果，而且也相當符合我國民法第 950 條的價值判斷，否則，依德國最高法院意見，一方面 A 可以向 B 主張返還 500 元利益，另一方面又可以向 C 主張返還手錶所有權，而且 C 無得對 A 主張民法第 218 條之 1㉒，A 豈非雙重得利？

---

⑲　王澤鑑，《不當得利》，第 184–186 頁。

⑳　BGH WM 1964, 614.

㉑　Köhler, PdW SchR II, S. 203.

**結論：在 A 向 C 給付 500 元後，A 可以請求 C 返還手錶所有權。**

### 3. A 可以向 D 主張的權利

(1)不當得利

a.若 A 已經承認 B 的無權處分，則 A 就不能再對 D 主張不當得利返還機車所有權。而該「承認」基於意思表示的解釋，也可以隱含在當 A 直接對 B 提起返還因處分機車所得價金的訴之聲明上❸，因此學說認為，一旦 A 對 B 提起訴訟，即有承認 B 無權處分的意思表示，而且意思表示是不能任意撤回，所以至此，A 即喪失對 D 的不當得利請求權。

b.問題是，如果事後 A 對 B 的強制執行，並無結果，而 A 卻也喪失對 D 的請求，殊不合理，故學說❸進一步認為，應將 A 對 B 的「訴之聲明」：「請求 B 返還處分機車所得價金」，解釋成「B 處分機車所得價金的返還，和 A 的承認 B 無權處分，互為對待給付」，而具有同時履行抗辯關係，所以一旦 A 對 B 強制執行無結果，不排除 A 仍可以對 D 主張不當得利返還機車占有。

**結論：如果 A 對 B 的強制執行無結果，不排除 A 仍可以對 D 主張不當得利返還機車占有。**

(2)損害賠償

A 雖然同意 B 將機車所有權處分於 D，但是該承認也僅止於物權處分行為的承認，本題 B、D 間的無權處分他人機車所有權的不法性，並不會因所有權人事後的承認無權處分而被排除❸，因此也就不排除 A 可以對 B、D 主張民法第 184 條第 1 項前段、第 185 條及第 956 條的損害賠償責任，只是本題 B 是否知其是無權占有，不無疑問，但可以肯定的是，D 是

---

❺❷　民法第 218 條之 1 不適用於非損害賠償性質的不當得利請求權：參閱 BGHZ 29, 157.

❺❸　BGH LM Nr. 6 zu §816.

❺❹　Larenz, SchR II, S. 502.

❺❺　但不排除 A 的承認無權處分的意思表示，確實也包含有放棄主張侵權行為損害賠償請求權的意思，只是本題尚難能有如此的認定。

惡意受讓無權處分他人之物的侵權人，所以 A 可以對 D 主張侵權行為損害賠償責任（請求賠償機車 2 萬元價值）。

結論：　A 可以對 D 主張侵權行為損害賠償責任，請求賠償機車之價值 2 萬元，該損害賠償請求權和之前 A 對 B 主張不當得利請求權（請求返還處分機車所得的 2 萬元價金），形成競合關係。

## 第三節　不當得利的返還範圍

### 例題 26　不當得利和「所有權人及占有人關係」

問：以下當事人間的不當得利法律關係如何？

1. 房屋所有權人 A 將房屋以每月 2 萬元出租於 B，但 B 卻擅自違反約定，又將房屋以每月 2 萬 5 千元出租於善意的 C。

2. A 將房屋出賣於 B 並完成登記。

　⑴一個月後，A 撤銷買賣契約，而房屋因意外燒毀，但 B 領得一筆保險金。

　⑵如果是所有權移轉無效，在 B 返還房屋所有權於 A 後，B 是否仍須返還一個月的使用利益？

### 說　明

　　物權法上的「所有權人及占有人關係」經常會和不當得利請求權，發生競合關係，對學習者是一大惡夢，本題學習者必須從最高法院的兩則判決出發，重新釐清兩者間的競合關係。

### 擬　答

1. **違法轉租**

　⑴A 可能可以對次承租人 C 主張使用房屋所取得利益返還的請求權基礎，計有：

　a. 民法第 179 條的侵害型不當得利

　　C 因侵害 A 的房屋專屬使用權限，本應有侵害型不當得利責任，但最高法院 91 年臺上字第 1537 號判決卻認為：「倘承租人為善意，依民法第九百五十二條規定，得為租賃物之使用及收益，其因此項占有使用所獲利益，對於所有人不負返還之義務，自無不當得利可言；倘承租人為惡意時，對

於所有人言，其就租賃物並無使用收益權，即應依不當得利之規定，返還其所受利益」，換言之，此判決以民法第 952 條的善意占有人的使用利益保護，作為善意的 C 無須負起不當得利責任的法律上原因考量。

b. 民法第 958 條的「所有權人及占有人關係」

民法第 958 條規定前段：「惡意占有人，負返還孳息之義務。」依學說❶見解，民法第 958 條亦可類推適用於惡意占有人的使用利益返還，則依反面解釋，善意占有人 C 即無須負使用利益的返還，和民法第 952 條相互呼應。至於民法第 179 條和民法第 952、958 條適用上的競合問題，最高法院 77 年臺上字第 1208 號判決認為民法第 952、958 條是民法第 179 條「侵害型不當得利」的特別規定：「占有人於占有物上行使之權利，推定其適法有此權利。又善意占有人依推定其為適法所有之權利，得為占有物之使用及收益。分別為民法第九百四十三條、第九百五十二條所明定。是占有人因此項使用所獲得之利益，於所有人不負返還之義務，此為不當得利之特別規定，不當得利規定於此無適用之餘地」，該見解為今日學說❷所贊同，否則如果善意無權占有人本依民法第 952 條及第 958 條反面解釋，無須返還使用利益於所有權人，但卻必須再根據不當得利規定，返還所得使用利益於所有權人，將會使得民法第 952 條及第 958 條成為具文。據此，前述最高法院 91 年臺上字第 1537 號並未考量同院判決見解，似有不妥。

**結論：　善意的次承租人 C 在民法第 952、958 條的規定下無須對房屋所有權人 A 負使用利益返還責任，且無須再討論民法第 179 條的「侵害型不當得利」。**

⑵ A 可能可以對 B 主張民法第 179 條的侵害型不當得利，請求 2 萬 5 千元所得租金利益的償還。本題違法轉租，是否承租人 B 有侵害房屋所有權人的專屬權益，自始就是學說上極有爭議的問題。

a. 通說

一般學說❸認為，既然房屋所有權人 A 已經將房屋出租並交付承租人

---

❶　謝在全，《民法物權論（下）》，第 629 頁。

❷　王澤鑑，《不當得利》，第 319 頁。

B 使用，則房屋所有權人 A 即失去再將物交付他人使用之權限，故當承租人違法轉租，即無侵害房屋所有權人的專屬權益可言。

b. 少數說

但卻有少數學者❹認為，縱使所有權人將物交付承租人使用，但是同意承租人再為轉租的權利仍是在所有權人，而且此一同意權是一絕對權，不但受侵權行為保護，亦受不當得利保護，故違約轉租的承租人必須負起侵害型不當得利責任，如果是善意出租他人之物，必須返還一般所有權人因同意轉租而可以向承租人請求提高租金的部分，但如果是惡意之人，則必須將全部所得租金返還於出租人。只是有學者❺反駁認為，所有權人的同意權並非是一種絕對權，而只是源自於租賃契約的約定，故僅是一對承租人所能主張的契約上相對權而已，所以違法轉租並無侵害所有權人的專屬權利可言。

c. 解題意見

固然如通說所言，出租人既然基於租賃契約將物交付承租人使用，所有權權限即因而受限，但也應僅止於必須容忍承租人使用而已，而不包括尚必須容忍其他第三人的使用，換言之，所有權人並無須容忍次承租人的使用、收益，因此如果承租人未得出租人同意而違法轉租，則所有權人當然可以向次承租人主張租賃物的（間接）占有返還（民法第 767 條前段），由此可知，轉租同意權不應僅只是一債權約定，而確實是一源自於所有權權限的絕對權，且該同意權是一具有經濟價值的絕對權，因此如果承租人違法轉租而侵害出租人的所有權權限而獲利，自必須負起侵害型不當得利，自應予以肯定。

**結論：A 可以對惡意的 B 主張民法第 179 條的侵害型不當得利，請求 2 萬 5 千元所得租金利益的償還。**

### 2. A 將房屋出賣於 B 並完成登記

---

❸　BGH NJW 1964, 1853. 王澤鑑，《不當得利》，第 195 頁。

❹　MünchKomm/Lieb, §812 Rdn. 221.

❺　Reuter/Martinek, Ungerechtfertigte Bereicherung, S. 310 f.

⑴買賣契約無效，物權移轉有效

因為 A 撤銷買賣契約，所以 B 無法律上原因，經由 A 的給付取得房屋所有權，而必須根據給付型不當得利負返還房屋所有權義務，但因房屋已經被燒毀，原本 B 可以主張所得利益不存在（參閱民法第 182 條第 1 項），但是因為 B 由保險公司取得一筆保險金，該保險金在學說上被視為經濟上等同於原房屋，是原房屋的「替代」（或謂「代償物，代位物」），所以 B 不能主張所得利益不存在，相反地，B 返還房屋的不當得利義務，應就該筆保險金繼續存在，而必須將整筆保險金返還於 A❻，只是 B 當然可以主張其為該筆保險金已經支付一定期數的保險費，根據民法第 182 條第 1 項，B 可以就該保險費支出數額主張保險金所得利益不存在，而為扣除。

**結論：在扣除保險費後，B 必須將其所得的保險金返還於 A。**

⑵買賣契約及物權移轉皆無效

因為所有權移轉無效，因此 B 在此期間是無權占有 A 所有的房屋，所以 A、B 間有物權法上的「所有權人及占有人關係」，根據民法第 952、958 條，應認定善意占有人 B 無須負起使用利益的返還責任。但是本題同時也構成民法第 179 條的給付型不當得利，如依上述最高法院 77 年臺上字第 1208 號判決意見，因為民法第 952、958 條是不當得利的特別規定，所以似乎應排除 B 的「給付型不當得利」責任才是。

但本題擬答認為，將民法第 952、958 條當成是侵害型不當得利特別規定，自是合理，但是若認為民法第 952、958 條也是給付型不當得利的特別規定，則頗不合理，例如如果僅是 A、B 間的買賣契約無效，但是所有權移轉行為卻是有效，則 A、B 間就無「所有權人及占有人關係」，也就無民法第 952、958 條的適用，因此當然也就無「民法第 952、958 條是不當得利特別規定」的原則適用，所以 A 就能直接對 B 主張民法第 179 條的給付型不當得利，請求使用利益的返還，而明顯地，就法律價值判斷上，僅是

---

❻　孫森焱，《民法債編總論（上）》，第 179 頁。令人不解的是，少數物權法及保險法學者卻否認保險金的物上代位性，參閱謝在全，《民法物權論（上）》，第 422 頁、江朝國，《保險法論》，第 82 頁。

因為物權行為有效與否，而產生不同的法律效果，實難有令人認同的說服力，換言之，不論物權行為有效與否，都應有相同的法律效果才是，因此今日學說❼傾向認為，如果當事人間所履行的買賣契約及物權行為皆為無效，應優先適用給付型不當得利才是，換言之，給付型不當得利成為民法第 952、958 條的特別規定。

**結論：A 可以根據「給付型不當得利」向 B 請求返還使用利益。**

---

❼　Palandt/Bassenge, vor §994 Rdn. 2. 但王澤鑑教授（《不當得利》，第 319 頁）則認為給付型不當得利和民法第 952 條並存。

## 例題 27　不當得利的差額理論❽

　　A 欲向中古車商 B 購買一部中古車。A 向 B 詢問，該車是否是泡水車？B 明知該車的瑕疵，卻仍偽稱該車絕無問題，A 遂以 15 萬元購買之。

　　就在交車不久後，A 因自己嚴重超速而發生車禍，致使汽車全毀。A 將汽車交修車廠修理後，始被車廠告知，該車是一泡水車。A 遂向 B 表示，基於詐欺撤銷買賣契約，並請求返還價金。但 B 只願意返還 5 萬元，因為 B 主張該泡水車至少價值 10 萬元。

問：A、B 雙方法律關係如何？

### 說　明

　　本題是德國學生準備國家考試所必須熟悉的練習題目。

### 擬　答

#### 1. A、B 間的不當得利責任

　　因為 A 基於民法第 92 條的詐欺而撤銷買賣契約，因此買賣契約歸於自始無效（民法第 114 條第 1 項），所以 A、B 間必須根據民法第 179 條的「給付型不當得利」，互負返還義務。有問題的是，A 因自己嚴重超速，而致使汽車全毀，故不能返還於 B，是否會影響 A 本身向 B 請求返還價金的不當得利請求權？

　(1)雙方不當得利理論

　a.傳統見解

　　早期的學說❾認為，因契約無效所生的給付型不當得利請求權，是相互獨立，互不影響，因此即使 A 無法返還汽車於 B，根據民法第 182 條第 1 項而免返還義務，亦不因而影響 A 對 B 的請求返還價金的不當得利請求權。

------

❽　本題取材德國最高法院判決：BGHZ 53, 144.

❾　黃立，《民法債編總論》，第 220 頁。

b.修正見解

在傳統的「雙方不當得利理論」中，有學說主張「所得利益不存在」必須受到必要的限制，而應類推適用民法第 262 條的解除規定，即如果利益受領人因可歸責於自己事由，例如本題因 A 的嚴重超速，而致使所得利益滅失，則就不能再主張所得利益不存在，而仍必須就利益的相當價額為返還（民法第 181 條但書）。

(2)差額理論

a.原則

「雙方不當得利理論」受到今日學說的質疑，因為其結論並不符合民法第 373 條「標的物占有人應負擔對待給付危險」的價值判斷，所以新理論「差額說」遂應運而生。該理論認為，在真正雙務契約中，對價交換關係非但僅存於給付義務的履行，也存續於因契約無效所發生的不當得利返還關係上（所謂「給付的持續對價性」），所以在本題中，如果 A 因給付不能而主張民法第 182 條第 1 項的所受利益不存在，因而免返還義務時，B 可以就兩者價額相差額度內，主張拒絕返還所受領的價金（效果相當於民法第 266 條）❿。甚至於如果 B 已經先為返還價金，在 A 汽車返還給付不能的情形下，A 不能再主張民法第 182 條第 1 項，而是必須依民法第 181 條但書，返還相當價額。

b.解題意見

雖然「差額理論」已被今日學說當成是規範真正雙務契約無效所生不當得利的標準理論，但「差額理論」是否真的能公平適用於不當得利，卻也頗值得商榷，因為以民法第 373 條「標的物占有人應負擔對待給付危險」的價值判斷，來斷定標的物占有人不應再向相對人主張不當得利，就法律理論上而言，不無瑕疵，因為民法第 373 條的價金危險負擔是以具有對價關係的真正雙務契約義務給付為要件，而不當得利請求權間並不具有對價關係，因此真正處理不當得利對待給付危險負擔分配的條文，本題擬答仍

---

❿　如果雙方所互負返還的內容是非同種類，則依「給付的持續對價性」雙方當事人隨時可以主張民法第 264 條第 1 項的「同時履行抗辯」，而拒絕返還自己的給付。

認為，還是應該回歸不當得利自身的民法第 182 條第 1 項才是：即善意受領人不負任何返還義務及對待給付風險！唯有如此，才能真正貫徹民法第 182 條第 1 項保護善意受領人的目的，使得善意受領人可以信賴所取得利益的正當性，而安心加以使用、處分❶。

c.「差額理論」的限制

不論如何，「差額理論」已成今日通說，但是學說卻也並非是採取完全適用態度，而是有所限制，例如本題的因「詐欺」撤銷所生的不當得利請求權，在適用「差額理論」下，將使得價金返還危險負擔，加諸於受詐欺人 A，德國實務及學說對於該結果即有所保留：

(a)德國最高法院

德國最高法院❷認為，如果在出賣人 B 詐欺的情形下，適用「差額理論」將使得出賣人 B 僅須返還差額 5 萬元即可，等同出賣人 B 主張買受人 A 所得汽車利益不存在，而進行差額的計算。德國最高法院強調，詐欺人自當可以預設事後契約的被撤銷，故為惡意受領人，基於不當得利加重惡意受領人的立法意旨，詐欺人 B 非但不能主張自己所得利益不存在，也不能主張買受人 A 所得汽車利益不存在，而進行差額的計算，結果本題的買受人 A 當然可以主張全部的 15 萬元價金返還。

(b)學說

只是上述德國最高法院的結論，卻被學說❸質疑，因為本題出賣人 B 的詐欺行為，實和汽車的滅失無因果關係，要出賣人 B 承擔該不利益，實不公平。學說認為本題即使適用「差額理論」，也應類推適用民法第 262 條，因為受詐欺購買瑕疵汽車的買受人不應該因為選擇契約解除或是撤銷，而有不同的法律效果對待，所以在類推適用民法第 262 條下，因為 A 嚴重超速駕駛，致使發生車禍，明顯屬於是增加汽車滅失的不尋常使用行為，因此汽車滅失是可歸責於 A，所以 A 必須承擔汽車滅失的風險，因此必須接

---

❶ 參閱劉昭辰，《李模務實法學基金會第 10 屆法學論文作品集》，第 105 頁。

❷ BGHZ 53, 144; 72, 252.

❸ Staudinger/Lorenz, §818 Rdn. 43.

受汽車價額的「差額」計算，因此 B 只須返還 5 萬元於 A 即可。

**結論：在類推適用民法第 262 條之下，B 根據給付型不當得利，只須返還 5 萬元於 A 即可。**

## 2. A 對 B 主張侵權行為損害賠償責任

　　基於詐欺訂約，因此 A 可以對 B 主張民法第 184 條第 1 項後段及第 2 項的侵權行為損害賠償責任。而損害賠償的範圍，根據民法第 213 條第 1 項，A 可以選擇主張：① B 必須返還價金 15 萬元，但 A 同時也必須返還汽車所有權及使用汽車的折舊損害賠償於 B，而該二者返還義務處於同時履行抗辯狀態（民法第 264 條第 1 項），或是② A 可以保有該汽車，但 B 必須賠償汽車的過高的售價（5 萬元）。問題是，如果 A 本想選擇①，但因為 A 無法返還汽車，所以 B 就可以拒絕返還 15 萬元，因而會對 A 形成無法取回 15 萬元的損害，該損害 A 可否向 B 依侵權行為主張賠償？該問題最終取決於，汽車的滅失是否是可歸因於 B 的詐欺行為？

　(1)德國最高法院

　　有意思的是，根據條件理論：「情況對於侵害結果的發生，是不可想像其不存在」及相當因果關係的理論：「依一般情況而言，對結果的發生須是適當的」及條文目的性理論：「損害發生須符合法律規範保護目的」，德國最高法院認為，本題如果沒有出賣人 B 的詐欺行為，買受人 A 就不會購買該車，也就不會發生車禍，而正因為 A 購買該車，一般駕駛人發生車禍在一般平常經驗生活中，亦是可以輕易被想像，故具有相當因果關係，而就處罰詐欺行為的侵權行為規範目的上，德國最高法院也認為，被詐欺的買受人不應被強加承擔標的物滅失所造成損害的風險，基於上述的論點，德國最高法院最終認定 A 的損害確實是可歸因於出賣人 B 的詐欺行為，至於 A 駕駛上的過失，只是 B 必須根據民法第 217 條減輕賠償責任而已。

　(2)學說

　　對於德國最高法院所認定的因果關係，卻被學說❶所強烈質疑，本題擬答亦認為不妥，因為（正如同德國最高法院所認定的）車禍的發生是一

---

❶　Medicus, BR Rdn. 230.

般生活風險，出賣人的不當詐欺行為並未提升車禍發生的風險，也正是如此，詐欺人所應負的侵權行為責任的法規目的亦不是在於防止買受人因車禍而造成損失，基於上述理由，應認為本題出賣人 B 的詐欺行為和買受人因車禍所遭受的損害，並無因果關係可言才是，故 B 無須負起汽車滅失的損害賠償責任，A 只能主張上述②的損害賠償方式，請求 5 萬元損害賠償。

**結論：即使 A 主張侵權行為，亦只能向 B 請求 5 萬元損害賠償。**

## 題後說明

　　我國通說認為，詐欺（或是脅迫）他人訂約，被詐欺人可以主張「訂約自由決定權」受侵害，而根據民法第 184 條第 1 項前段請求損害賠償。但是一般人不受詐欺（或是脅迫）的訂約自由決定，本質上只是一般人格法益而已，而非是受法律所絕對保護的權利，吾人可以試想，法律果真會保障一般人有購買無瑕疵汽車的「自由權利」？明顯地，購買無瑕疵汽車的訂約決定自由，只是一般人格法益而已，而非是一種「權利」，因此受詐欺或是脅迫而訂約，受害人只能根據民法第 184 條第 1 項後段及第 2 項請求賠償。

## 例題 28 美髮升級——強迫得利

A 因為要參加同學婚禮，遂抽空到 B 所開設的美容院，整理髮型。B 問 A 要使用一般藥料的燙髮（價 3 千元）或是高單價的特別藥料燙髮（價 3 千 5 百元）? A 因只帶 3 千元，遂表示只要一般燙髮即可。

待燙髮完成，A 欲結帳時，B 交付優待券給 A，並欲索取 3 千 5 百元。A 不解，B 表示，因在燙髮時見 A 髮質受損，有保養的必要，所以主動改成特別燙髮，而只要是特別燙髮顧客，都加送優待券。A 拒絕給付 3 千 5 百元。

問：B 可以向 A 主張什麼?

### 說 明

強迫得利對於不當得利初學者而言，也是一個不易了解的題目，本實例題的設計，希望藉此能幫助初學者理解「強迫得利」。

### 擬 答

#### 1.無因管理

因為 B 對 A 所加之特別燙髮，並不符合 A 之意思，所以 B 對 A 並無民法第 176 條第 1 項的有益費用 3 千 5 百元請求權，而 A 也並不主張享有特別燙髮的結果，所以 B 也無民法第 177 條第 1 項的請求權。

#### 2.不當得利

因為 A 無法律上原因受有 B 特別燙髮的勞務給付，所以 A 可能必須對 B 負起「給付型不當得利」責任，而根據民法第 181 條但書給付 3 千 5 百元：

⑴特別燙髮部分

問題是，A 可否主張其雖受有特別燙髮的勞務給付，但是因為其原本只願意為一般燙髮支出 3 千元，並無為特別燙髮支出 3 千 5 百元的計畫，

因此受領該特別燙髮勞務給付，對於其整體財產僅有 3 千元的費用節省，至於 500 元的利益是屬奢侈性利益，所以就該 5 百元部分，善意的 A 可以主張民法第 182 條第 1 項的「所受利益不存在」，而免返還義務，因此 A 僅須就其所受的特別燙髮的勞務受領，依民法第 181 條但書，就 3 千元為返還即可。

或許會有認為，A 所受領的特別燙髮並非是「所得利益不存在」，因為除純粹勞務給付外，特別燙髮的部分利益，例如特別燙髮所用的藥料及最終燙髮的美髮結果，都仍現實存在於 A 的身上。如此的說法，不能說是無理，但是民法第 182 條的「所得利益是否存在」，學說❶認為非是以「客觀」認定，而是以受益人的「主觀」加以認定（所謂「主觀化理論」），換言之，仍應回歸於受益人有無整體財產費用節省為判斷，最終取決於受益人對於所受的利益，有無在原本的財務經濟支出計畫之中而定，否則受益人極容易動輒就被「強迫得利」，而須就自己所不需要的利益，根據民法第 181 條但書返還相當價額，而遭受實質財產上的不利益。

**結論：A 僅須就 3 千元利益為返還。**

⑵優待券部分

雖然 A 受有優待券的給付，但是因為 A 並無意接受特別燙髮，因此也就無意要取得優待券，換言之，優待券的取得並未在 A 原先的經濟支出計畫規劃中，但雖然如此，上述的「主觀化理論」卻不能適用於優待券部分，因為優待券的返還是就原物為返還（參閱民法第 181 條原文），因此 A 不能主張優待券利益對其主觀而言並不存在，因為 A 原物返還優待券，對於 A 的整體財產並無不利益可言，故自應返還於 B。換言之，因「強迫得利」而主張「所得利益不存在」，只能就返還相當價額的情況而主張，不能對原物返還的情況而主張。

**結論：A 必須返還優待券於 B。**

⑶給付型不當得利的排除──民法第 180 條第 3 款

問題是，B 明知 A 並無意為特別燙髮，卻仍為給付，有無民法第 180 條

---

❶　王澤鑑，《不當得利》，第 249 頁。

第 3 款的適用，而排除其請求權? 本題 B 之所以對 A 做特別燙髮，其目的並非是為清償一般燙髮的債務而給付，而是期待藉由特別燙髮的給付提出，A 因而能夠接受成立特別燙髮契約，是屬於「目的性給付」的不當得利類型 (condictio ob rem)，而無民法第 180 條第 3 款的適用 ❶。

**結論: A 僅須返還 B 3 千元利益及優待券。**

---

第三章　侵權行為

# 第一節 一般侵權行為

## 例題 29 醫學上的新知識——絕對權與相對權的保護

某財團法人 A 從事基礎醫學的研究。為開發治療肝癌的新藥，已投資數千萬元，並委由某大學醫學教授 B，及數個研究助理負責整個研究計畫，雙方並未約定將來可能的權利歸屬。經過多年研究，團隊終於開發出新藥品，B 甚為興奮，並由其申請專利獲准，但 A 堅持自己才是專利權人，雙方各自訴訟，鬧得不可開交。

B 為報復 A，遂將製藥發明以低權利金四處授權他人使用，A 得知後，怒不可抑。

問：A 是否可向 B 主張侵權行為？

## 說明

我國侵權行為法仿德國立法，規範三種不同類型：一是民法第 184 條第 1 項前段的「權利受侵害」，二是民法第 184 條第 1 項後段的「背於善良風俗方法」，三是民法第 184 條第 2 項的「違反保護他人法律」。而「權利受侵害」類型僅保護絕對權，相對權及一般財產利益，卻只能依其他類型受救濟。只是我國其他特別法領域，例如專利權法及營業秘密法，卻是繼受英美法，因此立法例上就和民法的侵權行為法理論往往無法一貫，造成學習者的困擾，應該只能說是法律繼受國的宿命。

## 擬答

B 對 A 的責任：

### 1.民法第 184 條第 1 項前段

B 申請專利權，並將製藥發明專利到處授權他人使用，因此可能必須對 A 負民法第 184 條第 1 項前段的「權利受侵害」的侵權行為損害賠償責

任。問題是，A 有何權利受侵害？

(1)專利權

如果財團法人 A 依法取得專利權，則自然就有專利權受侵害，但依專利法第 51 條第 3 項規定：「發明專利權期限，自申請日起算二十年屆滿」，可知我國發明專利權的取得係採申請登記原則，而本題明顯地 A 並未申請登記專利，自然也未取得專利權，自無專利權受 B 侵害可言。

(2)專利申請權

可以考慮的是 B 申請專利，是否侵害 A 的專利申請權？因為 A（財團）法人不可能提供智慧貢獻於新製藥法的開發，所以也就不可能是發明人，所以無法依專利法第 5 條第 2 項：「專利申請權人，除本法另有規定或契約另有約定外，指發明人、創作人或其受讓人或繼承人」取得專利申請權，但專利法第 7 條第 1 項規定：「受雇人於職務上所完成之發明、新型或新式樣，其專利申請權及專利權屬於雇用人，雇用人應支付受雇人適當之報酬。但契約另有約定者，從其約定」，因為本題 A、B 間並無約定專利申請權的歸屬，所以如果 A 欲取得專利申請權，就必須是研究計畫團隊的雇用人。但雇用契約須以當事人間有上下監督、服從的隸屬關係為必要，但自本題的研究團隊領導人 B 是大學教授，有自己獨立的職業及工作觀之，明顯地該研究團隊並不是處在 A 財團法人的組織架構下，而受 A 上下隸屬關係之指揮、監督，所以 A 不是整個領導團隊的雇用人，因此也就未取得專利申請權，故 A 僅能主張專利法第 7 條第 3 項之規定：「一方出資聘請他人從事研究開發者，其專利申請權及專利權之歸屬依雙方契約約定；契約未約定者，屬於發明人或創作人。但出資人得實施其發明、新型或新式樣」，而取得實施新製藥法的專利發明而已。

小結：A 不能對 B 主張民法第 184 條第 1 項前段。

### 2. 民法第 184 條第 1 項後段及第 2 項

據上所述，A 取得實施發明專利的利益。問題是，此一利益的法律性質究竟如何？是「權利」或僅是一般財產利益？如以 A 可以對專利權人主張實施專利發明利益，且在專利權人拒絕其實施時可以主張法律救濟觀之，

此一發明實施利益當然是一受法律保護的「權利」，而非僅是一般不受法律保護的財產利益而已。至於該權利的性質，並非是一絕對權，因為專利權人仍可以自由授權於任意第三人使用發明專利，而 A 卻無得加以排除第三人的使用，因此 A 所取得的實施發明專利，僅是一「相對權」，而非是一「絕對權」❶。

即使認為 A 取得實施發明專利的「相對權」，但是「相對權」依今日通說❷，卻不受民法第 184 條第 1 項前段所保護，況且 B 將發明專利到處授權他人使用，也並不妨礙 A 對於新藥製法的實施，充其量 A 僅是實施發明的經濟效益受到減損，換言之，A 僅有債權上一般財產利益受到損害而已，因此 A 只能依民法第 184 條第 1 項後段及第 2 項請求救濟。問題是，民法第 184 條第 1 項後段所要求的侵害手段必須是「故意以背於善良風俗之方法」，而 B 的行為是否符合該要件？所謂「背於善良風俗之方法」是指違反一般思考上合理（理性）、公正的人的正當、道德感覺❸，以本題而言，B 授權他人使用發明專利，雖是於法有據，但如果 B 只是基於為報復 A 而四處授權，以減損 A 的實施利益，自不無有權利濫用之嫌，甚且亦違反民法第 148 條第 1 項的權利行使不得以損害他人為主要目的之規定，故必須根據民法第 184 條第 1 項後段及第 2 項對 A 負起損害賠償責任。

**結論：B 須對 A 依民法第 184 條第 1 項後段及第 2 項負侵權行為損害賠償責任。**

---

❶ 學說認為是一法定的非專屬授權，參閱《智慧財產權入門》，趙晉枚等人合著，第 62、68 頁。而非專屬授權在英美法上有認為僅是一抗辯權，但即使如此，抗辯權的法律性質上仍是相對權，自無疑義。

❷ 梅仲協，《民法要義》，第 139 頁。

❸ 黃立，《民法債編總論》，第 273 頁。

## 例題 30　紅色的恐懼──結果不法、行為不法❹

A 患有精神疾病，看見紅色有如看見流血，並因之驚恐不已。同事 B 明知其情，竟每日穿著紅色衣服上班，A 無法忍受，訴請法院禁止 B 穿紅色衣服上班，有無理由？

### 📌 說　明

「結果不法理論」及「行為不法理論」在 60 年代，引起學說極大的論戰，直到「直接、間接侵害行為理論」出現後，始止息爭議。只是「直接、間接侵害行為」的區分本身，就極為困難，本題提供學習者練習的機會。

### 💬 擬　答

A 可以訴請法院禁止 B 穿紅色衣服上班的可能請求權基礎，計有：民法第 18 條、第 184 條第 1 項前段、後段，除此之外，尚有民法第 184 條第 2 項及第 148 條第 1 項。但整個問題在於 B 是否有不法的侵害行為？

對於行為不法性的認定，基本上學說有兩種理論：

#### 1.結果不法理論❺

依該理論，因為造成傷害結果之行為自為法所不許，因此行為不法性可以直接由傷害結果導出。換言之，受害人只須舉證傷害結果，即可以導出傷害行為的不法性，相反地，加害人則必須舉證其傷害行為具有阻卻違法事由，而可以排除不法性。以本題為例，因為 B 穿紅色衣服的行為，會致使 A 精神健康受損，故依「結果不法理論」可以直接認定 B 穿紅衣的行為不法，如果 B 要主張其穿衣行為的合法性，則必須舉證阻卻違法事由的存在，在 B 無法舉證阻卻違法的情況下，受害人 A 可以對之主張正當防衛，例如 A 可以強脫 B 的紅色衣服，以阻止其不法的侵害行為。

---

❹　本題為 92 年度律師考試民法試題。

❺　黃立，《民法債編總論》，第 239 頁。

## 2.行為不法理論❻

傳統的「結果不法理論」卻遭受學說的批評，其認為故意的傷害行為，當然是法規範所禁止，所以故意行為的不法性確實是可以由傷害結果導出，但是就過失傷害行為的不法性認定，不應單由傷害結果而導出，而須進一步討論，該行為是否違反法律行為規範，只有當該行為違反法律行為規範時，才具有不法性。依此，在過失傷害行為，尚必須由受害人舉證傷害行為違反法律行為規範，始能成立賠償責任，並進一步主張正當防衛。

## 3.折衷理論

「結果不法理論」和「行為不法理論」各有其理論上的缺陷，例如結果不法理論明顯地不應適用於一般的違反「社會相處注意義務」的案例，例如 A 食用 B 商品製造人所製造的食品而腹瀉，即不宜單純直接由 A 的腹瀉結果，而推導 B 的食品製造、販售行為的不法！因為單純食品製造、販售過程，絕無有「不法性」可言，但是另一方面「行為不法理論」以「故意或過失」行為，而適用不同的不法性理論，也會造成「客觀不法性及主觀可責性」兩者要件的混淆及舉證責任上的困擾❼，本題即是一例。

今日德國學說採折衷意見❽，以侵害行為的直接、間接性為區分標準，而分別適用「結果不法理論」及「行為不法理論」。依折衷意見，如果傷害結果是典型直接會在侵害行為的過程中發生（直接侵害），則應適用「結果不法理論」，而由行為的典型直接傷害結果導出行為的不法性，但如果傷害結果卻僅是侵害行為的後續發展結果，換言之，侵害行為是傷害結果的遠因（間接影響），則傷害結果已無法直接導出行為的不法性，故應適用「行為不法理論」。

上述折衷意見，已為今日學說所採用，但該理論明顯的缺點即是在區分「直接」及「間接」侵害行為上，本身就是一大困難❾。以本題為例，

---

❻　同上註。

❼　相同意見：Larenz, SchR II, S. 609.

❽　Stoll, AcP 162, 214.

❾　相同質疑：Larenz/Canaris, SchR II/2, S. 365.

B 穿紅色衣服，導致 A 的健康受傷害，究竟是一「直接侵害」或僅是「間接影響」? 本題擬答傾向認為應是一「間接影響」行為，因為 B 的穿著紅衣本身，並不會必然伴隨有傷害結果發生，而是必須配合時、空或是其他因素，例如本題 A 個人健康的特殊因素，始會有傷害結果❿，因此在適用「行為不法理論」下，A 必須舉證 B 穿著行為違反應有的法律行為規範而為不法，特別是違反「社會安全注意義務」，例如感冒之人應盡一切防範注意措施，不能傳染給同事，否則 A 就無得主張行使正當防衛或是訴請法院禁止 B 的穿著。以本題而言，難謂 B 在「社會相處注意義務」要求下，必須注意穿著以免使同事 A 受害，因為 A 的精神情況是個人特有，如果要求 B 也必須對個人特有狀況採取防範措施，結果 B 將必須完全顧慮社會上所有人的需求而穿著，完全限制 B 的行為自由，殊不合理。

　　但固然 B 不存在有必須注意他人健康的「社會安全注意義務」，故而可以主張其有穿紅衣的權利，但是 B 明知 A 的精神狀況，卻故意穿紅色衣服來加損害於 B 的健康，依民法第 148 條第 1 項「禁止以加損害於他人為主要目的行使權利」及第 2 項誠實信用原則中的「權利濫用」規定，縱使 B 本有權利任意穿著，亦為法律所不許，所以本題終究只要 A 能舉證 B 的故意加害行為，就可以肯定 B 行為的不法性，而可以根據民法第 184 條第 1 項前段、後段及第 2 項、第 148 條第 1 項，並根據民法第 18 條訴請法院禁止 B 穿紅色衣服上班。

**結論： A 可以訴請法院禁止 B 穿紅色衣服上班。**

---

❿　即使 B 當場在 A 面前穿起紅色衣服，造成 A 立即的傷害，本題擬答亦認為僅是一「間接影響」，因為穿紅色衣服本身並無必然的直接造成傷害結果可言，純粹是個人特殊因素才使得穿紅衣服行為會造成傷害結果。

## 例題 31　人行道上的腳踏車
### ——攻擊性緊急避難及不可抗力責任❶

為了推行節能減碳，某市府竟開放人行道供腳踏車使用 (#!*..$..#)。某日 A 在人行道上騎腳踏車，當時正值下班時間，所以人行道上頗多行人，行人 B 忽然停下來撿拾東西，騎在後頭的 A 只得緊急煞車，但因衝力過大，A 不支倒地，撞傷路人 C。
問：C 可否向 A 主張賠償？

### 說　明

「防禦性」及「攻擊性」緊急避難的區分，在刑法學說已被承認，民法學說則有加以討論並進一步練習的必要。

### 擬　答

1. C 可能可以根據民法第 184 條第 1 項前段向 A 主張損害賠償

（1）不法侵害行為

本題所應追究 A 的侵害行為並不是指「A 不支倒地」，因為「A 不支倒地」並非是 A 的意識所能控制，所以欠缺構成行為本質的要素，在法律評價上，並不是「行為」。因此本題所應追究 A 的侵害行為，首先可以考慮的是 A 在人行道上騎腳踏車的行為，問題是，該行為有無不法？因為市府已經開放人行道供腳踏車使用，所以 A 的行為符合法律的行為規範要求，故難以謂之不法。其次可以考慮 A 的緊急煞車行為是一侵害行為，而且基於一般生活經驗，腳踏車的緊急煞車導致騎士不支倒地，撞傷行人，尚非屬是超出意外的想像中，所以應肯定是符合相當因果關係導致 C 受傷害的侵害行為，且該緊急煞車是直接導致傷害結果的危險行為，所以可以根據「結

---

❶　本題是作者有鑑於臺大公館附近常有學生及民眾將腳踏車騎進騎樓內，致使行人險象環生，有感而發，故以此為題材。

果不法理論」導出行為的不法性，如 A 要免除賠償責任，則必須進一步舉證有「阻卻違法事由」的存在。

(2)阻卻違法

本題 A 是因為行人 B 忽然停下來撿拾東西，為避免 B 被撞傷，所以 A 只好緊急煞車，符合民法第 150 條第 1 項的「緊急避難」規定，故其緊急煞車行為並無不法。

**結論：A 無須根據民法第 184 條第 1 項前段，對 C 負損害賠償責任**

## 2. C 可能可以根據民法第 150 條第 2 項向 A 主張損害賠償

依民法第 150 條第 2 項規定，如果緊急避難的危險情況，是行為人因過失所引起，即使行為人可以根據民法第 150 條第 1 項主張阻卻違法，但卻仍須負損害賠償責任。該損害賠償責任性質並非是侵權行為性質，而是一基於衡平、補償思考的獨立請求權基礎。問題是，A 對於可能撞擊前面行人 B 所引發的危險，有無過失？

一般而言，人、車共處人行道，自然有所危險，但是本題市府卻開放人行道供腳踏車行駛，既然如此，腳踏車和行人則都有相同的路權，如此即難謂腳踏車騎士 A 對於因而所引起的交通事故危險有所過失。換言之，只要 A 遵守交通法規在人行道騎腳踏車，即難謂因而所產生的交通事故是因其過失而引起。

**結論：A 無須根據民法第 150 條第 2 項，對 C 負損害賠償責任。**

## 3. C 可能可以向 A 主張「攻擊性緊急避難」的無過失損害賠償責任

(1)請求權基礎

本題 A 對 C 的侵害行為因成立「緊急避難」而阻卻違法，而因為受損害的 C 並非是緊急避難情況的參與人，相反地，C 是完全置身於緊急避難情況之外的第三人，如此對未參與緊急避難事況的第三人，所造成的損害，法律理論上稱之為「攻擊性的緊急避難」❷。對於攻擊性的緊急避難，德

---

❷ 相反地，緊急避難情況參與人所遭受的損害，稱之為「防禦性緊急避難」，例如當 A 不支倒地，C 為避免被 A 撞倒，而出手推傷 A，則 C 可對 A 主張防禦性緊急避難。

國民法第 904 條明文規定，即使該緊急情況雖非行為人過失所引起，但終究行為人必須對受害人，負起無過失的損害賠償責任。

對於「攻擊性緊急避難」無過失損害賠償責任的請求權基礎，我國民法並無明文規定，但卻為實質法律價值判斷所承認，例如民法第 791 條第 1、2 項規定：「土地所有人，遇他人之物品或動物偶至其地內者，應許該物品或動物之占有人或所有人入其地內，尋查取回。前項情形，土地所有人受有損害者，得請求賠償。於未受賠償前，得留置其物品或動物」，明文規範緊急避難的行為人，必須對於非參與緊急避難情況的受害第三人，負起無過失損害賠償責任。此種「攻擊性緊急避難」的無過失損害賠償責任，也是一種基於衡平、補償思維所設的獨立損害賠償請求權基礎：一方面無辜的受害人無得對合法的緊急避難行為主張防禦，而必須容忍侵害行為，在另一方面當然就必須給予無過失的損害賠償，以為補償，就法律價值判斷上，堪稱公允，就實證法上亦有根據，故應以習慣法加以承認。

(2)不可抗力責任

問題是，在「無過失損害賠償責任」下，行為人無須就「不可抗力事變」負責❸，所謂「不可抗力事變」是指傷害事件的發生已超乎一般人平常的生活經驗，所以即使採取一般必要的注意都無法預見及避免❹，特別是指當損害是由天然災害或是第三人所引起時，例如工廠因百年難得一見的颱風而全毀，或是貨物被盜，致使無法準時出貨等等，但是必須強調的是，「不可抗力事變責任」不同於一般「無過失責任」，「無過失責任」的立法意旨是針對行為人在危險情況下所採取的反應行為，所做的價值判斷：當行為人對於危險情況的處置，即使已經採取符合一般善良管理人注意義務，行為人亦須負損害賠償責任，而「不可抗力事變」責任卻不是針對行

---

❸　一般學說誤會「無過失」責任亦包括「不可抗力事變」責任，但是由民法第 231 條第 2 項規定「在遲延中，對於因不可抗力而生之損害，亦應負責」，可知「無過失責任」並不包括「不可抗力事變」責任，否則民法第 231 條第 2 項只要使用「無過失亦應負責」即可。

❹　劉春堂，《民法債編各論（中）》，第 442 頁。

為人對於危險情況的處置，而是更向前延伸針對行為人是否已經採取必要措施而避免自己陷於危險之中，所做的價值判斷❺，如果該危險並未超乎一般平常經驗，因此行為人可以採取一般注意措施加以防範，但卻未採取而使自己置身危險之中，即使其對之後危險情況的處置，已經採取符合一般善良管理人的注意措施，雖無過失，但卻難謂是「不可抗力事變」。以本題為例，如果 A 主張因為前方的行人 B 忽然停下來撿拾東西，致使 A 反應不及，只得緊急煞車，A 如此的主張只是針對危險情況處置的注意義務而已，仍未擺脫「過失」概念！相反地，在「不可抗力事變」概念下，要追究的是，A 將腳踏車騎上人行道，雖然合法，但是卻造成人車爭道的危險，而人車爭道的結果當然也就提高損害發生風險，而人車爭道的風險認知並未超出一般平常的生活經驗，而應為一般人所可以預見，一般人也應盡量避免之，但 A 卻未為之，此時第三人 B 之行為對 A 而言並非不可抗力，所以終究 A 必須依「攻擊性緊急避難」對 C 負無過失損害賠償責任。對一個真正有責任感的腳踏車騎士而言，即使交通法規允許，也是不會將腳踏車騎上人行道，而造成行人危險的提升才是，而不是試圖以「不可抗力」為訴求而避免損害賠償責任。

**結論：C 可以對 A 主張損害賠償❻。**

---

❺ 參閱 Strauβ/Büβer, Fälle und Lösungen, S. 150.

❻ A 所遭受的賠償責任損失，則可以依正當無因管理向 B 求償，參閱例題 3。

## 例題 32　小白花鋼筆風波（一）
### ——營業權及信用權的保護 ❼

　　A 某日在鋼筆網站上閱讀到有網友 B 貼文，該文章內容稱 B 在 C 處購得一支價值不斐的小白花鋼筆，但覺得出水不順，遂將鋼筆帶回 C 處調整（承攬契約），隔日 B 並未當場檢查，即將鋼筆攜回。回家後，B 始發現鋼筆筆尖有明顯被老虎鉗夾過的受損痕跡，B 心痛不已。B 向 C 反映，C 表示是 B 自己毀損，故而不願受理。

　　A 讀完後，將文章在網路上流傳，並批評該名牌小白花鋼筆公司售後服務態度不佳，有礙國際大廠形象等等，並引起許多網友討論，撻伐聲此起彼落。不久 C 也在網路上貼文，要所有網友節制，否則必須負起法律責任。

問：A 有無法律責任？

## 📌 說　明

　　在網路發達的今天，網友登載或是轉貼文章，必須小心，否則所造成的侵害人格權結果，一發不可收拾。

## 💬 擬　答

　　C 可能可以根據民法第 184 條第 1 項前段及第 195 條向 A 請求損害賠償。要件討論如下：

1. C 有權利受侵害

　⑴營業權

　　營業利益者是指「不受干擾，自由進行商業活動」的法益 ❽，但此一法益究竟是一受絕對保護的「權利」或僅是一般財產（營業）利益，自始

---

❼　本題如與現實生活事實有所雷同，純屬巧合。

❽　參閱 BGHZ 3, 280.

是侵權行為法上有名的爭議問題。一般認為，營業利益是否構成侵權行為的權利保護客體，須視侵害行為的方式而定，唯有①直接侵害他人營業事項（直接性），例如干涉、影響企業的組織及運作，也包括干涉、影響企業的內部決策自由等等，但不包括例如侵害企業員工身體法益，而導致企業無法運作（間接性），及②故意侵害行為（故意性）❶，始構成侵害「營業權」。以本題而言，A 直言 C 名牌小白花鋼筆公司售後服務態度不佳，有礙國際大廠形象，都是對 C 的營業事項及內容所進行的批評，已經對他人營業造成影響，故符合上述對 C「營業權」的直接侵害性及故意性要求，故構成侵害 C 的「營業權」❷。

(2)信用權

根據民法第 195 條，自然人或是法人的信用權都是受保護的絕對權，他人若有所侵害，須負損害賠償責任。而信用權受侵害，一般是指「陳述或是散佈不真實的事實，致他人在經濟活動上的可靠性或支付性能力受到負面的評價」❸，所要求者是「不實的事實陳述及傳播」行為，也包括行為人使用「據傳聞」、「某人轉述」等等方式，但不包括僅是個人的主觀價值判斷表述，因為個人的主觀價值判斷表述，欠缺客觀上可檢驗性之故。以本題而論，A 直言 C 名牌小白花鋼筆公司售後服務態度不佳，有礙國際大廠形象，都只是一種個人的主觀價值描述，尚難以構成侵害「信用權」，但是 A 卻將 B 在網路上所撰寫的文章，進一步在網路上流傳，因為該文章已涉及事實的陳述：C 的技工以老虎鉗毀損 B 鋼筆筆尖，所以有侵害「信用權」之虞❹。問題是，A 所散佈的文章真實性為何？應由誰負舉證責任？

依一般舉證法則，應由請求權人，即原告 C 負起舉證責任，證明 A 所

---

❶ 要件②為少數說主張，參閱例題 21。

❷ 參閱 Köhler, PdW, SchR II, S. 242：雜誌對餐廳的評比，構成侵害「營業權」。

❸ 參閱史尚寬，《債法總論》，第 147 頁。

❹ A 所散佈的事實內容固然也會侵害 C 的營業權，但是基於營業權是由一般人格權發展而來，而一般人格權的侵害救濟有所謂「補充性原則」（參閱例題 33），所以本題 A 散佈不真實事實應優先以侵害特別人格權的信用權為處理。

散佈事實為不真實，即 C 必須證明並未毀損 B 的鋼筆。但本題事實頗為特殊，因為 B、C 間成立承攬契約，在 C 完成修繕的工作結果後，B 並未詳細檢查而即無異議收下鋼筆，該行為應被解釋成「承認工作無瑕疵」，因此工作瑕疵舉證負擔應倒置，而改由主張 C 承攬工作有瑕疵而毀損他人鋼筆之人負擔才是❷，因此本題 C 無須證明 A 所散佈事實為不真實，相反地，應由被告 A 證明所散佈事實為真實才是，只要 A 無法舉證，至此應肯定 A 確實有侵害 C 的信用權。

### 2. A 侵害行為的不法性

上述「營業權」或是「信用權」的受侵害，都是一種「框架式權利」受侵害，依學說❷見解，此種「框架式權利」因無固定的權利外延，所以侵害行為的不法性，無法適用「結果不法理論」，而必須適用「行為不法理論」，即必須根據個別的案例情況，在衡量侵害人及受害人兩者的利益之後（所謂「利益衡量理論」），始能求得侵害行為的不法性。

### ⑴主觀價值判斷

要問的是，是否一般（潛在）消費者 A 有批評業者營業內容的合理利益，故而 A 的批評行為並不具不法性？一般而言，參與社會交易牟取商業利益的業者，本就有必要接受消費者對其商品或是服務提出合理的質疑，以去除消費者疑慮，換言之，只要消費者的批評理性，不流於謾罵、侮辱式批評❷，即使因此構成侵害「營業權」，但尚難謂之不法，因此本題 A 侵害 C 的「營業權」行為，並無不法性可言。

### ⑵不真實事實的散佈

同樣要問的是，消費者（或是其他團體，例如新聞媒體或是消基會）是否有足夠的正當利益，而可以散佈不真實言論？對此，依大法官釋字第 509 號解釋意旨，強調言論新聞自由和人格權之間的利益衡量，須視侵害人有無善盡查證義務為關鍵，至於查證義務的範圍及強度，德國 Medicus 教

---

❷ 參閱 Jauernig/Schlechtriem, §640 Rdn. 10.

❷ Palandt/Thomas, §824 Rdn. 9.

❷ 參閱 BVerfG NJW 1983, 1415.

授❷提出如下的衡量標準，可以作為具體參考：

①傳播越廣，必須越小心查證

②對於大眾傳播媒體可以高度信賴

③造成損害越大，越是必須小心查證

④事件緊急性

⑤公眾事務討論價值的強烈度

　　以本題而論，A 單方面信賴 B 所登之內容，而未詳加查證，即加以散佈不真實事實，或謂消費者有討論事實是非曲直的公共利益，但本題事件卻明顯並非是緊急事項，亦非是重大傷害事件，A 未加詳查的正當利益並不存在，況且對此「不真實事實散佈」的不法性排除的利益衡量事由存在，舉證負擔應倒置轉由散佈不真實事實者，即本題的 A 負擔，始為適當❷，故在無法進一步確認 A 具有明顯高於信用權保護的正當利益下，A 應負敗訴的侵權行為責任。

**結論：** **如 C 因信用權受侵害而有財產上損害，A 必須對此負起損害賠償責任，但因 C 是公司法人，所以 A 無須負非財產上損害賠償責任。**

### 🔩 題後說明

　　消基會經常因發佈產品的測試結果，而被告侵害信用權，但只要消基會能舉證其測試樣品的取得是經過合理的抽樣，並交由有公信力的單位檢測，在為消費者利益把關的考量下，即使檢測數據有所誤認，亦無不法性可言，而改由檢測單位負起侵權責任，但仍應注意消費者資訊的利益衡量。

---

❷　釋字第 509 號解釋雖是針對刑事責任而為解釋，但其所界定的標準，不排除仍可以適用於民事爭議，只是民事爭議所認定的利益衡量標準，應較刑事責任嚴格，參閱 Medicus, SchR II, S. 306.

❷　參閱 Jauernig/Teichmann, §824 Rdn. 12 及德國民法 §824 II 的規定。

## 例題 33　名模的照片──肖像權的保護❷❽

A是一享有高知名度的影星。在影視記者B的不斷接觸下，終於同意接受其專訪及拍照。在B的安排下，A在週末完成專訪，並在B所安排的M牌機車上擺出風情萬種姿勢，接受拍照。

誰知，B卻以50萬元代價，將該批照片出售於M機車公司，作為銷售廣告之用。A得知大怒，要其律師處理相關法律事宜，M機車公司向A之委任律師答稱，當初已經詢問過B，B告知該批照片已得到A的同意可以出售。

問：1. A可以如何主張？

　　2.如果該批照片是出售於色情雜誌社，結果有無不同？

### 說　明

同樣因為網路的發達，不少網友會將他人照片登上網路，如果未得到他人同意，事實上已經違反法律規範而不自知。

### 擬　答

**1. A可以對B主張如下的請求權：**

⑴民法第 227 條

債務不履行的不完全給付責任，其成立前提必須是A、B間有契約關係，只是一般而言，影星無償接受影視記者專訪，在欠缺明顯的經濟利益下，應認定雙方欠缺法效意思，而無意訂立契約，因此本題A也就無債務不履行的請求權可言。

⑵民法第 177 條第 2 項的「不法管理」所得 50 萬元的利益返還

不法管理的構成要件必須是①明知②他人事務，③但卻為自己利益管理。因此要討論的是，是否肖像權的處分權限專屬於肖像權人？所以B出

---

❷❽　本例題取材德國最高法院判決：BGHZ 20, 345.

售 A 照片的行為，構成「他人事務管理」? 該問題取決於，究竟肖像權的範圍為何? 一般認為肖像權內容是指「對自己肖像自主支配的權利」，所以只要是未得他人同意，而公開陳列或是散佈他人肖像❷，即構成侵害肖像權。而所謂「公開陳列」是指給予不特定第三人有接觸肖像資訊的可能性，而所謂「散佈」是指主動對公眾提供肖像內容或是將肖像流通，而所謂流通是指，凡是使肖像製成成果（照片），脫離製作人占有掌握者，即是流通，所以本題 B 將 A 的照片交由特定的 M 機車公司，作為銷售廣告之用，雖不構成「公開陳列」或是「主動對公眾提供肖像內容」，但卻是「流通」，則似乎本題 B 的行為就構成民法第 177 條第 2 項的不法管理他人肖像權，但問題是 B 的管理行為果真「不法」? 可以考慮的阻卻違法事由如下：

　a.同意

　　如果 A 同意 B 的流通肖像行為，當然就足以阻卻違法。本題固然 A 同意接受拍照，並加以刊登用於專訪，但很明顯的也僅止於此，再多的同意範圍，例如用於商業廣告，在本題事實中並無從發現。

　b.著作權

　　因為本題以 A 為主角的照片是 B 所拍攝，所以 B 取得該照片的著作權（著作權法第 5 條第 5 款及第 10 條），換言之，該照片上同時存在有 B 的「著作權」及 A 的「肖像權」，但是 B 雖取得著作權，卻仍不能妨礙 A 的肖像權保護，如果 B 在未取得 A 同意下，將該照片散佈，仍是不法侵害 A 的肖像權，反之亦然。

　c.利益衡量

　　即使肖像的流通是肖像權人的事務，但是如果使肖像流通之人有正當理由及利益，即非不法。本題 A 是一影星，是一公眾人物，公眾對其生活、外表或穿著，自當有得知的興趣及利益，因此媒體對影星肖像的流通，自也有公眾利益的正當考量。只是本題 B 將 A 的肖像流通，卻是為自己私利，其目的是在進行有償的報酬交換，實難謂有保護之必要，故最終不具阻卻違法事由。

---

❷　參閱德國藝術著作權法 (Kunsturheberrechtsgesetz) 第 22 條。

**結論：A 可以向 B 主張民法第 177 條第 2 項，請求 B 交付管理所得 50 萬元利益，但根據民法第 177 條第 1 項及第 176 條第 1 項，A 也必須償還照相所需的必要費用於 B。**

⑶民法第 179 條的「侵害型不當得利」

因為 B 未得 A 的同意，利用 A 的肖像而獲利 50 萬元，實是無法律上原因侵害 A 的肖像權，所以必須對 A 負「侵害型不當得利」責任。而根據民法第 181 條但書，B 必須返還「使用」他人肖像的相當價額❸，即一般「權利金」，以本題而言，即是 50 萬元。

**結論：A 可以根據侵害型不當得利向 B 請求返還 50 萬元利益。**

⑷民法第 184 條第 1 項前段及後段

肖像權是一般人格權，屬於受民法第 184 條第 1 項前段的「權利」保護，已為今日學說所承認，問題是，本題的損害賠償額如何計算？

a.財產上損害賠償

㈠民法第 213 條及第 216 條

所謂損害是指「侵害行為發生前後，就被害人的（財產、非財產）利益加以比較，如有減損就有損害」，在此差額說下，損害賠償的數額計算，原則上採所謂「具體計算」，即以受害人真實所發生的損害為賠償範圍，據此，本題因為 A 從無將照片出售的計畫，所以也就無任何的財產上損害可言。但是德國最高法院❸在本題卻例外採「抽象計算」，不以受害人的實際損害為賠償標準，而認定 A 原本可以將照片出售於 M 機車公司(不論 A 是否本有此意)，而可以獲得的報酬但卻未收取，根據民法第 216 條視為是 A 的「所失利益」，而可以向 B 請求賠償，其理由在於如果不法侵權行為的 B 無須對肖像所有權人 A 負損害賠償責任，而相反地一般合法徵求肖像權人同意之人，卻必須付出一筆權利金，則將不再會有人徵求肖像權人同意，

---

❸ 王澤鑑教授（《不當得利》，第 204 頁）一再強調，利益取得客體是「使用利益」本身，而非是因而所得的報酬，否則如果本題 B 僅以 1 萬元出售照片於 M，若因此謂 B 僅取得 1 萬元利益，殊不公允。

❸ BGHZ 20, 345, 353.

不啻鼓勵侵權行為。

　　(b)類推適用智慧財產權規定

　　不論德國最高法院的「抽象計算」是否具有說服力，B 的損害賠償範圍，可以考慮的是類推適用商標法第 63 條所列各項「抽象計算」損害為賠償範圍，例如以侵權行為人所得的利益作為損害賠償額，而相類似的立法尚有著作權法第 88 條及專利法第 85 條，該等條文的立法理由是基於受害人損害「舉證不易」之故，而基於 B 出售照片於 M 機車公司收取報酬，有鑑於該報酬收取的性質仍是屬於一種無體肖像權使用的「權利金」，而且同樣損害舉證不易，所以本題力主應類推適用相關的智慧財產權法規定，以習慣法承認 B 侵害 A 肖像權所得的 50 萬元利益，可以作為肖像權受侵害的損害賠償數額才是。

　　b.非財產上損害賠償

　　因為肖像權是一般人格權，因此侵權行為人根據民法第 195 條，僅須於侵害「情節重大」時，始負非財產上的損害賠償責任。而所謂侵害情節重大，可以考量的是①無其他救濟方法，或是②侵害的方式、動機、程度……，而其中必須先考慮①之情形（所謂「補充性原則」），例如誹謗他人，在侵害人事後道歉後，即無再請求非財產上損害賠償之必要(參閱民法第 195 條第 1 項後段)。以本題而言，德國最高法院認為，如果肖像權被害人在一般合理情況下，基於報酬的收取而會同意肖像的被出售及使用，則 B 流通 A 的肖像就不致成為是一不可挽回的重大侵害，而因為 A 是一影星，故早就對於自己肖像的流通於市面，習以為常，況且如果 B 進一步也進行了財產上的權利金損害賠償，對於 A 而言，更是已經有適當的代價取得，因此實不見本例 A 對於肖像的流通結果，有情節重大的侵害，故終究無法肯定 A 的非財產上的損害賠償。

**結論： A 可以向 B 請求賠償 50 萬元的財產損害賠償，但不能請求非財產損害賠償。A 可以在上述三者請求權中，擇一行使。**

## 2. A 對 M 機車公司的請求

　⑴民法第 184 條第 1 項前段

　　M 機車公司在未得到 A 的同意，並無其他公共利益之下，使用 A 的肖像為廣告，自是不法侵害 A 的肖像權。問題是，M 機車公司對於該侵害有無過失可言？一般而言，如有記者向廣告主促售影星肖像，基於今日狗仔文化盛行，廣告主公司不能僅憑記者所言，即輕易相信記者的照片來源合法，基於合理的懷疑，廣告主應向影星為查證，即可以輕易避免侵權行為的發生，如未預見且未避免此一情況，廣告主難謂無過失。只是本題的照片是 A 騎在 M 牌機車上，擺出風情萬種姿勢，就一般人而言應可以相信 A 同意為 M 牌機車代言廣告，否則以一般廣告代言的高度經濟性，特別 A 是著名影星，豈有免費為他人代言廣告之理？基於如此的合理懷疑，本題難謂 M 機車公司有過失侵害 A 的肖像權。雖然 M 機車公司並無過失，而不須負起損害賠償責任，但是在民法第 18 條規定下，M 機車公司仍負有義務必須去除侵害，而必須回收所有的廣告。

　⑵民法第 179 條的「侵害型不當得利」

　a.構成要件

　　本題似乎 M 機車公司會構成無權使用肖像的「侵害型不當得利」責任，但在討論 A、M 之間的「侵害型不當得利」責任之前，必須先討論「非給付型不當得利的補充性原則」：「如果受益人所得利益是經由他人的給付行為而來，則受益人就不須再對第三人負非給付型不當得利責任」，而本題因為 M 機車公司所得的 A 肖像權使用利益，是經由第三人 B 的授權契約給付而來，所以似乎 M 機車公司可以主張「非給付型不當得利的補充性原則」，而拒絕對 A 負侵害型不當得利責任。但「非給付型不當得利的補充性原則」不排除有例外之情形，特別是當侵害人 M 機車公司相較於受害人 A，其較無利益保護之必要時❸，以本題而言，基於上述 A 可以對 M 機車公司主張除去侵害，而不得使用 A 之肖像的效果觀之，法律價值判斷上，明顯地傾向對 A 保護，因此 M 機車公司不得援引「非給付型不當得利的補充性原則」，拒絕對 A 負侵害型不當得利責任。

　b.返還範圍

---

❸　參閱例題 19。

　　M 機車公司必須根據民法第 181 條但書，對 A 負起肖像使用利益的相當價額返還，即一般的權利金數額 50 萬元，但是因為 M 機車公司已經善意給付權利金報酬 50 萬元給 B，因此整體財產上並無該筆數額的節省，所以可以根據民法第 182 條第 1 項主張所得肖像使用利益不存在，而免返還責任。

**結論：善意的 M 無須返還使用肖像權利益給 A。**

### 3. B 將照片出售於色情雜誌社

　　對於此一情況，應構成民法第 195 條第 1 項的「情節重大」，所以 A 可以向 B 請求非財產上損害賠償。除此之外，在「侵害型不當得利」請求權要件中，固然 A 的肖像權受 B 侵害，但是有爭議的是，將肖像權用之於色情雜誌，明顯違反公序良俗（參照民法第 72 條），是否肖像權人享有如此的專屬權益內涵，實不無疑問。德國實務見解❸❸及部分學說❸❹都肯定本案的不當得利，而認為不論肖像權人是否會許可第三人使用，也不論是否該許可會因違反公序良俗而無效，對於「專屬權益內容歸屬」判斷而言，在所不問。但卻也有不少學者❸❺認為「（肖像）權利的內涵」不應包括可以將肖像用於違反公序良俗的用途。對此爭議，本題擬答認為，「不當得利」著重「去除不當利益取得」，至於請求權人是否能享有返還利益的正當性，實已非不當得利所關心，故應認為侵害他人肖像權而獲利的 B 實無保有利益之理。

**結論：A 可以向 B 請求非財產的損害賠償，且 B 必須返還相當 50 萬元的利益於 A。**

---

❸❸　OLG München NJW-RR 1996, 593.

❸❹　Larenz/Canaris, SchR II/2, S. 172.

❸❺　Staudinger/Lorenz, vor §812 Rdn. 36.

## 例題 34 　濕滑的公寓大廳——社會相處安全注意義務 (Verkehrspflicht)

　　A 及 B 是某一公寓大廈的區分所有權人，該公寓大廈的管理委員會是由 A 擔任主委（B 不是委員會成員），並委任公寓大廈管理維護公司 C（參照公寓大廈管理條例第 41 條以下），執行相關的管理維護事宜，而 C 則安排公司員工清潔婦人 D 負責整個公寓大廈的清潔工作。而 B 則是將其住屋出租給 E。

　　某日早上 D 又和平常一樣，完成公寓的清掃工作。但是一小時後，忽然變天，下起傾盆大雨，公寓的一樓大廳地板，因為人來人往，遂變得又濕又滑，而 D 因忙著垃圾分類，無暇顧及大廳地板的再次清掃、拖乾。E 的好友 F 冒雨要來拜訪 E，卻在公寓地板上摔了一跤，因骨折而必須住院，支出醫療費用 5 萬元。C 曾派員慰問 F，但卻表示 C 公司在組織上已經對其員工工作狀況，有所監督，僅能深表遺憾。

問：F 可以如何主張？

### 說　明

　　社會相處安全注意義務的法律理論及問題討論，在我國民法界仍不普遍，但該理論對於①應作為義務的架構及②對間接侵害行為的不法性判斷，具有高度的重要性及功能性，學習者絕對不能輕忽。

### 擬　答

**1. F 可能可以向 D 主張民法第 184 條第 1 項前段**

　　要問的是，D 未清掃、拖乾大廳地板的不作為，是否足以構成不法的侵害行為？不作為構成侵害行為的前提必須是有作為義務，而本題 D 作為義務的存在，可以考慮的是 D 必須根據「社會相處安全注意義務」(Verkehrspflicht) 而有清掃、拖乾大廳義務，但 D 卻未為之。

⑴形成

　　所謂「一般社會相處安全注意義務」是指：當某人形成或持有一特別危險源，該當事人就必須採取特別的安全注意防範措施，以免造成他人的傷害❸❻。本題公寓大廈的所有權人既然同意他人使用大廈，自須對公寓大廈建築物所可能產生的危險，負有安全注意義務（比較民法第 191 條），所以所有權人就必須採取必要的措施，保護使用該建物人的身體、財產上的安全，因為本題的公寓大廈的所有權歸 A、B 二人所共有（民法第 817 條），所以對於該建物的社會相處注意義務自也應由 A、B 全體所有權人共同承擔。

　　有問題的是，不是建物所有權人的承租人 E 是否對於其所承租的公寓大廈，亦負有社會相處安全注意義務？學說❸❼有鑑於建物的直接或是間接自主占有人因為對於建物有事實上的管領力，所以亦肯定該等占有人亦負有對於建物使用上的安全注意義務，以避免第三人因使用建物而受傷害，但是學說亦強調如果只是他主占有人，例如承租人就不被賦予對其所承租的建物有社會相處安全注意義務，這是因為民法第 429 條將對租賃物的修繕義務，明文加諸出租人，而免除承租人的修繕義務之故，準此以言，承租人自不對租賃物的使用安全性，負侵權行為法上的注意義務❸❽。

⑵承擔

　　據上所述，本題的清潔婦人 D，既非是該公寓大廈的所有權人，亦非是自主占有人，本不對第三人負社會相處安全注意義務，但是一旦 D 經由契約承擔起大廈的清掃工作時，即使契約僅具相對效力，但 D 亦必須負起對第三人使用大廈上的安全注意義務，否則因為 D 以契約承諾大樓的清掃工作，而使得之前的義務人（公寓大廈所有權人）因信賴 D 的承諾而不再負起安全措施的採取，結果將會使外界第三人在使用建物時受到危害，故肯定 D 因契約而承擔起社會相處安全注意義務，自有其必要。

　a. 保護的主體範圍

------

❸❻　參閱王澤鑑，《侵權行為法⑵》，第 204 頁。

❸❼　Palandt/Sprau, §836 Rdn. 12.

❸❽　參閱 Jauernig/Teichmann, §837 Rdn. 2.

D 因承擔而負起對建物的安全注意義務，該社會安全注意義務的本質是 D 自己的原始一般社會安全注意義務，而該注意義務所保護的主體範圍，不以建物的所有權人為必要，凡是被允許使用該建物之人，皆是建物安全義務所被保護的主體範圍，當然也包括建物的承租人，至於本題承租人 E 的訪客 F，一般而言，當然也是被允許使用建物之人，所以也是屬於在建物安全的社會相處安全注意義務所保護的主體。

b. 保護的措施採取

至於義務人應採取如何的安全防護措施，始能滿足社會相處安全注意義務？應以個案上的一般社會觀點加以認定，以本題為例，為預防建物使用人因為大廳地板濕滑而跌倒受傷，所以 D 應將地板拖乾，甚至必須採取防濕、防滑措施，例如放置防滑設備，如鞋毯、止滑毯……，而 D 卻未採取如此的相當措施，致使 F 滑倒受傷，至此應當肯定 D 確實有侵害行為而導致 F 受傷，而且因其不作為已違反社會相處注意義務，所以同時具備「行為不法」，故也同時肯定其侵害行為的不法性。

(3) 主觀可歸責性

侵權行為責任的成立，尚要求 D 對於其社會相處注意義務的違反，有一般抽象過失。所謂抽象輕過失是以一般善良管理人（清潔人員）的注意義務為標準，所認定的過失責任，換言之，是以一般清潔人員在相同具體情況下，對於傷害情況的發生，有無可預見而未預見，可避免而未避免的情況，所進行的過失認定。以本題而言，雖然 D 已經完成其清掃工作，但忽然變天，下起傾盆大雨，D 自當可以預見，大廳勢必會因人來人往而變得濕滑，即應採取必要的防制措施才是，但 D 卻忙著垃圾分類，而無暇顧及大廳地板的再次拖乾，雖說一人確實無法分身為數個工作，但 F 應視工作緊急性，而有先後次序的選擇才是，而明顯地，大廳防滑措施相較於垃圾分類，自有其緊急優先性，但 D 卻未預見該緊急性且亦未採取避免措施，以致 F 受傷，實難謂其無過失。

**結論：F 可以向 D 主張 5 萬元醫藥費的損害賠償責任，並可以根據民法第 195 條第 1 項，請求非財產上的損害賠償[39]。**

### 2. F 向 C 的主張

#### ⑴民法第 188 條第 1 項

如上所述，F 可以向清潔婦人 D 請求損害賠償，但基於 D 往往是無資力人，所以 F 遂考慮民法第 188 條第 1 項的僱用人責任，向 D 的僱用人 C 求償。就民法第 188 條第 1 項的構成要件而言，本題 D 是 C 的受僱人，且是在執行其大廈清掃職務時不法侵害 F 的身體法益，所以 C 如果無法根據民法第 188 條第 1 項但書的免責規定，舉證其對 D 的選任及監督並無過失時，C 即必須對 F 負起損害賠償責任。就對清潔婦人 D 的選任上，例如 C 必須注意 D 的身體狀況是否足以負荷如此的體力勞動工作，而就監督義務上，學說認為在過失責任下，不能苛責一個大公司必須由其代表人（董事）親自負起對其基層員工工作的監督，只要公司有完善的組織架構，而能分層負責，例如公司董事如能依善良管理人的注意而監督其經理人員，公司就能因而免責，學說❹稱之為「分工式免責」，因此本題如果確實公寓大廈管理維護公司 C 能舉證其在組織上，已經對其組織下的經理人員善盡善良管理人的監督注意義務，即能依「分工式免責」而免除其對 F 的民法第 188 條第 1 項的僱用人損害賠償責任。

#### ⑵民法第 184 條第 1 項前段

C 公寓大廈管理維護公司因為「分工式免責」，而無須對 F 負民法第 188 條第 1 項的「僱用人責任」，該結果將使得受害人無法對大公司進行求償❹，殊不妥當，故遂有學說意見如下：

a. 有認為❹，C 因契約而承擔起對公寓大廈的管理、清掃安全注意義

---

❸　受僱人 D 無法向僱用人 C 主張應分擔損害賠償責任，參閱最高法院 71 年臺上字第 749 號判決。

❹　黃立，《民法債編總論》，第 301 頁。

❹　F 或許可以考慮對 C 主張民法第 188 條第 2 項的「衡平責任」。

❹　例如臺灣板橋地方法院 96 年訴字第 1616 號判決（精彩的理由架構），就認為汽車客運公司除須對駕駛負監督之責外，本身尚有採行禁止乘客於未到站前離座而行走至車門前處之責任。

務，是 C 原始的安全注意義務，而 C 又將該安全注意義務交由 D 承擔執行，固然 C 因此必須對 D 負起民法第 188 條第 1 項的監督義務，但是 C 不應因此而可以完全免除其原先自己原始的社會安全注意義務，換言之，C 仍必須親自採取必要的安全措施，以確保自己原始安全注意義務的履行。如此，則本題明顯地 C 欠缺自己採取必要的大廳防滑、警告措施，故仍必須對 F 負起民法第 184 條第 1 項前段的侵權行為責任。

　　b. 另一說[43]則認為，除非原始的注意義務是一高度的身分行為，必須由義務人親自為之，否則不應排除原始安全注意義務人可以將其義務交由第三人執行，此時原始的安全注意義務就會轉變成對執行人的選任、監督義務，而不再對其原始注意義務負責。對此理論爭議，有鑑於安全注意義務一般並不是高度的身分行為，實不見不能交由他人執行的理由何在？如果在義務人將其安全注意義務交由他人執行後，尚且仍必須親自為安全注意義務，豈非認定安全注意義務的高度身分性？而就法律實務面觀之，如此的結果也不符合社會生活期待，因為基於社會生活分工的複雜化，如何能要求凡事人人事必躬親？基於如此理由，本題擬答認為 C 終究無須再對 F 負民法第 184 條第 1 項責任。

**結論：C 無須對 F 負起任何的侵權行為損害賠償責任。**

3. F 對 A、B 的主張

　⑴民法第 188 條第 1 項

　　本題公寓大廈的所有權人 A 及 B（不是管理委員會）共同委由公寓大廈管理維護公司 C（參照民法第 528 條的委任契約），負責執行相關的管理維護事宜，而 C 又將該事務委由 D 執行，D 因為疏於公寓大廈一樓大廳地板的清理，以致不法侵害 F 的身體法益，因此可以考慮的是，F 是否可以向 A 及 B 分別主張其應對於公寓大廈管理維護公司 C 及清潔婦人 D 的行為，負起民法第 188 條第 1 項的「僱用人」責任？問題是，A、B 兩人對於 C 及 D 有無指揮、監督關係？

　　a. 對公寓大廈管理維護公司 C

---

[43]　MünchKomm/Mertens, §823 Rdn. 206, 226.

　　公寓大廈管理維護公司 C 是以獨立的企業組織進行事務管理（參閱公寓大廈管理條例第 42 條），所以似乎不受全體大廈所有權人之指揮、監督，但本題擬答認為，雖然 C 是公司組織，但卻受委任處理他人大廈的管理、清掃及維護，是一種對他人家務事項的處理，自就應如同自然人般，隸屬在本人的家務生活管理下而受本人的上下、主從的指示、監督❹，否則任何以自己意思不受指揮、監督管理他人家務，所可能引起本人家務處理上的不利益，殊難想像，所以本題 A、B 對公寓大廈管理維護公司 C 自有指揮、監督上的權利（參照公寓大廈管理條例第 36 條第 9 款）❺，因此也必須適用民法第 188 條第 1 項，對其行為負起責任。要件討論如下：

⑷ C 須有不法的侵害行為

　　問題是，公寓大廈管理維護公司 C 是否有致使 F 受傷的不法行為？學說❻認為僱用人的民法第 188 條第 1 項的侵權行為的不法性可以由受僱人的「不法」侵害他人行為而導出，換言之，本題受僱清潔婦人 D 侵害他人的行為不法性，同時可以導出公寓大廈管理維護公司僱用人 C 的「不法侵害行為」，因此本題 C 確實有監督義務違反的不法行為而致使 F 的身體法益受傷害。

⑸ C 侵害行為須有「（主觀）可歸責性」

　　因為民法第 188 條第 1 項的「僱用人責任」是僱用人對於疏於監督受僱人的職務執行，負自己的過失監督責任，所以通說❼力主民法第 188 條第 1 項中的受僱人有無過失，已非所問，換言之，即使受僱人無過失，也不排除僱用人仍必須負起自己的過失賠償責任。雖然如此，通說進一步認為，當受僱人對於其執行職務行為並無過失時，則僱用人即可以根據民法

---

❹　參閱例題 37。

❺　參閱 Bärmann/Pick, WEG Kommentar, §26 Rdn. 43; Palandt/Bassenge, WEG §26 Rdn. 1. 但 Dörner (Fälle und Lösungen, S. 123) 仍認為對獨立企業組織的工作執行，欠缺指揮、監督可能性。

❻　黃立，《民法債編總論》，頁 297。

❼　王澤鑑，《特殊侵權行為》，第 127 頁。

第 188 條第 1 項的但書「免責規定」，主張損害的發生和其監督義務的違反並無因果關係，因為即使其對受僱人極盡注意義務，頂多也只能要求受僱人的行為符合一般善良管理人的注意義務而已，因此只要受僱人的行為無過失，則僱用人的監督義務的違反與否，和損害的發生即不具因果關係。據此，A、B 可以主張兩人對 C 雖有監督義務違反，但因為 C 的行為仍符合一般善良管理人注意義務，故兩人對 C 監督義務的違反和 F 受傷害之間，欠缺因果關係，而無須對 F 負民法第 188 條第 1 項責任。

b. 對清潔婦人 D

(a) 指揮、監督關係

A、B 是否須對清潔婦人 D 的不法侵害行為負責？關鍵在於其對 D 有無指揮監督關係？本題清潔婦人 D 並不是直接為 A、B 所僱用，而公寓大廈管理條例第 36 條第 9 款的法定監督職權，也只是針對直接具有契約關係的公寓大廈管理維護公司 C，而不包括 D，因此 A、B 對 D 有無指揮監督關係，實不無疑問。本題擬答傾向認為，根據最高法院 57 年臺上字第 1663 號判例見解，無須有契約上的指揮、監督關係存在，只要 A、B 對 D 有事實上的指揮、監督關係即可適用民法第 188 條，而有無如此事實上的指揮、監督關係，必須以個案事實認定，以本題而言，可以經由契約的解釋而認定，公寓大廈管理維護公司 C 在契約上是否同意賦予 A、B 對其輔助人 D（所謂「輔助人的輔助人」）❹有指揮、監督權限？以一般公寓大廈的管理實況而言，清潔人員 D 的僱主事實上是無法隨時隨地到其工作地點監督其工作的執行，相反地，和清潔人員 D 最經常接觸的卻是管理委員會成員或是大廈所有權人，因此認為在契約上，C 將對 D 的指揮、監督權限部分交由管理委員會或是大廈所有權人執行，既符合實情，亦不失是合理的解釋，因此本題擬答認為，A、B 對 D 都具有指揮、監督權限。

(b) A、B 的免責舉證

根據民法第 188 條第 1 項前段，A、B 必須對清潔婦人 D 的不法侵害行為負起損害賠償責任，但根據同條但書，如果 A、B 能舉證已對 D 盡到

---

❹　參閱 Palandt/Heinrichs, §278 Rdn. 9.

指揮、監督的注意，就無須賠償。雖然公寓大廈管理條例第 36 條第 9 款規定有管理委員會的法定監督職責，但畢竟該職務並非是有償，所以不應苛責於過高的注意義務，而且 A、B 基於自己也必須工作等事實上原因，更不可能苛責其要隨時隨地監督 D 的工作執行，況且，就公寓大廈管理的實務上而言，往往還會僱請所謂的「總幹事」，總管公寓大廈的行政、管理及監督工作，因此就上述整體的理由觀之，除非有特別的事證，例如 A、B 經常察覺到大廈的清掃明顯不確實，否則本題擬答認為 A、B 已經盡其對 D 的監督義務，而不應再苛責其必須負起損害賠償責任才是。

**結論：F 不得對 A、B 主張民法第 188 條第 1 項的損害賠償責任。**

⑵民法第 184 條第 1 項前段及第 185 條

　　和上述 F 向 C 主張損害賠償一樣，此處也會發生同樣的問題：A、B 自己的一般社會安全注意義務（清掃公寓大廳），是否會因交由 C、D 執行，而完全免除？本題擬答認為，在 A、B 將一般社會安全注意義務交由公寓大廈管理維護公司之後，A、B 的安全注意義務，就轉變成為對 C、D 的指揮、監督義務，自己原始的社會安全注意義務即消滅。

**結論：F 亦不得對 A、B 主張民法第 184 條第 1 項前段及第 185 條的損害賠償責任。**

 **題後說明**

　　1.義務違反的不法性和主觀可歸責性（故意過失），不易清楚區分，一般認為，不法性是對行為本身的負面價值判斷，而主觀可歸責性則是對行為人本身的負面價值判斷。但是如此的說法，未見精確，因為只會有故意或是過失的行為，「人」是不會有故意或是過失，換言之，即使是主觀可歸責性也是針對行為所做的價值判斷，只是不法性是一種極高度、不打折扣的抽象行為準則價值判斷，例如不能殺人，不能讓大廳地板濕滑，如有違反即是（作為或是不作為）不法，而主觀可歸責性則是一種以「善良管理人」的注意標準所做的具體個案的行為價值判斷，例如因為清潔婦人 D 生病而無法工作，所以大廳濕滑的不作為就無過失可言。如此簡單的解說，

提供學習者理解。

2.問題是，區分所有權人 B 可否主張，其對 C、D 的指揮、監督關係，可轉換成僅對管理委員會的指揮、監督即可（參照公寓大廈管理條例第 39 條)？對此本題擬答深感懷疑，因為公寓大廈全體住戶關係不是公司組織關係，所以當然也不是股東和董事關係，因此區分所有權人絕不可能在選出管理委員會後，就對大廈事務完全置身事外，而無須負責，否則當然就會發生現行實務上全體住戶都殷切盼望管理委員會的組成，但自己卻不願擔任管理委員的窘象。

3.公寓大廈管理條例將管理委員會類比成公司組織的董事會，除必須負責大廈的大小事務管理外，管理委員會尚且須對區分所有權人（股東）負責（參照公寓大廈管理條例第 39 條)，吃力不討好，難怪根本沒有區分所有權人願意擔任管理委員，對於如此立法，實令人深感不解。

## 例題 35　追捕搶嫌事件
### ——引起自主決意行為的因果關係

　　18 歲患有輕微精神疾病的 A，平日遊手好閒。某日又因金錢花盡，遂心生搶劫意圖，見路上單身女子好欺負，隨即逆向騎機車搶奪皮包，剛好警察 B 聽聞有人呼喊「搶劫」，遂立即騎警巡機車，企圖逆向追捕 A，A 見狀，更加速逃亡。在追捕過程中，B 卻不幸和 C 機車騎士發生車禍，兩人都受傷。

　　數日後，A 被捕。A 的律師辯稱，A 雖知行搶的不是，但因精神疾病，令其無法控制自己行為。
問：A、B、C 三人法律關係如何？

### 說　明

　　因果關係理論眾多，除耳熟能詳的條件理論、相當因果關係理論及條文目的性理論外，本題的「引起當事人的自主決意行為」則是屬於比較少被討論的冷門理論。

### 擬　答

**1. C 的請求**

⑴C 對 A 主張民法第 184 條第 1 項前段

a.因果關係

　　就本條文的討論上，有問題的是，是否 C 受傷是因 A 的逃亡所引起？換言之，A 的逃亡是否是引起 C 受傷的原因（因果關係）？

⑷相當因果關係

　　如以相當因果關係內涵觀之：「依一般情況而言，對結果的發生須是適當的」、「結果必須是並非由於特別的情況，也並非是因一般不可能之情況，或其他通常在事物正常進行中不會被考量之情況下，才會發生」，則本題 C

的受傷害除因是 A 的逃亡所引起外，尚是因警察 B 自己的決意行為始造成，如以相當因果關係觀察，則似仍在一般事物合理的進程想像中，因此不排除可因而肯定因果關係。但是學說卻認為，他人自己決意行為所造成的傷害結果，已經不是行為人行為物理力的結果，而純粹是他人因行為人行為進而影響自己心理狀態所引起的結果，因此如果全部要行為人承擔，似不完全合理（例如警察拖吊違規車輛，而車主因不捨愛車而緊迫不捨，終致心臟病發死亡）❹，況且他人自己決意行為所造成的傷害，往往基於「因果關係中斷理論」即會否定行為人的行為因果關係，所以如要肯定行為人對於傷害結果的因果關係，勢必須有新的因果關係理論。

(b)其他歸責標準

對於行為人以外的他人自己行為所引起的傷害，行為人是否必須負責，德國最高法院❺認為「須視他人的自主行為是否是行為人所引起而定」。而「引起」與否則須視他人自主行為的目的是否正當、所採取的方式是否合於比例原則等等加以考量，具體而言，可以檢視下列標準❺：

①他人的自主行為（追捕）是因感受到行為人的行為（脫逃）所「引起」。

②決意行為和行為目的、方法間，必須具備合理性。

③決意行為因而會增加傷害的風險。

以本題而言，B 警察因現行犯 A 脫逃而自主決意追捕，自是基於其職務所為的行為，且有其正當化目的──正當防衛（民法第 149 條），而逆向行車追捕固然危險，但對警察追捕搶嫌而言，本就是其義務的履行，故亦難謂是過激而不符比例原則的行為，況且逆向行車本就會增加車禍風險，因此整個車禍造成 C 受傷結果，不應是 C 所必須承擔的一般生活風險，所以 C 受傷結果自是必須歸責於 A。

---

❹ 本例是真實案例，最後檢察官以警察欠缺過失結案，只是作者認為，似乎在因果關係討論上就應否認責任的成立。相反地，如果車主是因追捕竊嫌而心臟病發死亡，就有因果關係的成立。

❺ BGHZ 57, 25; 63, 189.

❺ 參照 BGHZ 57, 25.

**小結：** A 的逃亡是造成 C 受傷的因果關係。

 b. 不法性

  不法性的認定，會因採不同的不法性理論，而有不同的推論過程。以「結果不法理論」而言，C 受傷結果就可以推導出 A 逃亡行為的不法性，故須由 A 負阻卻違法舉證，而因為 A 是現行犯，所以負有被逮捕的容忍義務（參照刑事訴訟法第 88 條），所以實不見有阻卻違法事由存在。而即使是採「行為不法理論」，則 A 行為不法性尚須以違反行為規範，始能確認，而同樣地現行犯 A 負有容忍逮捕義務，但卻違反逃亡，其行為自是不法，亦無疑問❷。

 c. 主觀過失歸責事由

  ⑴注意標準

  民事侵權行為的過失標準是採「一般抽象輕過失」，是以一般善良管理人的注意標準認定，是否行為人對於傷害結果①可預見而未預見，②可避免而未避免，當然在「一般善良管理人的注意標準中」不排除可以再作群體的劃分，例如以同年紀老人或是小孩的注意標準為準，或是以同樣專業醫生的注意標準為準等等，以本題而言，18 歲的未成年人認知行搶後逆向騎車逃亡會引發後續的追捕危險，以該年齡而言，自無疑問才是。

  ⑵主觀責任能力（民法第 187 條第 1 項）

  ①責任能力（識別能力）

  限制行為能力人除須違反一般注意標準外，根據民法第 187 條第 1 項尚必須有「責任能力」，始負過失賠償責任。而所謂「責任能力」又稱「識別能力」，是指行為人對於其行為所可能引起的危險性及法律上賠償效果，可認識和預期的一種判斷能力❸，同樣以本題的 18 歲 A 而言，自也應肯定其責任能力才是。

  ②自主能力

  和「責任能力」必須清楚區別的是「自主能力」，所謂自主能力是指行

---

❷ 參閱 Köhler, PdW, SchR II, S. 232.

❸ 邱聰智，《新訂民法債編通則（上）》，第 170 頁。

為人控制自己行為之能力，該能力雖在刑法上可以構成減免刑責的原因，但在民法的過失責任上，依民法第187條第1項原文要求，卻非必要，因此本題A律師所主張「A雖知行搶的不是，但因精神疾病，令其無法控制自己行為」，於此並不予以考慮。

**結論：A必須對C的受傷負起損害賠償責任。**

⑵C對B主張侵權行為

本題警察B為追捕A而撞傷C，是屬於公務員基於公權力執行職務因過失所造成的傷害行為，根據民法第186條第1項後段的「公務員責任的補充性原則」，B可以主張免除賠償責任。而且因為民法第186條是第184條的特別規定，所以警察B也不再對C負其他的侵權行為賠償責任。C只能向國家賠償機關根據國家賠償法請求損害賠償。

**結論：C不能對B主張侵權行為損害賠償，而只能根據國家賠償法求償。C在請領國家賠償後，國家賠償機關可以依國家賠償法第5條規定，向C主張民法第218條之1的「讓與請求權」，請求C讓與其對A的損害賠償請求權❺❹。**

## 2. B對A主張民法第184條第1項前段的損害賠償

⑴因果關係

所要討論的關鍵仍是在於，是否A的逃跑是導致B警察追捕而車禍受傷的原因？基於上述的論點，在此也必須肯定B警察追捕的自主行為，是因A不法逃跑行為所「引起」，所以具有因果關係。

⑵民法第217條的與有過失

問題是，A是否可以主張B警察的逆向追捕行為，本身即有怠於避免損害發生之虞，所以有民法第217條第1、2項的與有過失適用？有鑑於本題是警察履行其追捕逃犯的公法上義務，況且情況緊急，所以應類推適用民法第175條的法理，不應過於嚴苛認定警察執行職務的與有過失程度，否則將有礙警察的勤務執行，也勢必會有礙公共利益。因此終究本題不應

---

❺❹　參閱例題46。但最高法院94年臺上字第545號判決卻認為受害人可以同時保有健保及國家賠償給付，令作者深感不解。

認定警察 B 有與有過失。

⑶損害賠償範圍

　　根據民法第 213 條、第 216 條，A 必須賠償對 B 的醫藥費及慰撫金賠償。至於 B 警察自國家機關或是保險單位所請領的撫卹金或是保險金給付，也應列入損益相抵並有代位權行使之適用 ❺。

**結論：A 必須對 B 為損害賠償。**

---

❺　不同意見：最高法院 63 年臺上字第 2520 號判例。

## 例題 36　違章建築的毀損──其他歸責問題

　　A 是一孤苦老婦，和另一老人 B 住在一間由他人處所「購得」的頂樓加蓋的小小違章建築內（參閱建築法第 3、4 及 35 條）。某日深夜 C 因燃放鞭炮不慎，鞭炮射向房屋起火，幾乎全毀，而 B 不幸葬身火海，幸好 A 不在家，得以倖免。A 知道此事後，受到驚嚇，傷心欲絕，之後並持續做惡夢。

問：A 應如何求償？

### 說　明

　　違章建築，係指建築法適用地區內，未經申請當地主管建築機關審查許可，並發給執照而擅自建造的建築物。違章建築在我國是普遍存在的現象，蔚為奇觀，其所引發的法律問題自有討論必要。

### 擬　答

　　C 可能必須根據民法第 184 條第 1 項前段，負損害賠償責任。有疑問的是：

#### 1.事實上處分權

⑴一般見解

　　本題是 A 所住的違章建築房屋因 C 燃放鞭炮而毀損，而對於違章建築的法律性質，一般認為由建造人原始取得所有權，雖不能為保存或是移轉登記，但也不妨礙其買賣，只是買受人僅取得違章建築的「事實上處分權」而已 ❺❻，因此本題 A 雖不是違章建築的所有權人，但卻取得違章建築的「事實上處分權」，故可以主張其「事實上處分權」受 C 所侵害。

⑵解題意見

　　只是對於上述違章建築的法律性質認定及「事實上處分權」的理論建

---

❺❻　參閱最高法院 69 年臺上字第 696 號判決。

構，本題擬答持非常懷疑的態度，因為不動產所有權的存在，不同於動產所有權，除了以事實上物（房屋）的自然存在為必要外，不動產所有權的認定更帶有濃厚的法律價值判斷，例如許多國家就不承認建築物可以是一獨立的不動產，故本題擬答認為，既然違章建築違反法令強行規定，以致土地登記規則不允許其登記，自然也就不宜承認其有獨立的所有權，而只能認為是土地（或是所依附建物）的重要成分而已，如此當然也不能成為有效的買賣標的（參照民法第 246 條第 1 項前段）。至於所謂「事實上的處分權」就法律理論上更是無據，試想：難道只因小偷對盜贓物有事實上的支配力，所以也有事實上處分權？一個不為法律所承認的所有權，當然無得成為買賣客體，充其量交易的雙方當事人只是就違章建築的「占有」進行買賣而已，而占有本身只是對物的事實上管領力，不是一種權利，因此違章建築的買受人也就不會取得「事實上處分權」，「事實上處分權」的存在，應純粹是向現實不計其數的違章建築妥協下的產物。

小結：A 僅是對違章建築的「占有」受 C 侵害，而單純的「占有」本身，是不受民法第 184 條第 1 項前段所保護，而且因為單純的「占有」事實也不是一種法益，所以 A 亦無損害可言❺❼。

### 2.健康法益

⑴聽聞 B 死亡訊息

　　本題 A 的身體並未受 C 的侵害，傷害卻是來自於心理受影響，因此可以考慮的是 A 的健康法益有無受到侵害？奇妙的人體構造，使得每個人的心理對於外界的影響都會有不同的反應，例如本題當聽聞好友死訊，有的人只會感到小小的意外，也有可能是沮喪、痛苦或是生氣，通常如此的反應，都還難以構成健康法益的受侵害，因此也無得請求損害賠償，否則任何的心理變化，都可以輕易構成健康法益受侵害，明顯不符合立法者在侵權行為法上的價值判斷。一般而言，必須直到受害人有明顯、持續的身體上影響，而以一般社會觀點認為（不是以醫學觀點）❺❽，已經有害健康時，

❺❼　參閱劉昭辰，《民法系列——占有》，第 78 頁。不同意見：最高法院 74 年臺上字第 752 號判決。

始構成侵權行為，以本題為例，僅是 A 受到驚嚇，傷心欲絕，尚不足以構成健康法益受侵害，相反地，因為 A 之後持續做惡夢，無法有好的睡眠，如此的狀況，即能被認定健康法益受到侵害。

值得注意的是，本題 A 是因為聽聞好友 B 的死訊，而因驚嚇使得健康法益受侵害，C 是否應對此負起損害賠償責任，亦不無疑問，可以想見，如果因為聽聞任何無相關人的死訊（例如粉絲聽聞 Michael Jackson 死訊）而導致健康受損，行為人都要因此負起損害賠償責任，責任之廣，實難以想像。因此本題擬答認為，因聽聞他人死訊而導致健康受損者，應類推適用民法第 194 條，以聽聞被害人的父、母、子、女及配偶的死訊為限才是（不包括未婚夫、妻），所以本題因為 B 只是 A 的好友，即使 A 因聽聞 B 的死訊而健康受損，仍不能對 C 主張侵權行為損害賠償責任。而正也是因為我國已經有民法第 194 條的立法，所以討論聽聞他人死訊而導致自己健康受損的侵權行為問題，在我國終究似乎並無實益可言❺❾。

⑵聽聞房屋燒毀的惡訊

至於如果 A 的健康受侵害是來自於因為房屋被 C 所燒毀的訊息，C 是否必須因此負損害賠償責任，仍須視 A 的健康法益受損是否可歸責於 C 的行為？本題擬答認為，基於侵權行為法清楚區分財產及人格法益的保護（參閱民法第 195 條），所以如果是財產法益受侵害時，賠償義務也應僅限於財產上的損害才是，對於因財產法益受侵害所引發的間接侵害受害人健康法益，基於法條目的性保護理論，應否認其間具有因果關係，換言之，實不應將 A 的健康法益受侵害歸責於 C 燒毀房屋的行為，而應將之當成一般的生活風險，必須由 A 自己承受❻⓿，否則過於廣泛的因果關係，勢將無限延伸行為人的非財產上損害賠償責任，而不當限制他人的行動自由，而且如

---

❺❽　參閱 BGHZ 56, 163。

❺❾　不同意見：王澤鑑，《侵權行為法》，第 241 頁以下。

❻⓿　但不排除，C 以故意背於善良風俗的方法，例如想利用燒毀房屋而加身心受損於 A 時，則 C 仍必須對 A 負起民法第 184 條第 1 項後段的賠償責任，因為如此的損害已經不再是一般生活風險。

果 C 因傷害 B 致 A 的健康法益受侵害不用賠償，但卻必須賠償因燒毀房子所引起 A 的健康法益之傷害，兩者間的價值判斷亦不恰當。

### 3.「超越的因果關係」（假設的因果關係）

本題如果認為 A 有「事實上處分權」受侵害，則要問的是：①是否因為該違章建築終究要被拆除，所以 C 可以主張其行為和違章建築被侵害之間並無因果關係？ ② C 可否因此主張 A 根本無損害可言？

上述對於「即使無現存之因果關係，結果也將因其他原因而發生」的質疑，學說❻稱之為「超越的因果關係」或是「假設性因果關係」。而此種「超越的因果關係」在「責任成立因果關係」上，是不予考慮的，以本題為例，因為 C 確實是因自己放鞭炮不慎而燒毀 A 所住的違章建築，如此事實存在的因果關係，不容許以事後「超越的因果關係」而加以否認。但「超越的因果關係」卻是在「責任履行的因果關係」上，被學說❻所承認，因此對於被侵害的人或物本身原本即存在足以減損價值的原因，法律上都必須加以考量，因為沒有人可以保有比原先更多的價值之事物，因此本題 A 的違章建築因為終究必須被拆除，所以在受到 C 的侵害時也就無價值可言，因此 A 也難以主張其受有損害。

**結論：A 無得主張任何的損害賠償。**

---

❻　陳聰富，《因果關係與損害賠償》，第 64 頁。

❻　Esser/Schmidt, SchR I, §33 IV 2.

## 第二節　特殊侵權行為

### 例題 37　車行及無線電叫車臺的責任──僱用人責任

　　19 歲的 A 取得汽車駕照，為減輕家裡負擔，偷偷開計程車，並「靠行」在計程車車行 B，而且參加「臺灣我最大」C 的無線電車隊。某日 C 通知 A 有人叫車，A 遂開車出發，但卻找錯地址而苦等無人，遂將計程車違規併排停車，下車一探究竟，因此導致 D 的車子無法開出。D 久久未見 A 出現，也遍尋不著司機或是車行電話聯絡，因有重要生意商談，遂招呼計程車離去，車費 500 元。但 D 終究遲到，生意無法談成，損失應得利益 10 萬元。D 向 B 及 C 主張損害賠償。

　　B 主張因是小車行，無法有多餘人力監督車行計程車執行職務。而 C 表示遺憾，但僅願意負起道義責任。

問：D 主張損害賠償，是否有理？

### 說　明

　　民法第 188 條第 1 項是僱用人必須對受僱人（他人）的行為，負自己選任、監督過失的侵權行為責任。該條文最具意義性在於對僱用人的過失行為及因果關係為推定，在實務上重要性絕不亞於一般侵權行為。

### 擬　答

1. D 可能可以因為 A 的行為對 B 主張民法第 188 條第 1 項。構成要件檢查如下：

　⑴ A 不法侵害 D 之權利

　　本題 D 的汽車因 A 的違規併排停車而無法開出，致使其無法正常使用，此一非使物的本體受損害，而是僅使物的使用功能無法發揮的情況，是否構成所有權受侵害，不無疑問。少數說❶認為，物的使用權能被妨礙，

尚必須要求妨礙的強烈嚴重度及時間的持續，若僅是一時的妨礙，尚不足以構成侵害所有權，但通說❷卻由民法第 765 條對物的使用收益功能保護，而認定即使僅是一時對物的使用功能造成影響，亦構成侵害所有權❸，故本題 D 的汽車所有權確實受 A 的侵害，而侵害行為的不法性依「結果不法理論」，可以直接由所有權的受侵害而導出。

(2) A 的侵害行為須有過失

民法第 188 條第 1 項原文，僅以行為人有「不法侵害」行為為要件，是否尚要求行為人的行為必須有「故意或是過失」，則學說頗有爭議。通說❹認為，民法第 188 條第 1 項的僱用人責任，是僱用人對行為人的行為負「選任、監督」上的自己過失責任，所以不以行為人有過失為必要，但少數說❺卻認為，如果行為人是以「背於善良風俗之方法」加損害於他人，自當要求有「故意」要素，始能構成民法第 188 條第 1 項，所以條文要求須有行為人行為的主觀可歸責要件，是自明之理。但不論學說如何爭議，就本題而言，A 的違規併排停車過失明顯，因為任何有駕照之人，都應知道不能違規停車，況且 A 雖然已經是 19 歲，應有充分的識別能力，亦不言可喻，所以本題不論是採何學說，結果並無疑問。

(3) B 對 A 必須有「監督關係」存在

a. 監督關係的認定

(a)根據民法第 188 條第 1 項原文，是「僱用人」對「受僱人」行為負責，所以必須在兩人間有僱傭關係存在，不言可喻，但最高法院 57 年臺上字第 1663 號判例卻擴大民法第 188 條第 1 項的適用範圍至所有具有「監督

---

❶　Jauernig/Teichman, §823 Rdn. 8

❷　Larenz, SchR II, S. 600.

❸　德國最高法院 (BGHZ 29, 65) 認為因為電力公司停電而致使冰箱的肉品腐壞，可以構成侵權行為，但是卻否認可以主張冰箱暫時無法使用的損害賠償，對此學說頗有質疑：參閱 Medicus, gesetzl. SchuldVer., S. 27.

❹　王澤鑑，《特殊侵權行為》，第 118 頁。

❺　Larenz/Canaris, SchR II/2, S. 479.

關係」的當事人間：「民法第一百八十八條第一項所謂受僱人，並非僅限於僱傭契約所稱之受僱人，凡客觀上被他人使用為之服務勞務而受其監督者均係受僱人」，該見解亦為學說❻所接受，因為按民法第 188 條第 1 項的「自己選任、監督過失責任」的立法意旨，凡是存在有「選任、監督」關係的當事人，即應負起責任，以免外界第三人因當事人的「選任、監督」過失而受有傷害，所以民法第 188 條第 1 項的擴張適用，確實符合立法旨意。

　　(b)問題是，何時當事人間存在有「選任、監督」關係？有時不無疑問。一般認為，可隨時決定行為人工作方式、時間及範圍者，即有監督關係❼，但此一公式，並非妥當，例如明顯地乘客對計程車司機當然有路線指示及監督權限，但是計程車乘客不須對計程車司機的侵害行為負民法第 188 條第 1 項責任，已是法界共識❽，又訴訟當事人當然可以指示律師為訴訟行為（例如撤回訴訟），因而兩人間是否就有民法第 188 條第 1 項的「指揮、監督」關係存在？為合理界定民法第 188 條第 1 項的「指揮、監督」關係，本題擬答採 Medicus 教授意見，而認為民法第 188 條第 1 項的主體除須有「指揮、監督」關係外，尚要求行為人必須是隸屬在本人的組織體或是家務生活管理下，換言之，尚必須有上下、主從關係者，始足當之。據此，本題的靠行計程車司機 A 和車行 B 間，有無如此的關係，即不無疑問。所謂靠行契約是指：「出資人（司機）以經營人（車行）之名義購買車輛，並以該經營人名義參加營運，而經營人向靠行人（出資人）收取費用，以資營運者」❾，依此可知，靠行契約中的車行經營人對靠行司機，並無組織上的隸屬關係，更遑論有「指揮、監督」關係，而事實上只要靠行司機準時繳納費用，車行確實也對司機並無工作時間及範圍的指揮、監督權限，但是最高法院卻一再在其判決中明白指出，兩者間適用民法第 188 條第 1 項的法律關係，即車行必須對靠行司機在執行職務時所生的不法侵權行為，

---

❻　黃立，《民法債編總論》，第 295 頁。

❼　王澤鑑，《特殊侵權行為》，第 120 頁。

❽　參閱 Medicus, gesetzl. SchuldVer., S. 54.

❾　參照最高法院 87 年臺上字第 86 號判決。

負起連帶損害賠償責任，最高法院所認定及架構的理由如下：「該靠行之車輛，在外觀上既屬經營人所有，乘客又無從分辨該車輛是否他人靠行營運，乘客於搭乘時，只能從外觀上判斷該車輛係某經營人所有，該車輛之司機係為該經營人服勞務，自應認該司機係為該經營人服勞務，而使該經營人負僱用人之責任，以保護交易之安全」。最高法院以「交易安全」架構車行對第三人的侵權行為責任，就侵權行為的法律性質是事實行為觀之，本題擬答認為頗有再商榷之處。除此之外，況車行和靠行司機之間不採具有指揮、監督關係的「僱傭契約」而改採成立「靠行契約」，即是清楚明白宣示兩者之間並無意願彼此拘束，基於當事人間的意思表示，亦清楚可知靠行契約並無「指揮、監督」關係才是。

　　探究「靠行契約」的獨特經營型態，是起自於現行計程車駕駛人執業登記管理辦法第 7 條第 2 項第 1 款，或是根據最早民國 79 年的管理辦法第 8 條規定而生，依該等規定，欲從事計程車營運者，除個人經營計程車外，只得「受僱於計程車客運業」，始能辦理執業登記，如此的要求，究其原因應是在於行政機關希望能藉由計程車客運業對於「受僱」計程車司機的監督，而能有效分散行政機關的工作及負擔，換言之，依計程車駕駛人執業登記管理辦法，計程車客運業必須對車行內的「受僱」計程車司機，負有法定監督義務，以避免外界第三人因計程車司機執行職務而受不法傷害。只是如此制度原本立意良善，但是絕大多數計程車司機卻自詡「自由業」，而不願受車行拘束，故自行創造欠缺「指揮、監督」內涵的「靠行契約」，根本已經違反計程車登記管理辦法的要求及立法旨意，據此本題擬答認為，車行原本應有的對計程車司機的法定監督責任，不應因車行巧立名目規避法律，而被免除才是，所以即使靠行契約欠缺監督內容，車行仍必須對靠行的計程車司機因職務所生的侵權行為負責。

　b. 事實上的監督關係

　　本題 A、B 間的靠行契約因違反計程車駕駛人執業登記管理辦法的立法意旨，故是否會因脫法行為而無效（民法第 71 條）？尚有待法律的解釋，但至少本題因為 A 是未成年人，故其所為的靠行契約在未得法定代理人同

意下而可能無效。問題是，是否車行對於計程車司機的指揮、監督權限會因靠行契約的無效而不存在？對此最高法院 45 年臺上字第 1599 號判例認為：「又民法第一百八十八條所稱之受僱人，係以事實上之僱用關係為標準，僱用人與受僱人間已否成立正式契約在所不問」，此一以事實上指揮、監督關係的認定，堪稱適當，因為民法第 188 條第 1 項是一侵權行為，而非意定債之關係，所以只要行為人在事實上受本人的指揮、監督，從事職務，本人就負有「社會安全注意義務」，必須盡一切必要的注意，以避免外界第三人因行為人從事職務而受有傷害，至於兩人之間的指揮、監督的契約關係是否存在，已非所問。

⑷損害必須是因行為人執行職務所產生

此一要件是民法第 188 條第 1 項最為棘手的問題，一般而言，最高法院❿並不要求受僱人的不法侵害行為必須是因執行職務本身所引起，而是只要在客觀上足認為與其執行職務有關者即可，另有學說⓫認為只要傷害行為和執行職務具有「直接內部相關連性」，而非僅是「機會行為」，即屬之。比較兩說，應以後者為是⓬。而「直接內部相關連性」的判斷，關鍵者應是依執行職務的不同種類、目的而分別認定傷害行為是否仍是在一般執行職務的風險範圍內。以本題而言，A 因找錯地址而苦等無人，遂將車違規併排暫停，該行為雖然已非是原本應正確被執行的職務本身，但因為計程車司機找錯地址，在其職務執行過程中並非罕見，所以不脫仍是屬於其執行職務的一般風險範圍，故應肯定仍是屬於「執行職務」的行為才是。

小結：至此 D 依民法第 188 條第 1 項向 B 請求損害賠償的要件已經確實舉證完成。

⑸舉證免責（民法第 188 條第 1 項但書）

民法第 188 條第 1 項但書規定：「但選任受僱人及監督其職務之執行，

---

❿ 最高法院 42 年臺上字第 1224 號判例。

⓫ 姚志明，《侵權行為法》，第 138 頁。

⓬ 例如貨車司機蹺班訪友，途中發生車禍，最高法院 96 年臺上字第 2532 號判決認為是執行職務，但如依「直接內部相關連性」觀點，則不無疑問。

已盡相當之注意或縱加以相當之注意而仍不免發生損害者，僱用人不負賠償責任」，依此，只要僱用人能充分舉證其對受僱人已經盡到「選任」及「監督」的注意義務，或是舉證僱用人的義務違反和傷害發生之間並無因果關係，僱用人即可因而免責。

要問的是，A 僅是 19 歲的未成年人，但 B 有鑑於 A 擁有合格駕照，仍接受其靠行契約，是否有選任上的過失？本題擬答認為，只要擁有合格駕照，基本上僱主就可以信賴其有合格水準的駕駛技術及交通安全注意能力，至於 A 僅是 19 歲，尚不足使 B 對其駕駛能力產生懷疑，否則就失去駕照考試年齡標準認定的法律規範意義。至於 B 對 A 的監督過失有無，因為 B 主張是小車行，因此無法有多餘人力監督計程車執行職務，似乎可以認為 B 已經盡其監督注意義務，但是監督義務的履行不應僅限於計程車司機執行職務的當時，而是平常車行就必須對其司機進行工作指示，務求一再提醒司機遵守交通規則（特別是不能酒後駕駛），必要時也應在車內加裝行車監視器或是在車身漆上車行電話，以便車行事後監督或是使受害人（本題的 D）能夠隨時聯絡車行，以防止或是能夠適當處理突發事況，但 B 卻都未能採取如此措施，故應肯定其不能依民法第 188 條第 1 項但書而免責。

(6)損害賠償範圍

由上述可知，B 因對靠行司機 A 疏於監督，致使其不法侵害 D 之汽車所有權，因而造成 D 的①計程車費 500 元支出損害及②生意無法談成，損失應得利益 10 萬元。

侵權行為法要求損害和權利受侵害間必須有因果關係（所謂「責任履行因果關係」），侵害人始負賠償責任，以免損害賠償範圍無限制擴大。在「條件理論」因果關係下，本題 B 車行疏於對 A 監督自是造成 D 損害不可想像其不存在的原因，故是損害造成的條件原因，而就相當因果關係討論上而言，一般情形，汽車因故無法使用，遂改而搭乘計程車支出費用，亦是在合理可被想像的範圍中，所以具有相當因果關係，因此 D 可以請求，自無疑問。問題是，B 是否必須賠償 D 因而所損失的民法第 216 條的所失利益 10 萬元？如果按照相當因果關係討論，似乎也應肯定之，但是本題擬

答認為，基於因果關係理論中的「條文目的性理論」所強調的：「損害發生須符合法律規範保護目的」觀之，不應肯定 D 的 10 萬元賠償請求，因為所有權的保護目的在於保護所有權的使用功能，因侵權行為而造成汽車所有權的使用功能喪失，侵權行為人即應賠償所有權人的替代汽車使用功能因而所造成的損害，例如上述的計程車費用支出，但是使用汽車因而所能產生的間接利益，則已超出法律保護所有權功能的目的及範圍，否則任何的使用所有權所產生的間接利益，都是損害賠償範圍，將使得損害賠償的可能性及範圍難以想像的擴張，而無從被掌握，勢必危害社會一般活動的進行，人人動輒得咎，實難想像。

**結論：B 僅須就 D 的 500 元計程車費用支出損害為賠償即可。**

## 2. D 可能可以對 C 主張民法第 188 條第 1 項

　　本問題主要涉及叫車臺「臺灣我最大」無線電車隊，對其所屬計程車的營業有無「選任及監督」權限？計程車加入無線電叫車臺，所成立的是民法第 565 條的「居間」、設備「使用借貸」及「（無權利能力社團）會員加入」的混合契約，而加入無線電叫車臺的計程車當然就必須遵守車隊的規約（章程），例如服裝儀容、營運態度、駕駛規範等等，而為確保車隊規約被遵守，車隊並隨時派有督察人員監督計程車司機是否遵守規約，實質上無線電叫車臺車隊已經取代原本車行的功能，就法律實務發展上，是一有趣的現象。

　　在無線電叫車臺車隊對所屬計程車司機如此的監督權限下，似乎應肯定民法第 188 條第 1 項的適用，但是本題擬答認為，車隊和計程車司機間並無民法第 188 條第 1 項所要求的指揮監督關係，因為尚欠缺必要的組織上的上下隸屬關係，此可由車隊並無法限制計程車司機工作的時間、地點及範圍得知，至於計程車司機之所以必須受車隊的監督，純粹是為確保計程車司機會遵守規約的稽查、蒐證手段而已，而非是營運上的上下服從關係的指揮、監督，故本題擬答認為無線電車隊 C 無須依民法第 188 條第 1 項向 D 負責。

**結論：C 無須對 D 為損害賠償。**

## 題後說明

　　本題因 D 所失的訂約利益和汽車所有權受侵害之間，欠缺因果關係，所以不得請求賠償。但相反地，如果是 D 的身體法益受侵害，而致使其喪失訂約利益（或是無法登臺演唱喪失報酬），則 D 即可以依民法第 193 條，請求所失利益賠償。

## 例題 38　瑕疵的除濕機──商品製造人責任（一）⓭

　　A 在 B 百貨公司買了某 N 牌除濕機。買後不久，一次使用中竟無故起火，致使該除濕機完全被燒毀，而 A 身體也被輕微灼傷。A 向 B 求償，B 推說自己也很無辜。A 認為該除濕機附有 N 牌品質保證書，遂轉向 N 牌除濕機公司求償。N 公司表示，是除濕機中的溫度感應器故障，而溫度感應器不是其所生產，而是向 M 牌製造商購買後，在工廠組裝而已。A 只得再向 M 公司詢問，M 卻表示，該批溫度感應器是在某第三世界國家，以最先進設備生產，並有定期維修、保養，而公司也已經對工人的僱用及職業訓練非常用心，並且在製造過程中，除有領班專人監督，公司也要求高階主管必須隨時上線監督領班工作。感應器完成後，均有專人檢查產品的品質，對於品管人員的訓練及監督，也未曾懈怠。

　　A 無奈之餘，只得提出訴訟。技術專家證實，並非是整批感應器都有瑕疵，應該是個別感應器製作過程中的碳氫融合時間過短所導致。

問：A 如何請求損害賠償？（本題不討論契約責任）

## 擬　答

　　本題之 B、N、M 為法人，依民法第 28 條之規定，對其有代表權之人因執行職務所生之損害，負連帶賠償責任。

### 1. A 可能可以向 B 請求

#### ⑴民法第 191 條之 1 之商品製造人責任

　　依民法第 191 條之 1 須負商品製造人責任的主體有兩大類，一是指「商品之生產、製造、加工業者」，二是「擬制」商品製造人，例如「在商品上附加標章或其他文字、符號，足以表彰係其自己所生產、製造、加工者」及「商品輸入業者」，而本題 B 只是商品的末端零售商，都不在上述民法第 191 條之 1 的責任主體範圍內，所以 B 無須對 A 負起民法第 191 條之 1 的

⓭　本題為東吳大學期末試題，感謝張詠淨小姐所提供的擬答。

商品製造人責任。

(2)民法第 184 條第 1 項前段

　　B 雖然不是民法第 191 條之 1 所定義的商品製造人，但身為一商品零售商，而將商品帶入市場流通，對於該商品所可能對消費者形成的危險，自也應負起注意義務才是，換言之，商品零售商雖非製造人而無須對商品的設計、生產、製造及加工上的瑕疵負責，但卻仍必須對商品的瑕疵進行檢查，以保護消費者生命及財產上的利益，是謂商品零售商的「社會相處安全注意義務」，如本題商品零售商 B 有所違反，自亦必須根據民法第 184 條第 1 項前段對 A 負起損害賠償責任。構成要件檢查如下：

　a. 權利受侵害

　　本題 A 的身體被起火之除濕機輕微灼傷，其身體法益受侵害，自無疑義。有問題的是，有無所有權受侵害？

　　(a)溫度感應器：因為溫度感應器的該瑕疵早在買賣時就已存在，應屬於出賣有瑕疵之物的契約責任問題，僅屬一般財產上損失，非屬民法第 184 條第 1 項前段一般侵權行為的權利保護範圍。

　　(b)除濕機：出賣人 B 在讓與除濕機所有權於 A 時，機器本身並無瑕疵，而是因為除濕機內的溫度感應器的瑕疵造成日後除濕機的燒毀，此種情形學說稱之為「繼續侵蝕性瑕疵」，又有稱之為「商品自傷瑕疵」，而是否此種瑕疵受侵權行為保護，有以下兩種見解：

　　①肯定說[14]

　　此說認為一開始就存在有瑕疵的僅是溫度感應器，非除濕機，兩者屬於不同之物，所以溫度感應器之瑕疵造成一開始並無瑕疵的除濕機受損，就除濕機的部份當然屬於所有權受侵害。

　　②否定說[15]

　　此說認為溫度感應器既然屬於除濕機的一部分（成分），就難謂其為不同之物，所以除濕機內部零件之溫度感應器有瑕疵，就應認為是同一物之

--------------------------------------------------

[14]　陳忠五，《台灣法學雜誌》，第 134 期，第 89 頁。

[15]　林誠二，《民法債編總論》，第 322 頁。

瑕疵，應屬於出賣有瑕疵之物之契約問題，而無所有權受侵害的問題。

③解題意見

本題擬答採否定說，因為一般交易上不會將除濕機與內部零件視為不同之物，所以若內部零件有瑕疵就是整臺除濕機有瑕疵，所以此瑕疵一開始就存在，並無侵權行為之適用，所以本題 A 僅有身體法益受侵害。

b.侵害行為及因果關係

本題 B 是零售商，而非是除濕機製造人，所以自無須對於除濕機生產上的瑕疵負責，而是須就商品安全負檢查、說明、觀察的義務，但 B 卻怠於檢查商品的安全性而販售於市場，違反社會安全注意義務，故而不法導致 A 身體因為該瑕疵商品而受傷之結果，自應對此負責。

c.主觀可責性

問題是，B 對於違反商品檢查義務，有無過失？一般來說，即使零售商盡了社會注意義務檢查商品，但基於其本身專業能力受限，也就很難能檢查出除濕機內部零件之瑕疵，但並不意謂零售商 B 就可以無檢驗的期待可能性為由而免責，因為零售商仍負有詳查商品的製造來源是否可靠的注意義務，以今日完善的商品檢查制度而言，B 不能單是信賴商品是由有信譽的製造商製造為滿足，而是應當檢視其所販售的商品是否已經過公信力單位的檢測通過，而領有合格安全證明標章，例如正字安全標記、ISO 或是 CAS 等等，只要 B 確認其所販售的除濕機領有安全標章，即有正當理由可以信賴該商品的安全性，而可以主張已經充分盡到對所販售商品安全性的檢查注意。

**結論：B 無須對 A 負民法第 184 條第 1 項前段的侵權行為責任。**

(3)消費者保護法第 8 條第 1 項

a.不以權利受侵害為要件？

B 為百貨公司，符合本條所謂從事經銷之企業經營者，須就商品所生之損害負賠償責任，問題是，條文只謂對「損害」負責，而並非是如民法第 184 條第 1 項前段以「權利」受侵害為要件，因此 B 是否必須對 A 所購買的除濕機燒毀負賠償責任？有學說❶肯定之，但通說❷仍認為消保法雖

僅言「損害」，但解釋上仍須以「權利」受侵害為必要，消費者如僅是受有一般財產利益損害，則必須是企業經營者有以「故意背於善良風俗之方法」或是「違反保護他人之法律」時，始負賠償責任。通說意見亦為本題擬答所採，因為一則如此始能符合民法的侵權行為體系，再則吾人可以試想：如果零售商不是自己檢查商品，而是受僱店員檢查（通常情況都是如此），則零售商原本應負的產品檢查義務，就會轉換成為民法第 188 條第 1 項對受僱人的監督義務 ❶，而民法第 188 條第 1 項原文謂：「受僱人因執行職務不法侵害他人權利者」，其構成要件仍是要求受害人必須有「權利」受侵害為必要 ❶！又回到民法侵權行為體系！所以在體系解釋下，消保法的商品製造人責任，仍必須以「權利」受侵害為必要，故本題僅考慮 B 須對 A 身體法益依消保法負責。

　　b. B 之責任排除舉證（但書）

　　本題 B 因已經信賴商品安全標章，所以對於販售有瑕疵的除濕機，並無過失存在。

**結論：B 亦毋須負消費者保護法第 8 條第 1 項之責。**

2. A 可能可以向 N 主張身體法益受傷害的損害賠償責任

(1)民法第 191 條之 1

　　本題 A 在正常使用除濕機時，竟無故著火造成身體受傷，故 A 可能可以根據民法第 191 條之 1 向 N 求償，而 N 雖然只是對除濕機進行組裝的業者，但該過程仍是屬除濕機成品完成的生產過程，所以也是該條文所謂的製造人，而民法第 191 條之 1 因有對商品的過失推定規定，所以如果 N 無法舉證其對除濕機的瑕疵並無過失，則即必須對 A 負損害賠償責任。但因

---

❶　參閱孫森焱教授（《民法債編總論（上）》，第 320 頁）對民法第 191 條之 1 的意見。

❶　參閱陳自強教授（《台灣本土法學雜誌》，第 16 期，第 62 頁）對民法第 191 條之 1 的意見。

❶　參閱 Medicus, BR Rn. 656。

❶　雖然民法第 188 條第 1 項原文以「權利」受侵害為要件，但不排除受僱人以故意背於善良風俗之方法，加損害於他人時，僱用人仍必須負責。

為本題除濕機的瑕疵是發生在感溫器零件，而非組裝過程的瑕疵，而感溫器並非是 N 所製造而是向其他生產商購買，所以 N 所須舉證者應是針對所採購感溫器商品的品質信賴，已盡相當的注意義務，例如該感溫器已經有關機構的安全認證（例如正字標記或是 ISO），如在此足夠的信賴基礎下，本題即可以認定 N 並無生產上的過失。

**結論： N 不負民法第 191 條之 1 責任。**

(2)消費者保護法第 7 條第 3 項

N 是企業經營者，所以應對消費者 A 負消保法責任，但如上所述，因為 N 對於除濕機瑕疵的組裝並無過失，所以似乎本無須負損害賠償責任，但消保法第 7 條第 3 項但書，特別加諸於企業經營者無過失責任，故即使 N 能證明其組裝無過失，法院亦得僅減輕其賠償責任，而非必然完全免除其責任。

**結論： N 須對 A 負消費者保護法第 7 條第 3 項之責。**

3. A 可能可以向 M 主張身體法益受傷害的損害賠償責任

(1)民法第 188 條第 1 項前段

因為本題只是個別感溫器而不是整批感溫器都有瑕疵，所以明顯不是該形式感溫器的設計上有瑕疵，而有可能是工人在製造過程中所發生的個別製造瑕疵，所以不排除 M 必須根據民法第 188 條第 1 項的僱用人責任，對 A 所受的身體法益侵害負損害賠償責任。要件論如下：

a. 僱傭關係

問題是，本題無法知道是 M 工廠的哪一個工人的操作瑕疵所引起，但學說[20]認為，只要確定是屬於僱用人眾多工人之一即可，而不用特定於何一特定之受僱人，即有民法第 188 條的適用。

b. 受僱人的過失不法行為

本題的感溫器瑕疵有可能是起因於 M 工廠工人的操作瑕疵，違反其社會安全注意義務，而具備不法行為。有爭議的是，民法第 188 條第 1 項是否也要求受僱人行為的過失可責性？學說極有爭議，但即使採肯定說，一般學說也認為，基於「危險領域」的舉證法則[21]，受僱人執行職務行為有

[20] 王澤鑑，《侵權行為法》，第 129 頁。

無過失，應由較接近危險發生原因的僱用人負舉證負擔才是，而非是由根本無法探得生產流程的消費者負擔，所以本題 M 的工廠工人應被推定在操作過程中，有過失存在，相反地，如果 M 欲免除其責任，就必須舉證其受僱工人並無操作失當。

c. 僱用人免責舉證

在受害人舉證證明受僱人在執行職務時，有（過失）不法的侵害行為而造成損害後，即可以對 M 主張賠償，相反地，必須由僱用人根據同條但書，對於①監督上無過失及②監督過失與損害發生並無因果關係，舉證免責。就監督無過失的舉證上，學說承認「分工式免責」❷，故而本題 M 主張對其員工有訓練及監督，甚至安排領班專人監督，甚且要求高階主管也必須隨時上線監督領班工作，也有專人檢查產品的品質，確實已符合分工式免責要求，故 M 毋須負民法第 188 條第 1 項前段之責。

⑵民法第 191 條之 1

本題個別感溫器的瑕疵也有可能是因為生產機器本身有瑕疵所致，因此根據民法第 191 條之 1 但書，商品製造人 M 尚必須舉證其所提供的生產工具、機器，並無發生個案故障情況。題示 M 主張以最新進設備生產，並有定期維修、保養，也安排專人上線監督，應也已經盡其應有的注意義務，如果在此情況下，仍不免發生瑕疵品（所謂「不可避免的瑕疵品」），就過失責任的要求而言，M 不應再被課以賠償責任才是。

**結論：M 無須對 A 負民法相關侵權責任。**

⑶消費者保護法第 7 條第 3 項

在民法的過失責任要求下，以今日生產的技術及管理而言，上述漏網之魚的「不可避免的瑕疵品」，在法律上是可以被接受的，因此 A 若要對 M 求償，只能借助消保法第 7 條第 3 項的無過失責任規範，即 M 即使對商品的製造並無過失，法院仍可判決使其負起相當的賠償責任。

**結論：A 可以向 M 依消費者保護法第 7 條第 3 項請求損害賠償。**

---

❷　參閱例題 40。

❷　參閱例題 34。

## 例題 39　油炸食品——商品製造人責任（二）❷³

　　A 從兩歲時起（民國 80 年），因為家長 B 必須上班工作，所以無暇在家煮飯，因此 B 就經常帶 A 到隔壁的國際著名 C 漢堡店用餐，該漢堡店在臺灣販售漢堡已經有 40 年歷史（民國 60 年開始營業）。A 在長期食用漢堡兩年後（民國 82 年），忽感身體不適，到醫院檢查後，發現是血脂肪過高，並有便秘現象，懷疑是長期食用西式漢堡速食所致。

　　有關長期食用西式漢堡速食，所引起的血脂肪過高及便秘現象，約在民國 70 年的國外專業醫學期刊及一般大眾普及的國內〈嬰兒與母親〉雜誌，開始有研究報告刊登。基於消費者意識抬頭，C 也從民國 80 年起，不定時多次在〈嬰兒與母親〉雜誌刊登廣告警語：10 歲以下孩童，請勿長期經常食用，否則有礙健康。

問：A 如何向 C 主張侵權行為責任？

### 說　明

　　商品製造人責任不但會發生在商品本身的瑕疵所造成的傷害，商品製造人也要為商品本身以外的「說明義務」及日後「持續觀察義務」的瑕疵負責，本題即是針對此一義務的違反進行演練。

### 擬　答

1. A 可能可以根據消保法第 7 條，或是民法第 191 條之 1 及第 195 條，向 C 請求損害賠償

⑴消費者保護法

　　基於對消費者的保護，立法院於民國 83 年制訂消費者保護法，並在同年 1 月 11 日經總統公布施行，但本題受害人 A 卻是在消保法施行前就食用漢堡，因此就時間效力上觀之，自無適用消保法之餘地。民國 92 年立法

---

❷³　本題僅是教學案例研討用，如有雷同，純屬巧合。

院修正消保法第 7 條第 1 項，將產品瑕疵責任的時點，明訂於「提供商品流通進入市場」時（並參照消費者保護法施行細則第 5 條），亦更加說明此點。

⑵民法第 191 條之 1

因為民法第 191 條之 1 是在民國 89 年 5 月 5 日施行，所以也會發生法律適用的時間效力問題。而雖然民法對於商品製造人的責任時點，並無詳細規定，但參照消保法的立法旨意，自也應以「提供商品流通進入市場」為時點認定，因此本題 C 亦無民法第 191 條之 1 的責任。

## 2. A 可能可以根據民法第 184 條第 1 項前段及第 195 條第 1 項，向 C 主張損害賠償

雖然 C 並無消保法第 7 條及民法第 191 條之 1 的責任，但卻仍須依民法第 184 條第 1 項的一般侵權行為規定，負起損害賠償責任。其構成要件檢查如下：

⑴不法侵害行為

本題受害人 A 受有健康法益上的傷害，自無疑問，但若要向 C 主張侵權行為責任，則尚須舉證 C 有不法侵害行為存在。C 因為出售漢堡導致顧客受害，僅是一「間接侵害行為」，所以 C 的不法侵害行為，無法直接藉由顧客的受害結果而導出，尚必須以違反相關的法律行為規範為必要。要討論的是，商品製造人 C 對於其所出售的商品，有無違反「社會相處安全注意義務」(Verkehrspflicht)，而有不法的侵害行為？

a.商品製造、加工的瑕疵

就商品製造人的「社會相處安全注意義務」的架構及討論，理論上可以區分成數個階段。首先商品製造人必須對商品本身的安全性，在製造或是加工階段，盡到注意義務，例如本題 C 漢堡店必須對漢堡的製造，極盡衛生上的注意義務，例如不能使用過期肉品等等，就此階段的注意義務而言，本題中 C 漢堡店應無過失可言，因為 A 的受害，並非是漢堡食物的本身瑕疵所引起，而純粹是使用方式出現問題，換言之，只要 A 以一定方式食用漢堡，就不會遭受傷害，所以 C 的商品製造人責任，應該是在下階段的「使用說明」注意義務上發生瑕疵。

b.使用說明、警告義務

　　商品製造人除在生產階段之外，尚必須對於顧客使用商品的方法負有說明、警告義務，以避免顧客因不正確使用商品而致生危險，此一使用階段上的商品製造人責任，亦被清楚規範在消保法第 7 條第 2 項：「商品或服務具有危害消費者生命、身體、健康、財產之可能者，應於明顯處為警告標示及緊急處理危險之方法」。本題 C 所販售的漢堡，如果長期食用會導致血脂肪過高及便秘現象，已經醫學證實，唯有顧客偶一食用，健康始無堪慮，而如此食用方法上的危險，商品製造人 C 自負有說明、警告義務。問題是，如此食用方法上的危險，也並非是自始即為科學界所認知，依題示，是直到民國 70 年後，始有如此的研究報告，依消保法第 7 條所要求「符合當時科技或專業水準可合理期待之安全性」的立法意旨觀之，即使 C 漢堡店無法在民國 60 年一開始提供漢堡商品流通進入市場時，即向顧客為說明、警告，亦應無義務違反的不法侵害行為可言。

c.觀察義務

　　商品製造人將商品流通於市場，必須符合當時科技或專業水準可合理期待之安全性（參閱消保法第 7 條第 1 項），但是人類科技文明一日千里，因此僅是要求商品一時符合科技安全期待性，明顯有所不足，所以商品製造人責任尚且要求商品製造人，即使是在商品上市後，仍必須不斷的注意現代科技的進步，不斷改進商品瑕疵，以盡其社會相處安全注意義務，消保法第 10 條明言：「企業經營者於有事實足認其提供之商品或服務有危害消費者安全與健康之虞時，應即回收該批商品或停止其服務。但企業經營者所為必要之處理，足以除去其危害者，不在此限」，即是此意。在此一「持續觀察義務」要求之下，C 國際漢堡店必須不斷注意其產品上市後的影響，甚且也應對國際專業期刊為研讀❷，而本題 C 漢堡店是在民國 80 年注意到如此的科學報導，並進而加以警告顧客，問題是，C 漢堡店的作為是否滿足法律上的要求？

　　(a)延遲說明、警告

---

❷　參閱 BGHZ 80, 199, 204 ff.

　　C 漢堡店遲至民國 80 年始注意到早刊登於民國 70 年的科學期刊及一般大眾普及雜誌報導，對於一家國際性企業而言，已難以掩飾其後續觀察義務的違反，但不論如何，如此的遲延說明、警告上的義務違反，卻和本題個案 A 的受害無因果關係，因為 A 也是遲至民國 80 年才開始長期食用漢堡。

　　⑵說明、警告的方式

　　當 C 漢堡店在民國 80 年後始注意到相關報導，而開始積極的多次在〈嬰兒與母親〉雜誌刊登廣告時，一併加登警語：10 歲以下孩童，請勿經常食用，否則有礙健康，但如此的警告義務是否滿足法律上要求？本題擬答認為，一般而言，即使〈嬰兒與母親〉是一相當普及的大眾雜誌，但其實也並非是所有消費者所人人必讀或是應讀，C 漢堡店有必要認知此點，因此明顯其所為警告義務範圍不足，而真正能夠清楚對消費顧客全面為警告者，應是在其店面門口清楚處，或是在菜單、點餐單上清楚說明、警告才是，而 C 漢堡店卻未為之，故有義務違反，因而也就有不法的侵害行為存在。

　　⑵因果關係

　　A 的健康傷害，必須是因 C 的警告義務違反所引起，而本題因為 A 已經長期食用兩年漢堡（A 必須舉證），根據醫學期刊研究報告，確實會引起血脂肪過高及便秘現象，因此如果 C 無法提出其他反證，據此，法院即可根據民事訴訟法第 222 條，認定因果關係確實存在。

　　⑶主觀可歸責性（過失責任）

　　因為 C 漢堡店僅在一般大眾普及雜誌〈嬰兒與母親〉上刊登警語，而未在其店門口或是菜單上註明警語，故而有不法的義務違反行為，且在侵權行為「過失」責任要求下，C 身為國際性漢堡店，應具有絕對的專業性及警覺性，而應可以輕易預見此一適當防範措施才是，故應肯定 C 漢堡店有所過失。

小結：C 有警告義務上的違反及過失。

　　⑷與有過失

因為 C 漢堡店過失違反其對顧客 A 的警告義務，所以應對 A 負起損害賠償責任，但因為 A 的健康受損，實是因為自己長期偏愛食用的結果（甚至是 A 自己吵鬧堅持要食用漢堡），因此要問的是，是否 A 有與有過失，而根據民法第 217 條可以減輕 C 的損害賠償責任？

a. A 自己的與有過失

不論本題 A 的行為是否有與有過失存在，根據最高法院 83 年臺上字第 1701 號判決意見❷，被害人若無識別能力（即責任能力）則不發生過失相抵原則。

b. 法定代理人 B 的與有過失

因為 A 的家長 B 並未關心、注意長期食用西式速食所可能導致的傷害，而此一家長注意內容，卻早已被刊載於一般普遍的大眾雜誌，故廣為家長所知，但 B 卻未特別留意，仍長期購買漢堡給 A 食用，所以不無有「與有過失」之嫌，因此民法第 217 條第 3 項特別規定：「前二項之規定，於被害人之代理人或使用人與有過失者，準用之」，而條文所謂「準用」，依通說❷應是指「要件準用」而非僅是「效果準用」，因此本題當 B 因疏忽而不知長期食用漢堡會導致相關疾病，必須是 A、C 間有債之關係成立為前提，但是基於清楚的生活經驗可知，家長 B 是以自己名義為 A 購買漢堡，因此明顯地 A、C 間並無債之關係存在❷，當然也就無民法第 224 條要件中「關於債之履行」要件準用的可能性，所以終究本題 A 無須承擔其法定代理人 B 的與有過失。

(5)共同侵權行為

A 的家長 B 並未關心、注意長期食用西式速食所可能導致的傷害，而長期購買漢堡給 A 食用，致使 A 身體法益受侵害，違反法定代理人對未成年子女的監護義務（參照民法第 1084 條第 2 項），所以 B 須對 A 負民法第

---

❷ 此為學界通說：孫森焱，《債法總論》，第 458 頁。不同意見：林誠二，《民法債編總論（上）》，第 473 頁。

❷ 對此爭議，詳閱例題 48。

❷ 參閱 Staruβ/Büβer, Fälle und Lösungen, S. 138.

184 條第 1 項前段的損害賠償責任，而和漢堡店 C 構成民法第 185 條第 1 項前段的共同侵權行為，因此形成連帶債務，所以 C 漢堡店似乎可以主張 B 必須內部分擔損害賠償（參照民法第 281 條）。但有鑑於民法第 188 條第 3 項將賠償責任全部加諸直接侵害人，而免除間接加害人責任，基於同樣的價值判斷，本題的直接加害人 C 終究必須負起全部損害賠償責任才是。

**結論：A 可以對 C 主張全部的損害賠償。**

## 例題 40　環境污染及保護——危險製造人責任

　　A 大學生向房東 B 承租雅房一間。在搬進不久後，始發現鄰近的工廠 C 經常會在傍晚燃燒莫名物體，含有硫磺的陣陣廢氣飄進 A 的房間。起初 A 不得不忍受，但久而久之，A 察覺自己的呼吸系統有問題，遂就醫，支出醫藥費，而房間牆壁也發生剝落損害。A 向 C 工廠抗議，但 C 表示，其排放廢氣，已經完全符合行政主管機關依空氣污染防制法所定的廢氣排放標準，A 卻認為該標準是 3 年前的標準，早已過時。

問：A 應如何向 C 主張？

### 說　明

　　對於環境污染責任，永遠必須考量兩個請求權基礎 **❷**：①民法第 793 條及②民法第 191 條之 3。到目前為止，我國的環境污染民事責任是過失損害賠償責任，所以往往會對求償者造成阻礙，因此是否要有「無過失責任」的特別立法，值得立法者考量。

### 擬　答

1. A 可能可以根據民法第 793 條，請求禁止工廠 C 再排放廢氣。構成要件檢查如下：

⑴必須是無體污染源入侵

　　按民法第 793 條所列舉的侵害源，都具備有相同的共通點：即都是無形體的污染客體，因此條文所謂「其他與此相類者」是否也必須是無體污染客體，例如光害或是輻射？則不無疑問。有認為只要侵入客體是難以計量的小物體，例如落葉或是蜂群，都有適用 **❷**，甚且精神上、美學上的侵入，例如鄰地土地所有人的上空浴等等，亦有適用。但不論如何，本題工

---

**❷**　參閱邱聰智，《公害法原理》，第 226 頁。

**❷**　參閱 Jauernig, §906 Rdn. 2.

廠所排放出來的含有硫磺的陣陣廢氣，已經符合民法第 793 條的「臭氣」，自無疑義。

⑵ A 須為適當的請求權人

舊民法第 793 條原文雖以土地所有權受侵害始得主張，但相關氣響侵入，亦常對建築物或其他工作物發生侵害，基於相同的立法禁止目的，實不見不能適用之理，故為杜絕爭議，民國 98 年的民法物權編修訂，特將「建築物及工作物」受侵害列入。除此之外，土地或是建築物承租人是否亦可主張民法第 793 條？參照廣被學說❸所肯定的相關最高法院 79 年第 2 次民事庭會議決議見解（土地承租人亦享有鄰地通行權），因此此次民法物權編修訂，亦加列民法第 800 條之 1，規定「第七百七十四條至前條規定，於地上權人、農育權人、不動產役權人、典權人、承租人、其他土地、建築物或其他工作物利用人準用之」，使得本題房屋承租人 A，明文成為民法第 793 條的權利主張主體。

⑶ 侵入的不法性

民法第 793 條對於土地污染源的禁止，其特點在於對於侵入行為的「不法性」認定，依條文但書規定，如果侵入輕微，則無不法性可言，土地或是建物所有權人負有容忍義務，但即使侵入重大，只要按土地形狀或是地方習慣而被認為相當者，亦無不法可言。而按條文但書立法，相關侵入行為的不法性，應由侵入人負舉證責任：

a. 侵入輕微

是否侵入輕微，基本上可由相關的行政法令規定加以認定，例如 C 工廠只要能舉證廢氣排放的種類及數量，已經符合一般行政法規範，則基本上就能被認定侵入輕微，因為畢竟主管機關所發佈的管制標準，提供了私人企業的營運注意及成本計算標準，所以必須使之具備一定的私法效力，否則任由第三人主張污染的侵權行為，勢必危害企業營運❸，故 A 負有容忍義務，但因為排放標準的行政規定只是一般抽象危險標準，所以不排除

---

❸　謝在全，《民法物權論（上）》，第 292 頁。

❸　參閱 Marburger, Die Regeln der Technik im Recht, S. 480 ff.

房屋承租人 A 仍可以就個別具體案例繼續舉證該侵入行為對於房屋的不堪使用或妨礙上，屬於重大侵害，例如可以以房價的大幅跌落為舉證證明，或是透過專家證明，相關廢氣管制標準過時、過鬆、不足等等。

### b.侵入重大

　　即使認定 C 工廠的廢氣排放是屬重大，但依民法第 793 條但書，只要按土地形狀、地方習慣相當者，亦非不法。所謂按土地形狀相當者，例如土地位在工業區或是位在機場附近，所謂地方習慣相當者，例如利用土地為婚喪喜慶或是廟會使用，以本題而言，因為 C 工廠位於工業區內，則房屋承租人 A 即有容忍該重大污染入侵的義務。

**結論：A 無法根據民法第 793 條禁止 C 工廠排放廢氣。**

### 2. A 可能可以根據侵權行為，向 C 工廠主張損害賠償及防止廢氣侵入

#### (1)民法第 191 條之 3、第 195 條第 1 項

　　民法第 191 條之 3 規範有所謂「危險製造人責任」，條文本身在展現危險源製造人或是持有人的「社會安全注意義務」，但原文文字的使用卻是極度抽象，而令人難以掌握其規範對象[32]，但不論如何，立法理由書清楚指稱例如「工廠業者排放廢水廢氣」，因此本題 C 工廠環境污染責任，可以適用該條文規範，應無疑義[33]。要件檢查如下：

#### a.權利受侵害

　　本題 A 健康法益受有傷害，自無疑問，有問題的是，A 所承租的房間牆壁發生剝落損害，A 有無權利受侵害？因為 A 不是房屋所有權人，所以並無所有權受侵害，但是 A 卻可以主張因為房屋牆壁脫落，致使其無法順利使用房屋，因此 A 的租賃使用權受侵害，而租賃權原本只是債權，但自承租人占有房屋而對房屋取得直接支配力後，承租人的租賃占有權即受絕對保護，而成為民法第 184 條第 1 項的「權利」保護客體，因此 A 主張其「租賃權」受有侵害，自是適當。

#### b.不法的侵害行為

---

[32]　相同質疑：王澤鑑，《特殊侵權行為》，第 277 頁。

[33]　參閱最高法院 96 年臺上字第 450 號判決。

如同其他侵權行為，民法第 191 條之 3 亦要求 C 工廠須有不法的侵害行為，即必須以其排放足以對他人財產或是人格法益致生危險的氣體為必要。但工廠所排放的廢氣的質或是量，是否已經足以致生危險，是一不易認定的事實，但首先受害人得以相關的污染管制標準為舉證，如此法院即可以經由自由心證（參閱民事訴訟法第 222 條），認定該超出污染管制標準的污染「通常」確實是一危險源。但該舉證對受害人而言，誠非易事，相反地，廢氣的排放是發生在工廠內，而基於「危險領域理論」原理：「誰越接近危險發生的領域，應越能了解危險發生之原因」，故應由工廠 C 負舉證負擔才是❸。換言之，工廠 C 必須透過證據的提出，例如工廠運作紀錄或是操作人員的證言，證明其廢氣排放已經合於法規標準，如果 C 工廠無法舉證，則應就可以認定工廠 C 有不法的侵害行為存在。但進一步要問的是，此時是否有民法第 793 條類推適用的可能性？在類推適用民法第 793 條之下，如果污染侵害屬於輕微，則 A 負有容忍義務，但如果侵害屬於重大，只要是與土地形狀、地方習慣相當者，亦無不法可言。對此問題可以以兩個層面加以討論：

(a)財產法益受侵害

基於民法第 793 條是保護相鄰地使用不受氣響侵入的規範意旨觀之，自是不應排除民法第 793 條的相關立法價值判斷，類推適用於侵權行為，特別本題也正是 A 的房屋不動產財產權（租賃權）受廢氣侵入之情形（參照民法第 800 條之 1），而一般而言，符合排放標準的廢氣應被認定屬於「輕微」的污染，故相鄰地關係人 A 應有容忍義務，但不排除 A 可以再行舉證，相關管制規定標準不足，故屬重大侵害。而即使本題 C 工廠廢氣排放是屬於「重大侵入」，但在類推適用民法第 793 條之下，如果 A 所承租房屋是位於工業區內，則 A 也必須對於房屋牆壁的損害，負有容忍義務。

(b)人格法益受侵害

本題 A 亦有健康法益受侵害，而不同於上述的財產法益受侵害，本題擬答認為，民法第 793 條在此應無適用之餘地，一是因為民法第 793 條是

---

❸　參閱 Staudinger/Roth, §906 Rdn. 176.

針對相鄰地關係的不動產利益保護，而不及於人格法益保護，二來則是健康法益具有高度的保護利益，即使是污染輕微，只要受害人有健康的不利益發生，受害人都無容忍的義務，因此 C 工廠所排放的廢氣確實是不法侵害到 A 的健康。

　　c.免責舉證

　　依民法第 191 條之 3 原文及立法理由書稱「請求賠償時，被害人只須證明加害人之工作或活動之性質或其使用之工具或方法，有生損害他人之危險性，而在其工作或活動中受損害即可，不須證明其間有因果關係」，所以民法第 191 條之 3 並不要求受害人必須舉證其①權利受侵害和不法侵害行為間具有因果關係及②侵害行為的主觀可歸責性（故意或是過失），相反地，因果關係及主觀可歸責性舉證，皆倒置改由加害人負擔，以本題為例，如果 C 工廠欲免除其損害賠償責任，則必須就以下兩點舉證：

　　(a)因果關係舉證

　　例如 C 工廠可以舉證受害人的傷害不是由其污染所引起，而是受害人本身的疾病所引起。

　　(b)主觀的可歸責性

　　C 工廠也可以就其廢氣排放的不法侵害行為，就欠缺主觀可責性（故意、過失）進行免責舉證，例如無其他狀況可以使 C 工廠懷疑相關行政法規範的標準不足，或是工廠所使用的污染設備已經經過國家檢驗合格認證等等，就後者而言，往往政府主管單位所制訂的管制標準就正是國家檢驗的標準，因此 C 工廠即得以污染防治設備已經過國家檢驗合格為由，而免除其損害賠償責任。

**結論：** **終究 C 可以主張其工廠對於廢氣排放並無過失，所以不須對 A 負起民法第 191 條之 3 的損害賠償責任，但仍應依民法第 18 條防止廢氣的繼續排放。**

　⑵民法第 184 條第 2 項

　　除民法第 191 條之 3 之外，可以考慮的是，A 是否能以 C 工廠違反相關的「保護他人之法律」，而根據民法第 184 條第 2 項，在無須特別舉證 C

侵害行為的不法性及主觀可責性下，向 C 主張損害賠償責任？

　a. 民法第 774、793 條

　　民法第 774、793 條固然是保護他人之法律，但是因為前者僅是一抽象的概括宣示規定，其根本的具體內容尚有待依個案情況加以認定及填補，而民法第 793 條即是其進一步的具體規定，應優先適用，但因民法第 793 條條文本身已是獨立的請求權基礎，而且也僅清楚規範「禁止」的法律效果，所以也不宜再將之認定是民法第 184 條第 2 項的「保護他人之法律」❸❺，而再賦予有損害賠償效果。

　b. 空氣污染防制法

　　空氣污染防制法是否為民法第 184 條第 2 項所謂的「保護他人之法律」，則不無疑問，有認為❸❻空氣污染防制法只是授權行政機關認定管制標準，是對行政機關行政行為的規範，不是民法第 184 條第 2 項所謂「保護他人之法律」。但不乏有學說❸❼認為，主管機關所發布的管制標準也是一種對企業的行為規範，況且將空氣污染防制法賦予私法效果，也可以提供一般受害民眾求償準則，因此不排除也是民法第 184 條第 2 項的「保護他人之法律」。但不論如何，如上所述，C 工廠終究可以舉證其對廢氣的排放並無過失，因而免負損害賠償責任。

**結論：C 亦無民法第 184 條第 2 項的責任。**

 **題後說明**

　　由本題的解題內容可知，行政機關所設的管制標準，對於受害人的侵權行為求償，將會有重大的影響，因此主管機關在訂定管制標準時（例如對三聚氰胺含量的管制標準），應謹慎再三。

---

❸❺　參閱邱聰智，《公害法原理》，第 241 頁。感謝東吳大學學生的課堂討論意見。

❸❻　參閱 LG Münster NJW-RR 1986, 947。

❸❼　Marburger, Die Regeln der Technik im Recht, S. 480 ff.

## 例題 41　麻醉藥劑的注射——醫療過失

　　A 在大學念法學院時，認識 B，兩人在畢業後即閃電結婚，隨即專心準備國家考試。A 畢業當年即順利考上律師並執業，但 B 始終參加考試不如意，故而影響兩人感情，在結婚三年後，兩人因判決而離婚，並由 A 按月給付 B 贍養費。

　　不久 B 因眼睛時常模糊不適，到 C 診所就診。C 表示是青光眼，不能拖延，必須手術，否則會永久失去視力，而手術的成功率極高，但手術前必須注射麻醉藥劑，C 向 B 表示，該麻醉藥劑會使瞳孔放大，視力短暫模糊，所以不宜獨自開車前來手術，以免危險，B 表示理解。誰知，手術後 B 卻永久完全失去視力，B 喪志之餘，不再參加國家考試。專業醫師表示，此種麻醉藥劑就如同注射疫苗般，雖有永久完全失明的可能，但發生機率極小（低於千萬分之一）。

問：B 如何向 C 主張侵權行為責任？

### 說　明

　　醫療爭議案例時有所聞，而依現行實務見解，並不採無過失責任，故必須回歸民事侵權行為的過失原則，對於受害人的求償，自是造成困難。

### 擬　答

#### 1. 消費者保護法第 7 條

　　消保法第 7 條明文將服務業納入規範，因此之前非常有爭議的是，醫療行為是否也包括在消保法第 7 條所謂的「服務」中？最高法院❸以避免「防禦性醫療」為由，而認為應該「目的性限縮」消保法第 7 條的「服務」範圍，而排除醫療行為的適用，如此意見雖引起學說❸爭議及討論，但在

---

❸　最高法院 95 年臺上字第 2178 號判決。

❸　王澤鑑，《特殊侵權行為》，第 331 頁。

民國 93 年修正醫療法第 82 條明訂：「醫療機構及其醫事人員因執行業務致生損害於病人，以故意或過失為限，負損害賠償責任」之後，最高法院 **❹**再更加確認消保法的無過失損害賠償責任，並不適用於醫療行為。

### 2. 民法第 191 條之 3

　　民法第 191 條之 3 規定有所謂「危險製造人責任」。如依法律理論，民法第 191 條之 3 是規範法定的「社會安全注意義務」違反責任，是以因工作或活動的性質而有生損害於他人危險者為規範對象 **❹**，換言之，是以從事的工作或是活動的本質上具有危險者，而加諸行為人有民法第 191 條之 3 的安全注意義務。只是條文用語過於抽象，而難以界定其外延 **❹**，是民法第 191 條之 3 立法及適用上最大的問題及困難，以本題而言，醫療行為有無適用「危險製造人責任」，即不無疑問。本題擬答認為，醫療行為，特別是侵入性醫療，自是具有高度危及個人生命、身體、健康法益的危險行為，非具專業及一定經驗的醫生不能為之，故醫療行為的工作及活動危險本質顯而易見，因此醫療人員必須負起應有的社會安全注意義務，自無疑義，但最高法院 **❹**卻一再重申，「醫療行為並非從事製造危險來源之危險事業或活動者，亦非以從事危險事業或活動而獲取利益為主要目的，亦與民法第一百九十一條之三之立法理由所例示之工廠排放廢水或廢氣、桶裝瓦斯廠裝填瓦斯、爆竹廠製造爆竹、舉行賽車活動、使用炸藥開礦、開山或燃放焰火等性質有間，並無民法第一百九十一條之三之適用」，而否認醫療行為責任可以適用民法第 191 條之 3。只是醫療行為和上述的工作或是活動相較，實不知究竟有何危險本質上的不同？抑或最高法院僅是依不同的專業知識領域而做不同的責任區別而已？實令人感到疑惑。

### 3. 民法第 184 條第 1 項前段

　　不論如何，醫療過失終究有民法第 184 條第 1 項前段的適用。因此本

---

**❹**　最高法院 96 年臺上字第 450 號判決。

**❹**　參閱民法第 191 條之 3 的立法理由。

**❹**　相同意見：王澤鑑，《特殊侵權行為》，第 254 頁。

**❹**　最高法院 95 年臺上字第 2178 號判決；最高法院 96 年臺上字第 450 號判決。

題醫師 C 是否必須對病患 B 負起侵權行為損害賠償責任，取決於以下的要件討論：

⑴ B 權利受侵害

本題 B 永久失明，身體完整性受有侵害，自無疑義。

⑵ C 有不法侵害行為

a. 手術行為本身的瑕疵

本題 B 永久性失明，可能是起因於醫師 C 手術或是注射行為的本身瑕疵，但對於病患 B 來說，該舉證存在有極度的困難，因此 B 應以如下的主張較為有利。

b. 醫師說明義務違反

本題醫師 C 注射麻醉藥劑於 B 的身體，是一侵入性醫療行為，也是一種「直接侵害行為」，所以該行為的不法性應依「結果不法理論」，可以直接由傷害結果導出，如果醫師 C 要主張其侵害行為並無不法，則必須負起阻卻違法事由的說明及舉證，而醫療行為最重要的阻卻違法事由，即是病患的同意，而病患的有效同意，則必須取決於醫師必須充分履行其說明義務。

(a) 階段式說明

對於醫師說明義務的方式及程度，醫界及法界一直存在有爭議。前者認為，醫師不可能就全部的醫療必要性、風險性及副作用，一一鉅細靡遺加以說明，而且過度的醫療說明，反而會引起病患對醫療行為的卻步，而耽誤病情。相反地，法界卻認為，個人身體法益具有絕對不可侵犯性，所以病患有權利知道所有的醫療行為過程及危險。在如此的爭議下，德國學界採用所謂「階段式說明理論」❹，認為醫師首先僅須就一般的①醫療必要性、②風險性及③副作用加以說明即可，而無須對於特殊、個案的風險情況加以說明，但如果醫師明知病人為特殊過敏體質，則仍有加以特別說明的義務，而在病患聽取該一般醫療說明後，如果清楚展現出對醫師的信賴，因而未再追問其他詳情時，即是有效的同意。但如果病患對於醫療細

❹ 參閱 Medicus, gesetzl. ShuldRVer., S. 22。

節有所疑問時，醫師即必須負起再說明義務，但不排除醫師有鑑於病患的特殊病情及個人情況，例如恐怕病患知道病情後會有自傷之行為時，則例外地醫師可以不加以說明（所謂「醫師的醫療特權」）❹。

(b)絕對必要的說明

根據階段式說明理論，因為本題醫師 C 已經對 B 說明不手術就有失明的可能（醫療的必要性），且手術的成功率極高（風險性）及麻醉針劑所會引起短暫視力模糊的結果(副作用)，所以基本上已經履行其一般說明義務。問題是，C 卻未向 B 說明，此種針劑也可能會在個案上引起永久性完全失明，有無違反說明義務？固然如同其他專業醫師的證言，注射此一針劑所引起的永久性完全失明的可能性極度微小，而且屬於個案，所以似乎就不在醫師的一般說明義務範圍，但是如果認為阻卻醫療行為不法性的根據乃在於病患的「同意」，在此觀點下，醫師的說明範圍認定，就應以該醫療行為的風險是否會被一般病患所考慮為標準，而一個永久性的醫療傷害，例如本題 B 的永久性完全失明，即使其可能性再如何低（僅有千萬分之一），明顯地都是為一般人所關心，最終都會將之列入手術的考量點，因此醫師必須負起說明義務才是，所以本題如果一般醫師都會預見到該麻醉針劑注射所會引起永久性失明的可能，而 C 卻未對病患加以說明，則醫師 C 自有醫療上的過失。

(3)因果關係

B 的眼部在經過麻醉手術後，發生永久失明情況，專業醫生表示，此種麻醉藥劑確實會有引起永久失明的可能，因此如果醫師 C 無法提出反證，據此法院即可根據民事訴訟法第 222 條，認定因果關係的存在。問題是，醫師 C 可否主張，即使在告知該永久性完全失明的風險後，病患基於專業的欠缺及對醫師的信任，一般而言都仍會同意接受麻醉藥劑注射，則 B 所受的傷害當然就和醫師 C 的說明義務違反，無條件因果關係可言。如此的主張被學說❹所明白拒絕，因為個人的身體法益具有絕對不可侵犯性，

---

❹　參閱 Deutsch, NJW 80, 1305 及王澤鑑，《侵權行為法》，第 284 頁。

❹　Brox, SchR AT, Rdn. 331.

換言之，個人對於身體法益具有絕對自主權，他人不能代為決定，因此即使預知本人會同意醫療行為，除非是在緊急情況，該同意仍應必須由本人親自為之，而不能藉由因果關係理論，變相改由醫師代為之，因此本題醫師無得以欠缺因果關係為由，而免除其損害賠償責任。

### ⑷損害賠償範圍

#### a.所失利益

本題的損害賠償範圍，亦值得討論。依民法第 193 條、第 216 條第 1 項規定，可知醫師 C 必須對 B 所失利益為賠償，而本題 B 可以考慮的所失利益就是因未參加國家考試取得律師資格，所可能喪失的一般執業律師的收入。B 對於如此所失利益的存在，舉證上當然困難，因此民法第 216 條第 2 項特別規定：「依通常情形，或依已定之計劃、設備或其他特別情事，可得預期之利益，視為所失利益」，而簡化受害人的舉證，即受害人無須具體證明所失利益的確實存在，而僅須舉證在一般情況下，受害人會有利益的取得即可。以本題而言，如果 B 能舉證在一般情況下確實可以考上律師，例如其在校成績優異或是與上次錄取分數僅有些微差距，當法院基於自由心證（參照民事訴訟法第 222 條）而採信時，則依民法第 216 條第 2 項，即可以「推定」 ❹⁷一般執業律師的收入即是 B 的所失利益 ❹⁸。

#### b.與有過失

雖然醫師 C 必須負起一般執業律師的收入的損害賠償，但是否 C 可以主張，B 雖失明，但仍不排除可以參加國家考試，而 B 卻未為之，故而造成損害擴大，基於民法第 217 條第 1 項的「與有過失」，C 可以主張減少損害賠償？只是本題擬答認為，一個完全失去視力的律師，其將來執業收入的可能性，一般正常而言，機會並不大，因此如果 B 因而沮喪而未參加律

---

❹⁷ 民法第 216 條第 2 項條文雖規範是「視為」，但立法真意其實是「推定」，參閱黃立，《民法債編總論》，第 376 頁。

❹⁸ 當然也不排除 C 可以進一步舉證，B 在具體情況下，應無考取的可能，例如下屆律師考試錄取名額減少，或是考試方式變更，所以前次考試成績的參考性，即失其可信度等等。

師考試，其實仍難謂對於損害有所擴大可言。

c.損益相抵

在進行損害賠償的計算時，往往損益相抵也是重要的計算過程，民法第 216 條之 1 定有明文。以本題為例，因為親屬法的離婚贍養採「自我扶養」為原則（參照民法第 1057 條），所以雖然前配偶 A 對 B 負有贍養義務，但是 B 也必須根據自己的教育程度而尋找適當工作機會（例如尋求考試機會或是擔任法務助理工作），如果 B 疏於該負擔的履行，則自然 A 也就不須再負起對 B 的贍養，因此要考慮的是，B 的前配偶 A 對於 B 的贍養給付，是否會因為 B 的失去視力而無力履行尋找工作負擔，以致長久陷於生活困難（參閱民法第 1057 條），故而 A 必須延長對 B 的扶養年限，因此 B 受有利益，所以必須由損害賠償中扣除？基於如下兩個理由，本題擬答否認 C 有主張損益相抵的可能性：一是加害人不應因受害人對第三人有扶養請求權，而受有減少損害賠償的利益，二是離婚配偶在離婚後，如非婚姻因素而陷入生活困難，例如因金融海嘯而失業，或是因車禍或是醫療受傷而失去工作能力，應屬個人的生活風險，故也應由個人承擔，另一方配偶無須對之負起或是延長贍養責任❹，基於如此的理由，所以本題 B 並無得對 A 主張延長贍養給付，當然 C 也就無主張損益相抵的可能。

**結論：C 必須對 B 負起一般執業律師收入的財產上損害賠償，並依民法第 195 條第 1 項，負起非財產上的損害賠償。**

---

❹　參閱陳棋炎等著，《民法親屬新論》，第 265 頁。於此情形，並無民法第 1121 條的「情事變更」原則的類推適用餘地。

## 例題42　公立醫院醫師的手術──公務員侵權責任

A是B公立醫院住院醫師，因在手術時，不慎傷及病患C。
問：C可以如何求償？（本題不討論契約責任）

### 說　明

本題是東吳大學的勵學測驗試題，令人感到非常驚訝的是，在受測的百餘人中，竟無人討論民法第186條，可見公務員侵權責任受忽略的程度。

### 擬　答

1. C對A的求償

⑴C可能可以根據民法第186條第1項向A求償，其構成要件檢查如下：

a.A必須是公務員

基於民法第186條是民事侵權賠償責任規定，所以該條所謂的公務員，通說❺認為不須有依公務人員任用法規定而取得公務員資格者為必要，只要是依法令從事公務之人員，都是民法第186條第1項所謂之公務員。以本題而言，A是公立醫院醫師，其或是經過法律特別遴用（參照公務人員任用法第9條第2項：「特殊性質職務人員之任用，除應具有前項資格外，如法律另有其他特別遴用規定者，並應從其規定」），而具有狹義公務員身分，或是因為公立醫院屬國家機關，而依公務員服務法第24條規定：「本法於受有俸給之文武職公務員，及其他公營事業機關服務人員，均適用之」，故也可以被當成是廣義公務員，總之本題公立醫院醫師A終究是屬民法第186條第1項所規範之主體，應予以肯定。

b.執行職務違背法令

本題醫師A的醫療行為即是其依法所應執行的職務，而一般侵權行為的「社會相處安全注意義務」也是公務員執行職務時所應注意的法律上義

❺　林誠二，《民法債編總論（上）》，第277頁。

務❺，因此本題醫師 A 於醫療時，未盡社會相處安全注意義務而致病患 C 受傷害，自也是屬違背法令而不法傷害 C 之行為。

c.公務員責任補充性原則

根據民法第 186 條第 1 項後段規定：「其因過失者，以被害人不能依他項方法受賠償時為限，負其責任」，換言之，公務員執行職務時，如因過失而傷害他人，則受害人必須優先根據其他法令受償，在無法求償下，始能向公務員求償，是謂「公務員責任的補充性原則」。因此本題受害人 C 如欲因醫師 A 的手術不慎而對之請求侵權行為損害賠償，則必須是無法依其他法令獲償時，始能為之。而所謂其他法令，最重要的就是指「國家賠償法」。

依國家賠償法第 2 條第 1 項規定：「公務員於執行職務行使公權力時，因故意或過失不法侵害人民自由或權利者，國家應負損害賠償責任」，因此如果本題 C 可以向 B 公立醫院請求國家賠償，則依民法第 186 條第 1 項後段的「公務員責任補充性原則」，A 就不再對 C 負損害賠償責任。只是依國家賠償法規定，並不是所有公務員行為所造成的傷害，都是國家賠償的對象，而必須是以公務員於執行職務行使公權力時為必要。所謂「行使公權力」是指公權力機關以公權力地位行使職權。而何時公權力機關以公權力地位行使職權，就具體案例的判斷上，也時有爭議，一般而言，當公務員所為的行為涉及公益時，往往該公務員就是以公權力地位行使職權，據此，本題醫師 A 的醫療行為僅是針對個人病患，而非涉及公益，所以不是以公權力地位執行職權，所以 C 因此所受的傷害，當然就不適用國家賠償法❺，換言之，C 不得根據國家賠償法向 B 請求賠償，且無「公務員責任補充性原則」的適用，所以 C 可以根據民法第 186 條第 1 項向 A 求償。

⑵民法第 184 條第 1 項

民法第 186 條第 1 項的「公務員責任」以非公權力行使為要件，因此公務員的民法第 186 條第 1 項私法上的侵權行為責任，遂構成民法第 184 條的特別規定，而排除民法第 184 條之適用❺。

---

❺　參閱 Palandt/Sprau, §839 Rdn. 38.

❺　參閱最高法院 96 年臺上字第 2524 號判決。

**結論：C 僅可以根據民法第 186 條第 1 項向 A 請求損害賠償。**

2. C 向公立醫院 B 的求償

⑴國家賠償法第 2 條第 1 項

因為公務員醫師 A 所為的醫療行為不是行使公權力，所以並不符合國家賠償法第 2 條第 1 項的要件，所以 C 無得對國家機關 B 醫院請求國家賠償救濟。

⑵民法第 188 條第 1 項

因為醫師 A 所為的醫療行為不是公權力的行使，所以因而所生的爭議，就不是公法爭議，而是私法爭議，因此不排除受害人可以依一般民法規定，向國家機關請求賠償，而適當的法律根據即是民法第 188 條第 1 項的「僱用人責任」❺❹，在醫院 B 所屬國家機關法人無法提出「分工式免責」舉證時，該國家機關法人必須對 C 負起損害賠償責任。

**結論：C 可以根據民法第 188 條第 1 項向國家機關法人主張損害賠償。**

---

❺❸　參閱最高法院 98 年臺上字第 751 號判決。

❺❹　參閱最高法院 67 年臺上字第 1196 號判例。

## 例題 43 連續被撞的受害人——多數侵權行為人（一）

　　A 在午夜和朋友狂歡之後，騎機車回家。半路上，為閃躲 B 違規停在紅線的汽車（參閱道路交通管理處罰條例第 56 條第 1 項第 4 款），而將機車駛入未禁止機車駛入的內線車道，卻被後面 C 所駕駛的汽車追撞而倒臥在地。兩小時後，A 仍無法起身，而被 D 合於法規所騎的人力三輪車碾過。事後確認，A 僅是手臂輕微骨折。

問：A 得否向 B、C 及 D 請求損害賠償？

### 說 明

　　民法第 185 條對多數人侵權行為的舉證簡化，在交通事故及環境污染的事件上，極具重要性，學習者不可不會。

### 擬 答

#### 1. A 對 B 的請求

　⑴民法第 191 條之 2

　　因交通事故所生的侵權行為責任，民法第 191 條之 2 是有利於受害人的特別規定，故應優先檢查，只是條文清楚規範，必須是汽車「使用中」始有適用，而本題 B 卻是將汽車停放路邊，故不合要件。

　⑵民法第 184 條第 1 項前段

　　雖然民法第 191 條之 2 不適用，但不排除 B 仍須依民法第 184 條第 1 項前段的一般侵權行為，對 A 負起損害賠償責任。構成要件檢查如下：

　a. B 為不法侵害行為

　　本題 A 受有身體法益侵害，自無疑義，問題是，B 將汽車停放於紅線路邊而導致 A 受傷害，是否是一不法的侵害行為？因為 B 停放汽車的行為是一「間接傷害行為」，因此該行為的不法性尚必須有違反相關的行為準則，始能確定，而可以考慮的行為準則計有：①社會相處安全注意義務②道路

交通管理處罰條例第 56 條第 1 項第 4 款：「在設有禁止停車標誌、標線之處所停車」，而因為「社會相處安全注意義務」必須就個案具體情況加以認定，例如是否汽車的停放確實會影響交通等等，所以建議以道路交通管理處罰條例所規範的抽象危險，作為架構 B 所違反的行為準則，對受害人較為有利。

　b.主觀可歸責性

　　即使本題 B 違規停車，而有不法侵害行為，但仍要問，B 對於該違規行為有無過失？即 B 是否可以預見該行為會導致其他用路人的危險？有問題的是，B 是在午夜將汽車停放於紅線，但午夜人車稀少，是否就一定能預見會造成交通擁擠、並對用路人造成危險？則實不無疑問，就該舉證上，確實會對 A 造成困擾。

小結：A 可能無法對 B 主張民法第 184 條第 1 項前段。

　⑶民法第 184 條第 2 項

　a.過失推定

　　為解決受害人舉證上的困難，民法第 184 條第 2 項特別規定，只要受害人舉證行為人違反相關法律，即可以請求損害賠償，相反地，將過失舉證責任倒置改由行為人負擔，就舉證法則上，民法第 184 條第 2 項相較於第 184 條第 1 項前段，深具功能性。

　b.責任成立因果關係

　　在肯定 B 違法停車行為具有可責性後，仍必須討論責任成立因果關係，即 B 違規停車是否是造成 A 受傷的原因？

　　⑷直接因果關係

　　明顯地，本題 B 違規停車並不是直接造成 A 受傷害的原因，而尚必須是因為 A 將機車駛入內線車道，卻被後面的汽車追撞始造成，因此對於如此複雜的間接因果關係，自有討論的必要。

　　⑸間接因果關係

　　①挑起 A 的行為？

　　本題 A 的受傷害，是因為 A 自己將機車駛入內車道，是自己決意所為，

因此 B 是否仍必須對因此所造成的結果負責？本題擬答認為，此處並無須特別考慮此一因果關係問題❺，因為法律禁止違規停車，其立法目的本就在防止交通混亂及意外事故的發生，換言之，其立法目的本就包括防範用路人會因車主違規停車，因而必須採閃躲方式，而造成危險，所以本題 A 的閃躲行為本就在 B 違規停車行為的風險算計中，根據條文目的性理論，自具有因果關係。

②相當因果關係

只是 A 的手臂骨折受傷，到底是因何原因引起，不得而知。是因被 C 撞倒在地而受傷，或是被 D 所碾傷？但不論何者，根據「相當因果關係理論」，A 為閃躲違規停車車輛，而將機車駛入內線車道，自然屬危險變換車道行為，如果真的被後面車輛追撞，也是在一般正常事務發展過程中，可以被合理想像，所以應肯定 B 違規停車的行為確實是造成 A 受侵害的原因，而具有因果關係。

**結論：B 必須根據民法第 184 條第 2 項及民法第 195 條第 1 項，對 A 負起損害賠償責任。**

2. A 對 C 的請求

A 可以根據民法第 191 條之 2 向 C 求償，而且根據條文原意，A 無須證明 C 因過失而未預見 A 駛入內線車道，或是骨折是被 C 所撞擊的因果關係，相反地，C 卻必須舉證 A 的骨折是被後來的 D 碾傷或是自己並無過失行為，否則 C 即必須對 A 負起損害賠償責任。

**結論：A 可以對 C 主張損害賠償。**

3. A 對 D 的請求

(1)民法第 191 條之 2 或民法第 184 條第 1 項前段、第 2 項

民法第 191 條之 2 將傷害結果的因果關係舉證負擔加諸於行為人，對於本題 A 無法舉證其骨折究竟是 C 或是 D 所撞擊引起，是一相當有利的規定，只是條文以駕駛「動力車輛」為規範行為對象，而不包括人力三輪車❻。所以 A 僅能以民法第 184 條第 1 項前段及第 2 項向 D 求償，而兩者

---

❺ 參閱例題 35。

請求權基礎，都以 A 必須舉證其所受骨折傷害是因 D 的行為所造成，但是本題題意卻無法肯定 A 的手臂骨折究竟是被何人所撞擊而起，因此形成 A 對 D 求償上的困難。

(2)民法第 185 條第 1 項後段

為解決此一難題，民法第 185 條第 1 項後段在因果關係的舉證上，做有利於受害人的規定。要件檢查如下：

a.數人各自有傷害行為

民法第 185 條第 1 項後段的適用以數人各自有傷害行為為前提，但卻無法證明何者行為才是引起傷害結果。以本題而言，對於引起 A 骨折傷害的可以被考慮的行為計有：B 的違規停車、C 的汽車追撞，及 D 的人力三輪車碾過。

b.主、客觀要件

(a)行為人間的主觀意思聯絡？

因為民法第 185 條第 1 項後段是在簡化數人不法侵害行為的因果關係證明，所以明顯無須以數人間須有意思聯絡為必要❺❼，只要數行為在客觀上是造成危險的原因，即為已足❺❽。

(b)修正客觀理論

但德國最高法院❺❾認為，民法第 185 條第 1 項後段的數人侵權行為的因果關係證明簡化，應限於必須是數行為在客觀上有空間及時間上的共同關連性為必要，以免民法第 185 條第 1 項後段的適用範圍過廣，而不利於其他和該事件無空間、時間上相關連的行為人，使之負起毫無關連性的偶發責任，例如某機車騎士曾超速騎車經過動物園，即必須因而對同一時間整個動物園所發生的交通意外事故負責？或是某小學生曾在動物園撿石頭丟動物，卻也必須對一星期後的其他學生的丟石頭行為連帶負責？如此的

---

❺❻　參閱邱聰智，《新訂民法債編通則（上）》，第 231 頁。

❺❼　比較最高法院 55 年臺上字第 1798 號判例。

❺❽　比較司法院例變字第 1 號。

❺❾　BGHZ 25, 274.

因果關係推定，都未免失之過廣。有疑問的是，本題 B、C 的傷害行為和 D 的傷害行為，相隔兩小時，是否仍屬在時間上有相關連性，故而 D 必須負起民法第 185 條的連帶侵權責任？基於民法第 185 條第 1 項後段的「簡化因果關係證明」立法旨意，近來德國最高法院❻及學說❻已經放寬對於「空間及時間相關連性」的認定，只要行為人的行為基於事件的一貫整體發展，而可被認為和危險的形成有相關連者即可❻。依此，本題的 B、C 及 D 的傷害行為，雖然在時間上有所落差，但就事件的整體發展而言，三個行為有相互關連，因為 A 被撞受傷倒地，在漆黑的夜晚自生再被其他用路人撞擊的合理危險，至於被連續撞擊時間的落差，實已非關重要。

c. 不知誰是加害人？

⑷理論爭議

民法第 185 條第 1 項後段條文明訂以「不能知其中孰為加害人者」為要件，也凸顯該條文的「簡化因果關係證明」的立法目的。問題是，本題 A 手臂骨折，該傷害結果經由民法第 184 條第 1 項前段及第 2 項，早已被確認是 B 所引起，也經由民法第 191 條之 2 的「因果關係推定」認定是由 C 所引起，B 及 C 都必須對此負起損害賠償責任，因此是否 A 還可以根據民法第 185 條第 1 項後段，主張「不能知其中孰為加害人者」，而向 D 請求賠償責任？學說上頗有爭議。通說❻認為，民法第 185 條第 1 項後段於此不適用之，因為民法第 185 條第 1 項後段立法目的是在當受害人無法舉證加害人為何人時，所給予的救濟，因此如果受害人 A 已經可以向 B 及 C 基於因果關係的確定而主張損害賠償責任，則依民法第 185 條第 1 項的立法旨意，當然要拒絕將之適用於 D。少數說❻則認為，民法第 185 條第 1 項後段「不能知其中孰為加害人者」指的是只要某一行為人的行為無法被排

❻ BGHZ 101, 106, 112.

❻ Jauernig/Teichmann, §830 Rdn. 10.

❻ 參閱 Larenz, SchR II, S. 666.

❻ BGHZ 72, 355; Medicus, gesetzl. SchuldVer., S. 87.

❻ Wieling/Finkenauer, Fälle zum Besonderen Schuldrecht, S. 213.

除有引起傷害的可能性時，即有適用，所以 A 仍可以依民法第 185 條第 1 項後段向 D 求償，況且如果不適用民法第 185 條第 1 項後段，在 B、C 無資力的情況下，將會使得受害人 A 求償無門。

(b)解題意見

本題擬答採通說，因為就立法意旨觀之，民法第 185 條第 1 項後段只是舉證法則的簡化，並無保護受害人求償實現的立法目的，因此也就無額外再加一位賠償義務人給受害人的功能，所以只要當受害人已經可以確定某一加害人行為是引起權利侵害的因果關係時，即無再有適用民法第 185 條第 1 項後段之餘地。

**結論：A 無法對 D 求償。**

4.總結：A 可以對 B 及 C 根據侵權行為法請求損害賠償，但無得對 D 主張求償，而 B、C 兩人對 A 的傷害結果，形成連帶債務。

## 例題 44 示威抗議——多數侵權行為人（二）

政府正在和外國代表談判農產品進口,某農民自救會成員的領導人 A,號召農民到談判場地某飯店外進行抗議。為達到抗議效果, A 決意要包圍飯店門口, 不讓所有人員進出, 以阻絕協議的簽署。就在警方進行驅逐時, 一陣混亂, 飯店窗戶玻璃全被打破, 警方逮捕其中參與抗議人士 B 等共計 15 人。

問: A 及 B 是否必須對飯店負起損害賠償責任?

### 說 明

民法第 185 條對多數人侵權行為的舉證簡化規定, 雖然實務上對於受害人求償極具重要性, 但卻也不可以被濫用, 而有一定的要件考量, 學習者必須加以注意。

### 擬 答

1. A 號召農民包圍飯店的行為可能構成民法第 184 條第 1 項前段及第 185 條第 1 項前段的共同侵權行為（共同正犯）, 而必須對飯店負起損害賠償責任。要件檢查如下:

   ⑴飯店權利受侵害

   本題飯店窗戶玻璃全被打破, 所有權受有侵害, 除此之外, A 包圍飯店門口, 是否構成侵害營業權? 營業權受侵害以企業營業受①直接侵害及②故意侵害為必要, 而本題 A 包圍飯店的動機及目的雖然並不是在阻絕飯店的營運, 但是仍不妨礙其明顯有禁止飯店客人進出的意思, 所以也已經是構成故意阻擾飯店的營運, 故應肯定亦構成侵害飯店的營業權。

   ⑵不法性

   侵害營業權的不法性判斷, 必須適用「行為不法理論」, 即根據個別的案例情況,在衡量侵害人及受害人兩者的利益之後(所謂「利益衡量理論」),

始能求得結論❻。以本題而言，群眾包圍飯店不使他人營業，是一種暴力行為的實施，因為暴力的概念絕非僅限於將積極的力量加諸他人，也包括強制他人不能行動的消極行為，所以固然 A 對於侵害飯店營業權可以以憲法第 11 條及第 14 條的「表現自由」及「集會自由」主張其有正當利益理由，但對於 A 所採用暴力手段的適當性與否，卻仍有進一步討論的必要：

a. 憲法第 11 條的「表現自由」及第 14 條的「集會自由」

固然本題 A 有憲法所保障的「表現自由」及「集會自由」在基本權具有高度利益，但是法界❻的一致見解認為，「表現自由」及「集會自由」基本權的保護限於精神、思想層面討論的保障，而不容許以暴力手段遂行自己的意志實現。

b. 必要性考量

問題是，A 可否主張其「表現自由」非得透過包圍飯店如此激烈的方式，始能實現，故具有必要性，否則以小蝦米力量自難以對抗大鯨魚，自己意見永無實現的可能？只是基本權實現必要性的主張，仍不足以正當化暴力的行使，否則將置法律及社會秩序於不顧。況且，本題包圍飯店是否是表達、實現自己意見的必要及最後手段，其實也不無疑問，因為透過影響立法委員的議會路線，才是現代民主政治的常軌，而如果立法者怠於監督行政權，及立法本身上的疏失，尚有大法官的釋憲可作為最後人民基本權的保障制度，仍不能輕言使用暴力。

小結：A 有不法的侵害行為存在。

⑶主觀可歸責性

本題 A 號召農民，決意要包圍飯店門口，自是視自己的號召、指揮行為為包圍飯店行為的一部分（行為分擔），故是一故意侵害營業權行為（犯意聯絡）。

至於事後，就在警方進行驅逐時，所發生的飯店窗戶玻璃被打破的群眾行為，因為事出偶發，所以該行為有無包含在 A 當初的故意內，不無疑

---

❻　參閱例題 32。

❻　參閱 Köhler, PdW, SchR II, S. 252.

問，而有待事實的認定，如無足夠事實認定，基於舉證法則，應採否定態度。至於 A 是否必須對飯店窗戶玻璃被打破，負起過失賠償責任，亦不無疑問，因為示威抗議群眾的脫軌侵害事件，是基於自己決意的自主行為，其實和指揮者的號召動員行為已因因果關係中斷，而無客觀上的可歸責性。而即使肯定因果關係，則是否因為往往指揮者可以預見群眾難以控制，故肯定指揮者的過失，亦不無疑問，因為如果指揮動員者已經事先採取合理的避免措施，例如有紀律的組織分組或是糾察隊等等，也就難謂指揮者 A 即有過失。總之，本題擬答認為，對於示威抗議動員者的過失責任，不宜採過度寬鬆認定，否則動員者動輒構成侵權行為，將會使得其對於示威抗議活動裏足不前，而侵害其憲法上的「表現自由」及「集會自由」**❻❼**。

⑷損害的歸責

根據上述，A 和其他抗議的農民間，就包圍飯店侵害營業權部分（不包括飯店窗戶被打破），依民法第 185 條第 1 項前段成立共同侵權行為，所以 A 必須就飯店被包圍所引起的損害，負連帶損害賠償責任。

**結論：A 必須就侵害營業權部分，負損害賠償責任❻❽。**

**2. B 的責任**

⑴包圍飯店

因為 B 參與包圍飯店的抗議行動，所以必須根據民法第 184 條第 1 項前段及民法第 185 條第 1 項前段，負起飯店營業權受侵害的共同行為人連帶損害賠償責任。

⑵打破玻璃

至於 B 是否必須負起飯店玻璃被打破的損害賠償責任，則單是民法第 185 條第 1 項後段並無法加以判斷，因為民法第 185 條第 1 項後段只是對

---

**❻❼** 相反地，對於集會遊行指揮者的故意侵害行為，並不需做特意嚴格認定，因行為人本就對自己的故意違法侵害行為，清楚有所認知，所以不至於會妨礙其基本權，參閱 BGH NJW 1984, 1226.

**❻❽** 當然 A 也必須就民法第 184 條第 1 項後段及第 2 項、刑法第 304 條，負損害賠償責任。

於侵害行為是否是造成侵害結果的因果關係，做舉證上的簡化，換言之，如果根本無法證明本題參與示威抗議的農民 B 有敲打玻璃的侵害行為存在，而只是因為其曾參與示威活動，仍不足以適用民法第 185 條第 1 項後段。即使 B 因為參與示威活動非常激情，而有相當大的可能性打破飯店玻璃，但僅是如此的懷疑，也仍不足以正當化適用民法第 185 條第 1 項後段。

**結論：B 也僅須就侵害飯店營業權，負損害賠償責任即可。**

## 第三節　侵權行為與相關損害賠償

### 例題 45　新生命的可貴
#### ——wrongful life and unwanted child

試就以下個案，分析醫師侵權行為責任成立的可能：

1. 母親因吃感冒藥，導致嬰兒畸形。
2. 因產檢時未檢查出唐氏症，而生出畸形兒。
3. 因避孕手術失敗，產下一健康寶寶。
4. 醫生未經同意，而毀掉保存於精子銀行的精子。

### 說　明

Wrongful life and unwanted child 最早是在英美法上所引起的爭議，但在我國的文獻上卻不常被討論，本題提出粗淺的意見解說。

### 擬　答

1. 本題胚胎因醫師給予的感冒藥劑而發育不全，母親產下畸形兒。雖然孕婦服用感冒藥時，胎兒仍未出生，根據民法第 6 條規定：「人之權利能力，始於出生，終於死亡」，故似乎胎兒當時尚無權利能力，所以也無得主張有「權利」受侵害，但是根據民法第 7 條對於尚未出生胎兒的保護規定：「胎兒以將來非死產者為限，關於其個人利益之保護，視為既已出生」，因此本題終究可以肯定，即使是醫師過失行為致使尚未出生的胚胎發育不全，而產下畸形兒，法律仍肯定出生的畸形兒的身體法益是受醫師過失行為所侵害，故可以主張侵權行為損害賠償。

至於母親能否主張侵權行為損害賠償，則相當有爭議。有認為❶胎兒在法律上是分別獨立的個體，故侵害胎兒不構成對母體的侵害，但亦有認

---

❶　參閱 Düsseldorf NJW 88, 777.

為❷，胎兒在母體內，是母體的一部分，因此對胎兒的傷害就是對母體身體、健康法益的傷害。對此爭議，本題擬答認為，胎兒和母體間的法律關係，應回歸法律價值加以認定，而不應以生物醫學上的觀點加以認定，由民法第 7 條可知，立法者認定胎兒在法律上確實是獨立於母體而存在，而具有自己的權利能力，因此如果僅是胎兒受傷害，尚難即可認定母體就可以主張自己身體或是健康法益受侵害，除非例如胎兒因受侵害而為死產，因而對母體造成生命、健康威脅，或是必須特別以人工引產方式排出死胎，因而對母體身體造成傷害，否則以本題而言，母親尚難主張自己的侵權行為。

**結論：母親無得因胎兒畸形而主張自己的侵權行為。**

　　2.不同於上述 1.，本題醫師的侵權行為並非是直接對畸形兒的身體法益造成傷害，而是醫師並未給予正確的產檢及說明資訊，使得母親無法適時進行人工流產，英美法早有案例發生，稱之為 "wrongful life"。是否畸形兒可以向醫師請求侵權行為損害賠償？學說❸雖有少數肯定見解，但終究德國最高法院❹採絕大多數學界意見而否認侵權行為的成立，因為生命無價，並無好、壞、貴、賤區別，換言之，所有的生命都是等價，人類社會實無法對畸形兒的本質進行非價判斷，而認為該生命是一「損害」。正因為畸形兒的出生不是一種「損害」，所以醫師對畸形兒當然就不負有使之避免出生的保護義務，因此終究醫師對於畸形兒也就無侵權行為損害賠償責任可言。

**結論：wrongful life 的畸形兒不能對醫生主張侵權行為。**

　　至於母親得否以「本身得決定施行人工流產之權利」（墮胎自由權、一般人格權）受侵害為由，請求侵權行為損害賠償？最高法院 92 年臺上字第1057 號判決採肯定見解❺，但本題擬答卻持懷疑態度，因為婦女的懷孕與否，例如被強暴或是醫生避孕手術失敗而導致懷孕，或是如本題因醫生未

---

❷　參閱 Oldenburg NJW 91, 2355。

❸　Fuchs, NJW 1981, 610, 613.

❹　BGHZ 86, 240.

❺　參閱陳忠五，《月旦法學雜誌》，第 131 期，第 137 頁。

能適時幫母親人工流產，以致違反母親意願而繼續懷孕，母親都可以主張身體法益受侵害的侵權行為責任，基於補充性原則❻，並不宜再討論母親是否有「墮胎自由權」的一般人格權受侵害，否則將不當擴張一般人格權的範圍，吾人可以試想，如果醫生未適時手術切除病患腫瘤，則病患是否也可以比照主張「本身得決定施行醫療手術的權利」（手術自由權、一般人格權）受侵害？果爾，則一般人格權的範圍將會無窮無盡，違反侵權行為法的保護特定權利的立法旨意。

**結論：　母親只能向醫生主張身體法益受侵害，而不能主張「墮胎自由權」受侵害。**

　　3.本題胎兒健康出生，是一 happy end，胎兒本身當然無得主張侵權行為的損害賠償。問題是，母親可否主張侵權行為？醫師因手術失敗，而致使母親懷孕，造成母親身體上發生變化，當然構成母親的身體法益受侵害❼，問題是母親身體因懷孕所產生的生理變化及不便，和緊接著迎接新生命的倫理價值及喜悅，兩者是否必須合併觀察？換言之，懷孕的不便是生小孩的必然過程，所以母親能否主張受有身體法益的侵害？本題擬答認為，母親身體所受的生理變化和小孩出生所獲得倫理上的喜悅，必須分離獨立觀察，始是具備正當性，吾人可以試想：詐欺或脅迫他人訂約，即使受詐欺或是受脅迫之人事實上可以由訂約中獲利，但卻仍是造成其訂約自由利益上的損害，而構成侵權行為，實不見親屬法上扶養小孩的倫理價值可以否認母親身體法益受侵害的根據何在？

　　民法第 184 條第 1 項前段的侵權行為損害賠償責任，除「權利」受侵害外，尚須以損害的發生為必要，而在生育計畫外的「小孩」出生，是不是一「損害」，自始是民法上有名的爭議問題。基本上，學說上一致的見解認為不能將「小孩出生」的結果本身，當成是一損害，因為人的存在，永遠是一積極正面的價值判斷，所以本題母親僅可以考慮，是否可以主張因為小孩的出世，而加重其生活費用支出的負擔，故有損害？一說❽認為，

---

❻　參閱例題 33。

❼　參閱 Staudinger/Hager, §823 B14。

小孩出生固然對於母親而言是一無價的非財產上利益，但是此一非財產上的無價利益卻不能和財產上的生活費用支出，混為一談，故仍應肯定母親的財產上損害存在❽。另一說❿卻認為，小孩出生對於家庭倫理上的意義和小孩的生活費支出，彼此之間不能單獨抽離觀察，而必須一體考量，因此對於子女扶養費用的支出，在家庭倫理意涵上，實不能稱之為是父母的「損害」，況且如果將小孩扶養費用當成是一損害，將會對子女心理造成負面影響，故不應肯定母親有損害存在，臺灣士林地方法院 84 年重訴字第147 號判決⓫，即採此說。

本題擬答認為，小孩在家庭倫理上的價值和小孩生活費支出之間，兩者必須獨立觀察，因為如上所述，實不見親屬法上倫理意義價值判斷可以否認民法損害賠償的根據何在？至於影響小孩心理成長因素者，關鍵應是在於父母對小孩有無細心、愛心的照顧，而非是扶養費用在法律上是否可以被當成是「損害」的法律見解，因此最終不應排除母親可以根據侵權行為主張財產上及非財產上的損害賠償。至於小孩生活費用損害賠償範圍，亦頗有爭議，德國最高法院⓬僅同意母親可以請求一般小孩的平均生活費用，而不考慮母親的家庭生活水準，換言之，即使父母親有更高的生活水準，但超出部分並無請求權。由此一結果，就可以看出，非期待兒 (unwanted child) 的生活費用支出損害賠償是一多麼困擾的問題，一方面德國最高法院肯定母親的損害賠償請求權，另一方面卻又認為小孩的扶養對於父母親及家庭而言，具有高度的倫理性，所以又不願將小孩的扶養義務全部加諸

❽ Mertens, FamRZ 1969, 251, 254.

❾ 最高法院 62 年臺上字第 2693 號判例亦採肯定說，只是理由頗難理解：「因被強姦所生子女而支出之扶養費，為侵權行為所生之財產上損害，被害人固得依民法第一百八十四條第一項規定請求賠償損害，但非同法第一百九十三條第一項所定之被害人因此增加生活上之需要」。

❿ Lankers, FamRZ 1969, 384.

⓫ 本判決請參閱王澤鑑，《侵權行為法》，第 159 頁。

⓬ 德國最高法院判決 (BGH FamRZ 1980, 654) 有非常詳盡及精彩的理由論述，值得一讀。

醫師加害人，特別是家境富裕小孩的生活扶養，應由父母親自己承擔該倫理負擔，因此最終德國最高法院對損害賠償額的判決結果，事實上已是採「家庭倫理上的價值意義和小孩的生活費支出不可分離性」觀點，實不無和前述有矛盾之處。總之，非期待兒的生活費用支出損害賠償，是民法上有名的爭議問題，尚有待我國實務及學說做進一步的討論。

**結論：母親僅可以就一般小孩的平均生活費用支出，向醫生主張損害賠償。**

　　4.人體的某部分和人體分離後，原則上即成為獨立之物，例如頭髮或是指甲，但如果所分離的部分是將來要再植回人體，則學說[13]認為，該部分仍未喪失身體法益的性質，典型例如人體的器官移植或是臍帶血，本題的精子亦是一例，雖然精子已經和人體分離而儲存於精子銀行，但其用途是待有朝一日再植回人體，發揮生殖功能，故應認為仍未喪失其身體法益性質，所以仍是民法第 195 條第 1 項的身體法益受侵害，故醫生未經同意，而毀掉保存於精子銀行的精子，必須對精子的源出主體負起非財產上損害賠償責任。

**結論：精子源出的主體可以對醫生主張侵權行為的非財產上損害賠償。**

---

[13]　Jauernig, vor §90 Rdn. 9.

## 例題 46　寡婦的請求權──民法第 192、194 條

　　A 在竹科電子工廠上班，工作收入穩定，其妻 B 則是法律系畢業的家庭主婦。某日 A 紅燈闖越馬路，被酒醉駕駛的機車騎士 C 撞傷。送醫急救後，A 仍在三天後死亡。A 的妻子 B 清償醫藥費後，傷心之餘，並幫 A 辦完喪事。B 日後的生活費用，只能靠所繼承的遺產及 A 所投保的人壽保險金度日，所幸 B 很快找到法務助理工作，但是因為第 1 個月要處理喪事，無法上班，所以只領得半薪（參照勞動基準法第 43 條）。

問：　1. B 可以向 C 請求什麼？

　　　2. 如果 B 又再婚，有無不同？

### 說　明

　　民法第 192、194 條是非常特別的侵權行為請求權基礎，特別是加進親屬法的扶養義務考量之後，對於學習者往往造成夢魘。

### 擬　答

1. B 對 C 的主張，可以考慮的請求權基礎是民法第 192 條第 1、2 項及第 194 條

　(1)請求項目

　a. 醫藥費

　　依民法第 192 條的原文，B 可以請求所支出的醫藥費用，但即使無該條文，B 也可因為繼承 A 對 C 的民法第 184 條第 1 項前段的請求權，而向 C 主張醫藥費用賠償。

　b. 喪葬費

　　民法第 192 條的重要性，在凸顯喪葬費用的請求：一是喪葬費用支出之人並無權利受侵害，而純粹是財產利益受損害，但例外亦得請求賠償；二是喪葬費用（包括靈骨塔費用）列入法定損害賠償範圍，加害人不得以

「反正終有一天必須支出」為理由，否定受害人損害的存在❶。

c. 扶養請求

　　B 依民法第 1003 條之 1 原本對其配偶 A 有家庭生活費用扶養請求權，而因 A 的車禍去世，B 遂喪失扶養請求權，根據民法第 192 條第 2 項，B 可以向 C 請求賠償。而賠償額度應以 A 的工作收入為衡量標準，至於賠償的時間長度，應以一般人的平均壽命為準（但不排除「超越的因果關係」證明考量，例如 B 已經罹患癌症，僅剩 5 年生存機會）。問題是，依民法第 1057 條規定，離婚配偶負有自食其力尋找工作的法律上負擔，換言之，只有在離婚配偶陷於生活困難時，始能請求贍養費，因而如果離婚配偶不履行該工作負擔，則另一配偶可以就離婚配偶本應該工作而獲得的收入部分，主張在贍養費中加以扣除。只是親屬法僅對離婚配偶加諸如此的工作負擔，對於未亡配偶卻無如此的負擔規定，因此如果本題 B 已超出其原本婚姻生活所無的工作負擔，例如找到法務助理工作，所得的薪資自無須在損害賠償中加以扣除。

d. 薪資所得的喪失

　　問題是，B 因為請喪假而無法領得的半薪，得否向 C 請求？本題 B 是在 A 死亡後，始覓得工作機會，因此其所短收的收入，客觀上實不能歸責於 C，況且，以民法第 192 條第 2 項原文觀之，B 也無得請求，而且因為民法第 192 條是相當例外賦予死亡家屬有自己的一般財產利益損害賠償請求權，所以條文的請求範圍解釋上，應趨於嚴格認定，而無擴張解釋的空間才是。

小結：B 可以向 C 請求醫藥費用、喪葬費用及扶養請求權喪失的損害賠償，並可根據民法第 194 條，請求非財產上損害賠償。

⑵損害賠償範圍的減免

a. 與有過失

　　本題雖然 B 的民法第 192、194 條是自己獨立的請求權基礎，但畢竟該請求權是起因於 A 的生命法益受 C 侵害的結果，而本題題示 A 因紅燈闖

---

❶　參閱 Medicus, gesetzl. SchuldVer., S. 14.

越馬路而被 C 撞傷，明顯 A 與有過失，是否 B 必須就自己的請求權而對 A 的與有過失負責？對此，最高法院 73 年臺再字第 182 號判例認為：「此項請求權，自理論言，雖係固有之權利，然其權利係基於侵權行為之規定而發生，自不能不負擔直接被害人之過失，倘直接被害人於損害之發生或擴大與有過失時，依公平之原則，亦應有民法第二百十七條過失相抵規定之適用」，可以贊同。

小結：B 的請求權應依 A 的與有過失程度，而被減免。

b. 損益相抵

民法第 216 條之 1 規定有損益相抵，以避免受害人因傷害行為反而受利。因此要問的是，B 因配偶 A 的死亡而取得的保險金及遺產，是否必須列入損益相抵？

(a)保險金

不論 A 所投保的是風險型或是投資型私人人壽保險，受害人都是為自己利益而投保，所以不宜再將 B 所得的保險金列入損益相抵項目，否則受害人就會自始無意願投保。但其他由政府編列預算為確保社會安定性利益的法定強制社會保險，例如勞保、公保保險金給付（甚至是社會急難救助），依最高法院 68 年臺上字第 42 號判例意見，仍無須列入損益相抵，但本題擬答卻主張必須列入損益相抵，換言之，加害人可以主張被害人已經獲得相當的勞保保險金給付，故損害已受彌平，而不得再向加害人主張損害賠償，但應改由國家保險機關代位向加害人行使求償（類推適用民法第 218 條之 1 並參照全民健保法第 82 條），否則如果無損益相抵原則的適用，一方面受害人可以雙重請求得利，另一方面國家對受害人所給付的保險金，最終將由全民買單，結果會不公平地加重納稅人負擔。總之，對於私人保險及具有社會福利性質的強制保險，兩者的損益相抵原則應予以區分。

(b)遺產

對於繼承遺產所生的損益相抵問題，德國最高法院❶認為，因為 A 的死亡，所以 B 提早繼承，因此必須扣除因提早繼承所得的利益。但 Medicus

---

❶　BGH NJW 1974, 1236.

教授❶卻認為，遺產根本不須列入損益相抵，因為遺產是被繼承人為家屬利益而遺留，實無理由加害人可以因而主張責任減輕，況且如果因為被繼承人的提早死亡，而致使家產累積減少，都不見被害人可以就減少部分向加害人請求損害賠償，當然提早繼承部分也無須列入扣除。

**結論：B 可以向 C 主張損害賠償，而無須就所得的人壽保險金及遺產扣除。**

2. B 的再婚，是否會影響其損害賠償請求？

如果 B 再婚，則依民法第 1003 條之 1 取得新的家庭生活費用扶養請求權，是否必須列入損益相抵，而減免 C 的損害賠償？

⑴德國最高法院❶採肯定說，其認為因為 B 再婚而取得新的扶養請求權，則當然其原先婚姻的扶養請求權即告消滅，因此民法第 192 條第 2 項的請求權也就跟著消滅。

⑵但 Medicus 教授❶卻認為，如果同意 B 因為再婚就喪失對 C 的損害賠償請求權，則將使 B 怯於再婚，而有違反憲法對於婚姻（結婚）自由保障之虞，況且如果 B 的第二次婚姻，以離婚收場，是否原先的婚姻請求權可以再度恢復？法律關係將陷於複雜。

⑶解題意見

再婚是否會影響先前婚姻的扶養請求權？以離婚而言，基於避免使離婚配偶變相享有兩個婚姻生活的扶養，而不符合親屬法只承認單一婚姻的價值判斷，所以通說❶認為，再婚將會消滅先前婚姻的贍養請求權。但如果是因為前配偶死亡而再婚，因不同於離婚情況，本題擬答傾向認為，B 不因而喪失前婚姻的扶養請求權及對 C 的損害賠償請求權，否則如果 B 第二次婚姻的生活水準未若前婚姻，致使 B 的生活水準降低，並消滅 C 的賠償義務，確實會有礙 B 的再婚意願，而與憲法婚姻保障不合。

**結論：B 的再婚不會妨礙其對 C 的損害賠償請求權。**

---

❶　Medicus, gesetzl. SchuldVer., S. 102.

❶　BGH NJW 1970, 1127.

❶　Medicus, gesetzl. SchuldVer., S. 104.

❶　陳棋炎等著，《民法親屬新論》，第 267 頁。

## 例題 47　偷書的雅賊──費用支出和損害賠償

　　A 在臺北市精華地段，經營 24 小時開放的雅致書局，但卻發現不斷有書籍失竊，為避免損失，A 除在門口設置磁性感應器外，更在書局門口顯眼處放置告示牌：「書籍封套，請勿撕除，否則視為購買。竊書者，除法辦外，尚必須賠償書本原價 5 百倍。凡舉發竊盜者，發給獎金 3 千元」。

　　有一大學生 B，趁 A 不注意時，拆除 A 用塑膠套包住的一本民法實例研習（價值 5 百元）封套，並將之放入外套口袋，但未到櫃臺結帳即欲離開，被顧客發現而抓住，交由 A 處理。A 委由店員將 B 送至警局，書局因為該竊盜事件及店員不在，營業顯得混亂而受影響。

問：A 可以對 B 如何主張？

### 說　明

　　「損害」不但是侵權行為的構成要件，也是行為人賠償的範圍根據，因此認定、計算受害人的損害，也經常成為侵權行為的考題。

### 擬　答

1. A 可能可以向 B 主張書價 5 百元及 5 百倍的損害賠償。而該請求權存在的前提，必須是以 A、B 間的定型化契約有效成立為前提

　⑴概念

　　定型化契約的概念，首先可以依消費者保護法第 2 條第 9 款及第 2 條第 7 款規定得出，只是消保法的定型化契約概念能否適用於本題，不無疑問，因為本題 B 是一小偷，其根本就沒有訂約意思，所以自也不是消費者保護法第 2 條第 1 款所謂的「消費者（指以消費為目的而為交易、使用商品或接受服務者）」。

　　雖然 A、B 間法律關係無法適用消費者保護法規定，但是仍有民法第 247 條之 1 的適用：「依照當事人一方預定用於同類契約之條款而訂定之契

約」，而本題 A 所放置告示牌內容確實是以①預先準備好的契約條款②且也欲將該條款一般適用到其他相同情況的一種契約型態，所以是一「定型化契約」（亦又稱之為「附合契約」❷），自無疑義。

(2)成立

定型化契約的成立就如同一般契約般，必須有要約及承諾。討論如下：

a.要約

本題 A 在書局門口放置、公告定型化契約條款，是一要約，但問題是民法第 247 條之 1 並無如消費者保護法第 13 條第 1 項般，對於定型化契約條款構成契約內容的要件，規範須有「明示其內容顯有困難」時，才能採公告方式的嚴格規定，因此本題 A 的公告定型化契約條款方式，是否必須以「明示其內容顯有困難」為要件，則不無疑問。基於民法及消費者保護法規範定型化契約的立法目的，都是在保護定型化契約相對人的利益，藉以約束定型化契約條款使用人，不能濫用，再參酌德國民法第 305 條對於定型化契約條款構成定型化契約內容的要件規定，都並未特別區分消費關係的有無，故本題擬答認為消費者保護法第 13 條於本題自也應有適用之餘地，因此要問的是，A 在書局門口放置、公告定型化契約條款，有無「明示其內容顯有困難」？一般而言，書局是屬於開放式營業，進出的顧客既不定時，亦為不特定多數，因此如果要求必須對隨時進出的顧客一一明示定型化契約條款，確實無合理期待性，因此本題 A 採公告方式，確實可以被接受。

b.承諾

定型化契約條款尚必須被相對人所承諾接受，始能構成契約內容。而通常當主契約成立，則即可以認定顧客有承諾接受定型化契約條款的意思，只是本題並非如此。另有認為，當顧客明知公告的存在，而進入商店時，即有默示意思表示承諾接受該條款，本題似乎即是如此，但必須強調的是，不能一概認定明知定型化契約條款而進入商店的顧客就有承諾默示的意思表示，不排除必須以個案加以認定，否則就是對於意思表示理論的忽視。

❷ 參閱黃立，《債法總論》，第 90 頁。

問題是，一個小偷真有如此的默示意思表示？以本題而言，在意思表示的客觀理論解釋下，顯然地小偷 B 並無承諾接受「書籍封套撕除，視為購買」或是「竊書者，賠償書本原價 500 倍」條款的意思，因為小偷者就是以無償取得為意圖而竊取物品，當然也就無購買及賠償的意思，因此終究 A 所公告的定型化契約條款，並不能構成契約內容。

**結論：A 不得根據定型化契約約定，向 B 主張書價 5 百元及 5 百倍的損害賠償。**

### 2. A 可能可以向 B 主張其他的損害賠償

#### (1)請求權基礎

　　本題 B 竊盜 A 書局書本，必須根據民法第 184 條第 1 項前段、後段及民法第 184 條第 2 項，負起損害賠償責任。問題是，B 是否必須根據民法第 245 條之 1 對 A 負締約上過失的損害賠償責任？本題 B 是在書局行竊的小偷，其並無和書局締約的意思，所以 A、B 間欠缺準備締約的接觸，甚為明顯，因此有無締約上過失的適用，也就不無疑問。對此，本題擬答傾向肯定，因為吾人可以試想，如果 B 是在購買書本同時又偷竊其他書本，則因為 B 已經和書局 A 有締約上的接觸，所以就必須負締約上過失責任，則相反地自始偷竊無數書本的小偷卻無須對書局負締約上過失責任，就法律責任的價值判斷上，實不無矛盾之處。

小結：B 必須根據侵權行為及締約上過失對 A 負損害賠償責任。

#### (2)損害賠償範圍

　　本題 A 所可能可以主張的損害賠償，種類繁多，討論如下：

a.書籍的占有返還

b.書籍的毀損

　　本題 B 僅是撕毀 A 自己所包的塑膠封套，只要 A 再用新封套包裝即可，實難謂書籍因此就遭毀損，或是就難以再出售，因此該損害賠償終究不成立。

c.營業混亂

　　本題書局因為該竊盜事件及店員不在，致使營業顯得混亂而受影響，

能否就此主張損害賠償，是一相當棘手的問題。

(a)營業收入損失

首先可以考慮，A 書局因為竊盜事件，影響其營業收入。固然民法第 216 條第 1 項規定：「損害賠償，除法律另有規定或契約另有訂定外，應以填補債權人所受損害及所失利益為限」，所以營業收入的減少，當然是受害人的「所失利益」，尚且民法第 216 條第 2 項對於受害人所失利益的舉證上，有特別的有利規定，使得受害人無須具體舉證所失利益的存在，但雖然如此，依條文文意，本題書局 A 卻仍必須舉證其所失利益，依通常情形是可以取得，但卻因 B 的竊盜而未取得的因果關係。對此，一般而言，小小竊盜事件是否真的會導致營業受影響，實有疑問。

(b)無用的費用支出 ❷❶

最有爭議的是，A 書局得否主張，其店員為處理該竊盜事件，故無法執行店務，書局因而平白支出薪水，故有損害？對此種處理傷害事件，受害人因而所造成的薪資、行政費用及時間上的浪費，學說稱之為「無用的費用支出」。至於「無用的費用支出」能否列入財產上損害，學說非常有爭議，目前通說 ❷❷ 認為，即使是其他事故，例如顧客不慎弄倒飲料，店員也必須特地加以清掃，而無法處理店務，日常任何種種小小事件都有可能引起商店的「無用的費用支出」，如果將之當成損害賠償範圍，勢必過度限制一般人的行動自由，因此只能將之當成是一般生活風險，而應由商店自行承擔該風險，除非商店為該等事件尚且必須多支出額外的費用時，例如特別的加班費，或是為信賴處理此等傷害事件而有特別費用支出，例如專為處理竊盜事件的保全人員的薪資支出 ❷❸，始能構成財產上的損害而請求賠償。

(3)舉發獎金

本題書局 A 依定型化契約，給付 3 千元的獎金給顧客，該 3 千元的支

---

❷❶　參閱劉昭辰，《民法總則實例研習》，例題 36。

❷❷　Canaris, NJW 1974, 523.

❷❸　參閱 Medicus, gesetzl. SchuldVer., S. 37. 但德國最高法院仍採否定見解：BGHZ 66, 112.

出可否當成是損害賠償？如果依照條件及相當因果關係理論觀之，書局所支出的緝賊獎金，就如同律師費用般，確實是為回復原狀而支出的必要費用，所以是財產上的損害。只是如果依因果關係中的「條文目的性理論」觀之，則德國最高法院認為該檢舉獎金不能過高，否則就會失去檢舉獎金身為回復原狀的損害賠償的性質，以本題而言，B 所竊得的書本不過價值 5 百元，而檢舉獎金卻高達 3 千元，其實已經失其回復原狀的必要費用本質，明顯地其目的只是在於嚇阻竊盜，雖損害賠償也有嚇阻功能，但相較於其回復原狀的主要功能，應僅能居於次要地位而已 ❷，故本題 A 無得對 B 主張全部 3 千元的檢舉費用支出的損害賠償，而僅能就合理的範圍內請求 ❷。

(4)預防性費用支出

被害人為了預防犯罪所為的費用支出，例如本題 A 在門口設置的磁性感應器裝置，或是家中所裝設的防盜設備，能否當成損害而請求賠償，也不無疑問，學說稱之為「預防性費用支出」。一般而言，因為「預防性費用支出」是早在侵害行為發生前就已支出，所以欠缺因果關係，況且「預防性費用支出」是受害人為維護自己利益所為的支出，故加害人無理由承擔該費用。惟例外地，當該「預防性費用支出」是為加害人利益，意在減少損害範圍時，才有正當理由將該費用轉由加害人負擔，例如某運輸公司平常就有預備車輛，以避免公司日常營運車輛受侵害，就可以動用該預備車輛，以減少損害擴大，對於該等預備車輛平日所支出的保養費用及稅捐，德國最高法院 ❷ 認為受害公司可以向加害人比例求償，而該見解也被學說 ❷ 所支持，只是本題 A 書局在門口所設置的磁性感應器裝置，其目的及功能都不是在減少損害的範圍，故不能當成損害請求賠償。

**結論：A 只能請求書籍的占有返還及有限的檢舉獎金支出賠償。**

---

❷ 參閱 Kornblum, Fälle zum Allgemeinen Schuldrecht, S. 33.

❷ 例如在 BGHZ 75, 230 的案例中，德國最高法院對於偷竊 15 馬克物品，僅同意 50 馬克上限的檢舉獎金損害賠償。

❷ BGHZ 32, 284; 70, 199.

❷ Brox, SchR AT Rdn. 363a.

 **題後說明**

　　299 吃到飽火鍋店經常有「浪費罰 100 元」的定型化條款，該條款等同必須以 399 元才能無負擔吃到飽，與顧客原意明顯不符，故客觀解釋上應認為顧客無接受的意思。雖然如此，凡是浪費的顧客都是權利濫用，仍應負侵權行為及契約上的損害賠償。

## 例題 48　延誤送醫的父親──法定代理人的與有過失

　　三歲的 A 在自家門前玩耍，因其父 B 的疏於注意，故致使 A 為撿拾掉在馬路上的玩具，而突然跑向屋外正施工中的馬路。因馬路施工，原本限速 30 公里，但汽車駕駛 C 卻超速（時速 35 公里）而撞傷 A。C 見 A 傷口流血，欲將之送醫，但 A 的父親 B 卻認為是小傷勢，而猶豫不決。最後 A 終因傷口惡化，而必須轉往大型教學醫院住院治療，因此支出所費不貲的醫藥費。

問：　1. C 應如何賠償？

　　　2. 如果 A 的醫藥費全由健保支付，但 C 卻不知，而又賠償於 A，則 C 如何主張？

### 說　明

　　與有過失往往也是構成減緩行為人侵權行為賠償責任的項目，本題解題者必須練習與有過失中最重要的「法定代理人的與有過失」。

### 擬　答

#### 1. A 對 C 的請求

##### ⑴請求權基礎

###### a. 民法第 184 條第 1 項前段

　　該請求權的存在，取決於汽車駕駛 C 對於傷害的發生有無過失？所謂過失是指行為人對於傷害事件的發生有無①可預見而未預見，②可避免而未避免之可能？一般而言，基於信賴保護原則，汽車駕駛可以信賴一般人會遵守交通規則，而不會突然跑到馬路上，只是此種遵守交通規則的信賴原則，卻不能適用於小孩❷❽，換言之，汽車駕駛必須預見小孩有違反交通規則的可能性，而加以防止。只是本題汽車駕駛 C 究竟有無看到 A 正在家

---

❷❽　參閱 Medicus, gesetzl. SchuldVer., S. 24.

門前玩耍，本身就難以認定，況且即使可以預見 A 會突然衝向馬路，但是以時速 35 公里速度開車，說快不快，說慢不慢，在此速度下是否可以及時緊急煞車，而避免傷害發生，也不無疑問。總之，如果受害人 A 要證明汽車駕駛 C 對於傷害行為有過失，頗有困難。

b. 民法第 191 條之 2

為解決交通事故受害人的舉證上困難，民法第 191 條之 2 特別針對交通事故受害人的舉證，做有利的過失推定規定，因此本題 A 只要證明其受汽車駕駛 C 所撞傷即可，而如果 C 無法舉證證明其無過失，就必須依民法第 191 條之 2，負起損害賠償責任。

c. 民法第 184 條第 2 項

除此之外，民法第 184 條第 2 項的條文本身也是有鑑於受害人對於加害行為的主觀可歸責性上的舉證困難，而有利於受害人舉證的立法。依條文文意，只要受害人 A 可以舉證證明加害人 C 違反保護他人之法律，本題：道路交通管理處罰條例第 40 條，即推定 C 的傷害行為有過失，而必須負起損害賠償責任。

⑵損害賠償範圍

根據民法第 213 條、第 216 條及第 195 條第 1 項，A 可以向 C 請求醫藥費用及非財產上的損害賠償。問題是，該損害賠償數額有無可能根據民法第 217 條的「與有過失」而減免？

a. A 本身與有過失

本題 A 為撿拾掉在馬路上的玩具，理應注意馬路上車輛，但卻突然跑向屋外正施工中的馬路，明顯地自陷於危險之中，而怠於避免危險的發生，因此對於整個傷害結果與有過失。只是本題 A 為三歲小孩，明顯欠缺對於危險存在的識別能力（責任能力），依最高法院 83 年臺上字第 1701 號判決見解，認為無識別能力的 A 無與有過失的適用，對此判決意見，雖有少數說反對，但基於對無識別能力人的保護意旨，本題擬答亦採之。

b. 法定代理人 B 的與有過失

⑴ B 疏於注意 A

可以考慮的是，A 因為其法定代理人 B 的疏於注意，而致使傷害發生，依民法第 217 條的規範標準，B 也不無有與有過失之處，但 A 是否必須承受起其法定代理人的與有過失？在民國 88 年之前，不無疑問，但在當年的債編增訂民法第 217 條第 3 項規定後，即無爭議：「前二項之規定，於被害人之代理人或使用人與有過失者，準用之」。問題是，條文本身所謂「準用」語意不清，究竟是指民法第 224 條的「構成要件準用」抑或僅是「效果準用」而已？如果是前者，必須是無行為能力人 A 和行為人 C 之間，業已有債之關係存在為前提，否則本題即無準用之餘地。對此爭議，最高法院並無明確意見，但如參照上述最高法院判決的事實及內容觀之，似乎並不在意無行為能力人和行為人之間究竟有無債之關係存在，而一概認定民法第 217 條第 3 項的適用，而本題擬答則採「構成要件準用」❷，因為如果無行為能力人的法定代理人對他人有故意或過失的侵害行為，依民法第 224 條尚且必須是其法定代理人於債之履行時發生，無行為能力人才必須就該故意或是過失負責，則「與有過失」何獨不然？依此，則本題 A 即無須就其法定代理人的疏於注意，承受與有過失的不利益，此時對於 B 與有過失的承擔問題，可以考慮的是類推適用民法第 188 條第 1 項，只是因為無行為能力人對其法定代理人欠缺指揮、監督關係，所以民法第 188 條第 1 項也無類推適用之餘地❸。

(b) B 猶豫送醫

A 必須就其法定代理人 B 的與有過失負責，前提是 B 必須是對 A、C 間的債之履行疏於注意，可以考慮的是，一旦 C 撞傷 A 構成侵權行為損害賠償的法定債之關係時，債權人 A 即負有應極盡一切必要注意而不應加重或是擴大債務人 C 的賠償責任的負擔，例如受害的債權人應配合立即就醫，即屬其一，而本題 A 的法定代理人 B 在處理 A 的醫療時，自也必須注意該負擔，但卻對 A 的送醫與否猶豫再三，致使 A 的傷口惡化，損害擴大，而有與有過失，根據民法第 217 條第 3 項的「構成要件準用」第 224 條，

---

❷　相同意見：王澤鑑，《民法學說與判例研究（六）》，第 96 頁。

❸　同上註。不同意見：林誠二，《台灣法學雜誌》，第 127 期，第 161 頁。

A 必須對其法定代理人 B 的與有過失承擔損害賠償上的不利益，故 C 可以請求法院減輕賠償金額❸。

**結論：A 對 C 的損害賠償請求權，C 可以主張減免。**

2. C 可能的主張

(1) C 可能可以根據民法第 179 條「給付型不當得利」，請求 A 返還所給付的醫藥費賠償金額，問題是，A 是否無法律上原因受領 C 的醫藥費給付？A 除取得對 C 的醫藥費損害賠償請求權外，A 並根據強制汽車責任保險法第 7 條及第 25 條，對汽車強制責任險的保險人有法定的直接請求權❸，兩者構成競合關係。但根據全民健康保險法第 82 條第 1 款規定：「保險對象因發生保險事故，而對第三人有損害賠償請求權者，本保險之保險人於提供保險給付後，得依下列規定，代位行使損害賠償請求權：一、汽車交通事故：向強制汽車責任保險保險人請求」，因此在健保局對被保險人 A 提出醫療保險給付後，A 對 C 及對汽車強制責任險保險人的請求權就法定移轉到健保局，因此 A 就不再是債權人，如果 C 不知而仍對 A 為賠償，A 即無法律上原因受領給付，而必須返還。

(2) 當健保局根據全民健康保險法第 82 條第 1 款，向 C 的責任保險保險人請求醫藥費用支出的賠償時，C 可以指示責任保險保險人拒絕給付，因為根據民法第 297 條第 1 項：「債權之讓與，非經讓與人或受讓人通知債務人，對於債務人不生效力。但法律另有規定者，不在此限」，C 可以主張因為其已經對 A 為賠償，所以 A 對責任保險人的請求權即告消滅，因此也自不發生全民健康保險法第 82 條第 1 款的法定債之移轉。

**結論：因為民法第 297 條第 1 項的規定，不是強制保護規定，所以 C 可選擇上述的(1)或(2)的主張。**

---

❸　參閱 Medicus, gesetzl. SchuldVer., S. 98.

❸　參閱例題 14。

## 例題 49　承租人的費用支出──所有權及租賃權受侵害的損害賠償請求權競合

事實如例題 40。起初 A 不得不忍受，但久之，A 察覺房間牆壁發生剝落損害，向 C 工廠抗議，C 檢查後發現是工廠防污設備老舊故障。問：C 應向何人為賠償？如果 A 僱工整修牆壁，支出 2 萬元，則又如何？

### 說　明

所有權是最完整的物權，而租賃權及限制物權則是以所有權當中部分內涵，所成立的權利，因此一旦同時侵害物的所有權及其上的租賃權或限制物權，應如何賠償？是民法上備受困擾的問題。

### 擬　答

C 可能必須依民法第 184 條第 1 項前段的侵權行為對 A、B 負起損害賠償責任，而應加以討論的要件有：

#### 1. 權利受侵害

本題 C 工廠所不法排放的廢氣造成房子牆壁的毀損，故侵害房屋所有權人 B 的所有權，自無疑義。除此之外，B 將該房屋出租於 A，A 是房屋承租人，是基於租賃權的有權占有人，該有權占有狀態亦受民法第 184 條第 1 項前段的「權利」保護，因此如果他人有所侵害（包括出租人），承租人自可以以「租賃權」受侵害為由，主張侵權行為損害賠償，以本題言之，A 所承租的房子牆壁遭受毀損，致使 A 對物的使用、收益遭受影響，故也可以對 C 主張侵權行為。

#### 2. 主觀可歸責性

根據民法侵權行為規定，C 尚且必須對於其傷害行為有主觀的可歸責性，而因為 C 對於工廠內的防污設備疏於注意，致使廢氣排出，故明顯有過失。問題是，侵權行為的過失必須及於對權利受侵害的認知，以本題而言，C 可

以預見工廠廢氣的排放將會造成鄰近房屋所有權受侵害，自無疑義，但是 C 能否預見房屋已經出租於他人，故也會造成侵害他人的「租賃權」，則不無疑問。本題擬答認為，租賃權源自於所有權，是所有權人將其所有權的部分內涵授與他人，換言之，租賃權是所有權的一部分內涵，因此如果侵權行為人可以預見侵害他人的所有權，該預見自也必包含對物使用收益內涵的「租賃權」受侵害才是，因此本題亦應肯定 C 主觀上亦對侵害 A 的租賃權有所過失。

### 3. 損害賠償

本題 C 工廠的侵害行為造成房子的牆壁受損，同時構成 B 所有權和 A 租賃權受侵害的競合，而造成 C 損害賠償上的困難。對此有以下學說，提出解決意見：

(1)少數說❸

為避免行為人分別對所有權人及租賃權人為兩次的損害賠償，所以有認為行為人的賠償責任應以一次賠償為必要，而且因為行為人真正是傷及物的本體，所以應是向物的所有權人為賠償。

(2)通說❸

今日通說卻認為，既然承租人亦有租賃權受侵害，則僅向物的所有權人為賠償，對租賃權人的保護不足。因此學說建議應是在 A、B 間成立民法第 293 條的不可分之債，而請求的內容應根據實際狀況的不同，而有所不同：

a. 如果 A、B 兩人共同請求自然回復原狀（參照民法第 213 條第 1 項），即請求 C 必須僱工將牆壁修好，則因兩人請求內容相同，所以並無爭議。但如果 A、B 二人是主張以金錢給付代回復原狀（參照民法第 213 條第 3 項），則根據不可分之債的本質，C 應同時向 A、B 二人為給付。但如果 A、B 二人對於究竟是要自然回復原狀或是金錢給付代回復原狀無法一致同意時，學說建議，不妨 C 可以類推適用民法第 326 條，將所應賠償的金錢提存而發生債務清償效力，再由 A、B 二人各自內部分配賠償額。

b. 但如果損害已經由物的所有權人或是承租人所彌平時，例如問題 2.

---

❸　Erman/Dress, §823 Rdn. 43.

❸　Medicus, AcP 165, 115.

中房屋的承租人 A 自己僱工修補損害，則所有權人 B 因為房屋不再有損害，所以似乎即喪失對侵權行為人 C 的損害賠償請求權，而應由 A 自己一人向 C 主張賠償（參照民法第 213 條第 3 項）。只是根據民法第 430 條規定，承租人對於租賃物的瑕疵在未催告出租人修補的情況下，不能擅自修補，否則即無得主張修補的結果，例如不能主張修補費用的償還等等，因此本題如果 A 自行僱工修補房屋牆壁，但卻未事先告知房屋所有權人 B，則依民法第 430 條規定，A 並無法對 B 主張修補結果，因此 B 仍未喪失對 C 的損害賠償請求權，故 C 仍必須依上述的賠償方式賠償，而同時對 A、B 二人為賠償給付，再由二人內部分配賠償額。

**結論：C 必須依不可分之債方式，向 A、B 二人為賠償。**

 **題後說明**

1.如果行為人 C 並不知 A 僅是承租人，而僅向其一人為賠償，則是否 C 就可以免除其對房屋所有權人 B 的賠償責任？有學說❸❺認為 C 可以民法第 943 條為根據，而發生清償的效果，只是民法第 943 條應只是一證據法則，而無實體善意保護效力，所以真正可以考慮的解決方法，應當屬類推適用民法第 899 條第 3 項或是民法第 310 條第 2 款較為恰當，而以前者較接近本題案例情況，故宜採之。

2.在承租人未為催告自行修補之情形，解題者或許會對最後 B 未喪失損害賠償請求權，感到不解，但是可以試想，如果承租人在未向出租人催告，即擅自修繕租賃物，根據民法第 430 條，承租人即無法以任何的請求權基礎（契約、無因管理或是不當得利），向出租人請求修繕費用償還，換言之，承租人必須自己承擔該修繕費用，則本題擬答的結論，解題者或許就比較不會驚訝。

3.但必須注意的是，民法第 430 條的催告，在符合民法第 148 條第 2 項的誠實信用原則下，不無例外之情形，例如當修繕緊急時，當然承租人無須催告出租人，即可以自行修繕。

---

❸❺　參閱王澤鑑，《民法物權》，第 569 頁。

## 例題 50　小白花鋼筆風波（二）
### ——防止及除去侵害請求權

事實如例題 32。但是在 A 將文章登載網路流傳前，被 C 鋼筆公司所得知，為避免自己的公司信用（商譽）受損，C 得否禁止 A 的文章登載？如果 A 已經將文章登載於網路流傳，C 又可以如何主張？

## 說　明

民法的侵權行為原文僅規範損害賠償的效果，但是往往不足以救濟，而必賦予受害人有除去侵害及防止侵害請求權。

## 擬　答

### 1.防止侵害請求權

C 鋼筆公司如要禁止 A 將文章登載於網路，可以主張的請求權基礎，在訴訟法上有民事訴訟法第 538 條的定暫時狀態處分，實體法上的根據就較為麻煩，首先民法第 184 條第 1 項前段僅有損害賠償效果，而並無相關的防止侵害的效果，真正具有防止侵害發生的實體法效果的明文根據是民法第 18、19 條（侵害人格權），或是類推適用第 767 條及第 962 條（侵害財產權），而賦予權利受侵害之人，可以（類推）適用上述條文而主張「防止侵害」，請求法院判決被告應為一定的不作為。例如本題應判決 A 不得將文章登載於網路，以避免 C 鋼筆公司將來損害的形成。因此，對於「防止侵害」請求權的成立，可以整理出以下的構成要件：①只要對法律所保護的法益將有不法的侵害即可，有無損害的發生，在所不問，②不以行為人對傷害行為有故意或是過失為必要。在此要件下，因為 A 所欲刊載的文章內容非為真實，且 A 也無足夠利益考量可以阻卻違法，所以如果刊載於網路，勢必將對 C 鋼筆公司的信用造成傷害，故不論 A 有無過失相信 B 所言為真，C 都可以請求 A 不得刊載該文。

**結論：C 可以請求 A 不得刊載文章。**

### 2.除去侵害請求權

如果 A 已將文章登載於網路流傳，C 的信用權受侵害已經造成，如果 C 因而有營業利益的減損，則當然可以向 A 主張營業上的財產損害賠償，但如果該文章僅是刊載不久，所以 C 尚無營業損害造成，則 C 雖不能主張損害賠償請求權，但卻能主張「除去侵害」請求權，而該請求權的內容，以本題而言就是 A 必須以適當的方式，撤回網路上的言論，例如在同樣的網站，以同樣大小的版面，貼文表示所登文章陳述有誤❸❻。值得注意的是，民法第 184 條第 1 項前段損害賠償請求權的方法是回復原狀（參照民法第 213 條），所以 C 可以請求損害賠償的內容除財產上的損害賠償外，另也可以主張 A 必須撤回網路上的言論，以回復 C 的信用（商譽）原狀，但和「除去侵害」請求權相較，仍有以下的不同：①「除去侵害」請求權內容不包括可以請求財產上的損害賠償（例如營業利益的減損），②但「除去侵害」請求權不同於損害賠償請求權，不以侵害行為的故意、過失為必要。

**結論：C 可以請求 A 撤回網路上的文章。**

---

❸❻　對於相關道歉啟事的損害賠償方式的合憲性，參閱大法官釋字第 656 號解釋。

# 參考書目

## 一、中文部分

王澤鑑，《債法原理（一）》，2002 年 10 月，增訂版六刷

《不當得利》，2002 年 3 月，增訂版

《侵權行為法》，2005 年 1 月

《特殊侵權行為》，2006 年 7 月

史尚寬，《債法總論》，1975 年 4 月，四版

林誠二，《民法債編總論（上）》，2000 年 9 月，瑞興圖書

《債法總論新解（下）》，2010 年 3 月，瑞興圖書

邱聰智，《新訂民法債編通則（上）》，2001 年 10 月，新訂一版一刷

《新訂民法債編通則（下）》，2001 年 2 月，新訂一版一刷

孫森焱，《民法債編總論（上）》，2005 年 12 月，修訂版

《民法債編總論（下）》，2006 年 1 月，修訂版

黃　立，《民法債編總論》，2002 年 9 月，二版三刷，元照出版社

楊芳賢，《不當得利》，2009 年 3 月，三民書局

鄭玉波，《民法債編總論》，1978 年 7 月，七版，三民書局

## 二、德文部分

Brox, Besonderes Schuldrecht, 20. Aufl., C.H. Beck, 1994 München

Dörner, Schuldrecht 2, Gesetzliche Schuldverhältnisse, 5. Aufl., C.F. Müller, 2002 Heidelberg

Jauernig, Kommenatr des BGB, 8. Aufl., C.H. Beck, 1997 München

Köhler, PdW, Schuldrecht II, 12. Aufl., C.H. Beck, 1990 München

Kornblum, Fälle zum Allgemeinen Schuldrecht, 5. Aufl., C.H. Beck, 2003 München

Larenz, Schuldrecht Bd. II, Besonderer Teil, 12. Aufl., C.H. Beck, 1981 München

Larenz/Canaris, Schuldrecht Bd. II/2, Besonderer Teil, 13. Aufl., C.H. Beck,

1994 München

Medicus, Bürgerliches Recht, 14. Aufl., Carl Heymanns, 1990

　　　Gesetzliche Schuldverhältnisse, 2. Aufl., C.H. Beck, 1986 München

　　　Schuldrecht II, Besonderer Teil, 4. Aufl., C.H. Beck, 1990 München

Münchener Kommentar zum BGB, Band 5, Besonderer Teil, 3. Aufl., C.H. Beck, 1997 München

Palandt, Kommentar des BGB, 65. Aufl., C.H. Beck, 2006 München

Strauβ/Büβer, Allgemeiner Teil und Schuldrecht, Fälle und Lösungen, 2. Aufl., Nomos, 2003 Baden-Baden

Wieling/Finkenauer, Fälle zum Besonderen Schuldrecht, 4. Aufl., C.H. Beck, 2002 München

# 法學啟蒙叢書
## ——帶領您認識重要法學概念之全貌

　　在學習法律的過程中，常常因為對基本觀念似懂非懂，且忽略了法學思維的邏輯性，進而影響往後的學習。本叢書跳脫傳統法學教科書的撰寫模式，將各法領域中重要的概念，以一主題即一專書的方式呈現。希望透過淺顯易懂的說明及例題的練習與解析，幫助初學者或一般大眾理解抽象的法學觀念。

## 最新出版：

**本系列叢書陸續出版中……**

# 法學啟蒙叢書

## ◎ 保　證　林廷機／著

　　想了解保證之法律制度，卻因為法律條文太過龐雜，專業的法律教科書又太過艱深，讓您「不得其門而入」嗎？本書以淺顯的用語，引導讀者領略保證契約之「意義」、「成立」、「效力」，輔以圖示方法說明當事人間權利義務關係。待基本觀念架構好，再進一步探究特殊種類保證與實務操作模式，相信您也能成為保證達人！

## ◎ 法律行為　陳榮傳／著

　　本書討論法律行為的基本問題，筆者儘量以接近白話的語法寫作，希望能貼近目前法律系學生的閱讀習慣，並降低各種法學理論的爭辯評斷，以方便初學者入門。此外，為使讀者掌握相關司法實務的全貌，內文中儘可能納入最高法院的相關判決、判例，希望藉由不同時期的案例事實介紹，能描繪出圍繞著這些條文的社會動態及法律發展，讓讀者在接受真正的法律啟蒙之外，還能有一種身在其中的感覺。

## ◎ 民法上權利之行使　林克敬／著

　　本書專門討論權利之行使與義務之履行。內容不僅介紹民法中之各種權利，而且也探討如何行使權利，才不會超過權利應有的界限。司法實務上最容易產生的民法爭議主要集中於權利界限模糊的問題，本書特別論述民法的「誠實信用原則」（民法的帝王條款）與「禁止權利濫用原則」對於處理權利界限模糊所具有的特殊功能，並探討以上兩原則對於人民如何守法、國會如何立法及法院如何進行司法審判所具有之深遠影響。

# 法學啟蒙叢書

## ◎ 不當得利　楊芳賢／著

　　本書涉及民法上不當得利的規定，架構上，主要區分不當得利之構成要件與法律效果。本書，首先為教學性質之說明，於各章節開始處，以相關實例問題作引導，簡介該章節之法律概念，儘量以實務及學說上之見解詳做解析；其次，則進入進階部分，即最高法院相關判決之歸納、整理、分析與評論；最末，簡要總結相關說明。期能藉由本書之出版，讓欲學習不當得利規定及從事相關實務工作之讀者，更易掌握學習與運用法律規定之鑰。

## ◎ 婚姻法與夫妻財產制　戴東雄、戴瑀如／著

　　本書主要內容以「婚姻」為主軸，說明婚姻如何成立、解消及因婚姻所生之各種權利與義務，特別是關於夫妻財產制之相關規定。因此全書分為兩大編，第一編為結婚與離婚，第二編則以夫妻財產制為中心。於各編之後另附有實例題，期能使讀者了解如何適用法條及解釋之方法，以解決相關法律爭議問題。

## ◎ 刑法構成要件解析　柯耀程／著

　　本書的內容，先從構成要件的形象，以及構成要件的指導觀念，作入門式的介紹，再對構成要件所對應的具體行為事實作剖析，進而介紹構成要件在刑法體系中的定位，並就其形成的結構，以及犯罪類型作介紹。本書在各部詮釋的開頭，採取案例引導的詮釋方式，並在論述後，對於案例作一番檢討，以使學習者，能有一個較為完整的概念。期待本書能成為一個對於構成要件的理解較為順手的工具。

# 法學啟蒙叢書

## ◎ 地方自治法　蔡秀卿／著

　　本書內容大致上分為三大部分，一為地方自治之基礎概念，二為住民自治部分，三為團體自治部分。本書特色，除以法理論為重外，並具歷史性、前瞻性及國際性之特色。基本上是教科書性質，並有實務檢討、外國法介紹及現行法制檢討，適合學生、實務界及學界閱讀。

## ◎ 行政罰法釋義與運用解說　蔡志方／著

　　本書針對民國95年2月5日開始施行，全文46條的「行政罰法」，逐條就它的意義、可能存在的疑義、本法不同條文規定間的關係和本法與其它法規規定的關係，以及實際上要如何運用，用淺顯易懂的白話和比較輕鬆的口吻，就各條規定所根據的嚴肅法理，作了徹底的解說，很適合所有需要認識、理解和適用這一部法規的法律人和一般民眾參考。